갈등과 소통

2020 개정판

갈등과 소통

한국사회 갈등, 커뮤니케이션 시각에서 보다

초판 1쇄 펴낸날 | 2016년 10월 31일
개정판 1쇄 펴낸날 | 2020년 6월 20일

지은이 | 김영임·허은·양문희·최현철
펴낸이 | 류수노
펴낸곳 | (사)한국방송통신대학교출판문화원
　　　　03088 서울시 종로구 이화장길 54
　　　　전화 1644-1232
　　　　팩스 02-741-4570
　　　　홈페이지 http://press.knou.ac.kr
　　　　출판등록 1982년 6월 7일 제1-491호

출판위원장 | 이기재
편집 | 심성미·이근호·이두희
본문 디자인 | 티디디자인
표지 디자인 | 김민정

ⓒ 김영임·허은·양문희·최현철, 2016·2020
ISBN 978-89-20-03731-3 03330

값 15,000원

이 도서의 국립중앙도서관 출판예정도서목록(CIP)은 서지정보유통지원시스템 홈페이지(http://seoji.nl.go.kr)와
국가자료 종합목록구축시스템(http://kolis-net.nl.go.kr)에서 이용하실 수 있습니다.(CIP제어번호: CIP2020023367)

갈등과 소통

김영임 · 허은 · 양문희 · 최현철 지음

2020
개정판

지식의날개

2020년은 벽두부터 코로나19 바이러스 팬데믹으로 전 세계가 공포에 휩싸였다. 장밋빛 세계화는 다시 그늘을 드러냈고, 서로 가까이 다가가지 말라는 사회적 거리두기 같은 새로운 생활방식도 등장했다. 흩어져 살든 모여 살든 현대인은 피치못할 새로운 사건 출현과 함께 느는 갈등과 소통의 어려움으로 몸살을 앓고 있다.

　　이 책의 의도는 개인과 사회에 상존하는 갈등현상을 정리하고, 갈등이슈와 관련한 커뮤니케이션의 역할을 통해 갈등커뮤니케이션의 중요성을 환기하는데 두었다. 또한 한국을 포함한 다양한 사례를 중심으로 현대인의 갈등문제, 특히 사회 내 벌어지는 다양한 갈등현상의 특성이 어떠한지 커뮤니케이션과 미디어의 관점에서 찾아보고, 갈등해소를 위한 방안 혹은 갈등관리전략을 모색하려고 시작했다.

　　이 책은 갈등의 본질, 다양한 유형, 유형별 특성과 갈등관리전략을 사례 중심으로 기술한 갈등커뮤니케이션 입문서이다. 전체적인 구성은 갈등을 상황별로 구분하여 각 장마다 특징적 사안과 문제점을 다루고 관리방안을 언급하였다. 먼저 대인관계 차원의 갈등으로 연인과 부부간 갈등을 다루고, 사회 차원에서 사회문제로 대두된 학교의 또래갈등, 도시이웃 간 갈등, 다문화사회로 진입하면서 나타난 다문화사회의 갈등, 직장에서의 갈등, 공공갈등에 대해서 차례로 살펴본다. 끝으로 근래 디지털사회로 진입하면서 발생한 새로운 시대갈등의 특징과 젠더갈등, 디지털세대 간 갈등 그리고 유튜브와 정치갈등을 짚어볼 것이다. 구체적인 구성 내용은 다음과 같다.

프롤로그에서는 갈등의 개념, 국제사회에 만연하고 문제화된 갈등의 현주소, 갈등커뮤니케이션의 중요성과 함의를 생각했다. 제1장에서는 부부간, 연인 간의 갈등을 야기시키는 커뮤니케이션 행동, 남녀의 차이, 성격유형에 따른 차이가 무엇인지 구체적 사례를 중심으로 살펴본다. 또한 갈등을 어떤 시각에서 접근하는 것이 좋은지, 부부갈등이 자녀에게 끼치는 부정적 영향은 어느 정도인지, 갈등관리를 위한 소통능력을 기르는 방법이 무엇인지 다룬다.

제2장에서는 청소년기의 갈등, 특히 학교에서 벌어지는 '왕따' 문제, 미디어 언어폭력의 심각성, 잘못된 교육열이 아이를 사지로 밀어넣는 학교또래갈등 문제를 사례 중심으로 살펴보고 정부와 학교와 가정에서의 해결방안을 제시한다.

제3장은 도시이웃 간 갈등이다. 오늘날 도시인구가 갈수록 늘어 대다수가 도시에 밀집해 산다. 층간소음 문제와 같이 도시생활 방식이 만드는 다양한 갈등상황을 피할 수 없다. 현대인은 도시종

족이다. 이웃 간의 무관심과 갑질고객의 병폐 등 새로운 갈등 사례를 중심으로 문제점과 해소방안에 대해 검토한다.

제4장에서는 다문화사회의 갈등과 관리방안을 살펴본다. 우리나라도 다문화사회로 진입하여 새로운 갈등요소들이 사회적 우려를 낳고 있다. 문화적 차이로 인한 갈등, 일자리를 둘러싼 갈등, 자라나는 다문화가정의 자녀 문제 등 다양한 형태의 갈등이 표출되면서 사회불안 요소가 될 수 있다는 염려이다. 갈등의 원인과 현황을 짚어보고 상호 이해와 존중을 바탕으로 한 다문화사회 정착에 필요한 방안을 살펴본다.

제5장은 직장인의 갈등, 제6장은 공공갈등이다. 직장인들은 점점 돈보다 균형 있는 삶을 추구한다. 워킹맘의 어려움, 상사와의 갈등, 동료와의 갈등에 대해서 다양한 조사자료를 기초로 해소방안을 짚어본다. 공공갈등의 대표격인 님비현상, 핌비현상이 무엇인지 사례를 통해 알아본다. 환경갈등과 전기료 누진제와 같은 새로운 사안의 특성과 해소방안에 대해서, 특히 커뮤니케이션의 중요성과 공공갈등 해결의 대안적 방법 등에 대해서도 알아본다.

제7~10장은 디지털갈등이다. 제7장에서는 디지털 시대갈등, 제8장은 디지털사회 세대갈등, 제9장은 디지털사회 젠더갈등, 제10장은 유튜브를 둘러싼 정치갈등을 검토한다. 디지털기술 도입 이후 사회갈등을 시기별로 구분하여 표현의 자유, 프라이버시 침해, 저작권, 정보격차, 의견의 편향성 등을 중심으로 기본개념을 살펴본다. 특히 신세대의 특징을 통해서 연령 차이가 아닌 디지털기술로 인한 미디어 격차, 활용능력의 격차로 발생한 세대갈등에 대해 본다. 또한 군가산점제 폐지를 둘러싸고 야기된 젠더갈등은 온라인의 익명성으로 인해 극단적인 남녀혐오로까지 치달았다. 이 역시 전형적 젠더갈등이 아닌 경쟁사회가 주는 불안감과 열등 감 때문에 빚어진 측면이 크다. 감정을 과장하고 편향되게 몰아간 디지털 커뮤니케이션 현상, 젠더갈등관리의 방법에 대해 본다. 정 치갈등은 한국사회에서 해묵은 주제이나 최근 등장한 1인 미디어 유튜브가 급속도로 확산되면서 정치인 간 갈등을 넘어 시민사회의 갈등을 표출하고 양산하는 도구가 되었다. 가짜 뉴스, 확증편향, 진영논리 같은 단어들이 무게를 갖게 되었다. 이 장에서는 유튜브 를 둘러싼 오늘 한국사회의 정치적 갈등문제를 짚어본다.

이 책은 커뮤니케이션을 전공하고 오랫동안 대학에 몸담아 온 교수 4명의 공동집필로 이루어졌다. 개인 간 갈등은 물론이고 갈 수록 양분되는 한국 시민사회에 대한 우려와, 타자의 소리에 아예 외면하고 귀 기울이려 하지 않는 디지털사회의 본질에 대해 문제 의식을 갖고 뜻을 같이했다. 2016년 초판 발간 이후 한국의 정치 사회적 지형은 다시 크게 변화했고, 그에 따른 갈등현상과 양상도 달라졌다. 그런 배경에서 추가 보완하여 개정판을 내기로 했다. 모쪼록 한국사회의 갈등문제와 그 해법에 대하여 관심을 갖고 있 는 독자들께 작은 도움이 될 수 있기를 희망한다.

2020년 6월

집필자 함께 씀

차례

왜 갈등과 소통인가?

01 현대인은 갈등사회에 산다

오늘날 국제사회는 테러와 같은 폭력이 갈등양상으로 치달아 시민 안전이 위협받는 불안사회로 변모했다. 갈등의 심화를 넘어 무장해제된 극단적 갈등사회의 모습이다. 한국사회는 어떤가. 한국사회갈등해소센터와 한국리서치가 조사한 '2019 한국인의 공공갈등 의식조사' 결과를 보면 국민 88.4%가 '보수와 진보 간 갈등이 심각하다'고 답했다. 1년 전보다 5.6% 상승한 이 수치는 이념갈등이 한국사회 갈등 이슈의 정점에 있음을 보여준다. 정치적으로 한반도의 남북관계 경색과 장기 글로벌 경기침체의 영향권 안에서, 코로나19 팬데믹이 강타하면서 최근 한국인의 갈등패턴은 짧은 기간에 변화되고 증폭되는 심각한 사회문제로 부상하는 특성을 보였다.

주목할 것은 소셜미디어와 같은 첨단 커뮤니케이션 테크놀로지의 발달이 갈등을 고속으로 전파하여 확산시키고 젠더갈등, 세대갈등, 인간의 고독과 우울증 등 또 다른 유형의 갈등을 생산한다는 점이다. 이처럼 현대사회의 갈등문제는 대인 차원이나 집단 차원뿐 아니라 개인의 정서 차원으로, 사회 차원과 전 지구적 차원으로 팽창하였다. 자연스레 갈등해소에 대한 관심은 학계와 정치계뿐 아니라 시민 일반에까지 확대되었다.

스위스 국제경영개발원(IMD)이 발표한 '2018 국가경쟁력 지수'를 보면 한국의 '사회응집력' 순위는 개선되었음에도 불구하고 조사대상 63개국 중 37위에 머물렀다. 사회응집력이 높다는 것은 사회 구성원들이 공공복지, 상호신뢰, 긍정적 동기부여 등을 위해 함께 노력한다는 것이고 결국 사회갈등 비용이 적게 든다는 것을 의미한다.

2020년 3월 16일에서 22일까지 일주일간 국내 최대 인터넷 포털 사이트인 N사에서 갈등, 소통 두 단어로 기사를 찾으니 총 356건이 나왔다. 기사에는 다음 단어들이 나온다.

가정내갈등, 가족간갈등, 갈등격화, 갈등구조, 갈등고조, 갈등관계, 갈등대처방식, 갈등봉합, 갈등악순환, 갈등조정, 갈등청산, 갈등폭발, 갈등해결, 갈등해법, 갈등설, 갈등의골, 갈등조정, 갈등해소, 개발갈등, 검경갈등, 경제갈등, 계층간갈등, 고부간갈등, 공직사회갈등, 공천갈등, 과거사갈등, 교통갈등, 국가적갈등, 국민갈등, 남남갈등, 남북갈등, 내부갈등, 노사갈등, 농민갈등, 당내갈등, 도민갈등,

또래갈등, 물밑소통, 무역갈등, 문화적갈등, 미중갈등, 민관소통, 부모와갈등, 부부갈등, 북한과갈등, 불필요한갈등, 비례명단갈등, 사드갈등, 사회갈등, 사회집단간갈등, 상호소통, 생활갈등, 세대갈등, 소셜네트워크(SNS)소통, 주주와갈등, 소통강화, 소통공간, 소통능력, 소통단절, 소통문제, 소통방식, 소통부재, 소통부족, 소통실패, 소통채널, 소통정치, 소통창구, 시민과소통, 시민들소통, 시부모와갈등, 심리적갈등, 쌍방향소통, 약사들과갈등, 양국갈등, 양당갈등, 여야갈등, 외부소통, 위기소통, 유치갈등, 의사소통, 이념갈등, 인종갈등, 입주민간갈등, 자녀갈등, 정당갈등, 전쟁갈등, 정부간소통, 제주2공항갈등, 젠더갈등, 주민갈등, 주민과소통, 지도부간갈등, 지역갈등, 지역사회갈등, 직종갈등, 진영갈등, 찬반갈등, 처리시설갈등, 첨예한갈등, 청소년갈등, 학생갈등, 한일갈등, 해석갈등, 현장갈등, 형식적소통, 환경갈등, 흑백갈등…

이 단어들이 여러 기사에서 반복적으로 사용되었다. 가히 현대 사회를 갈등사회라 불러도 틀림이 없지 않은가.

02 갈등의 시작은 밥그릇 싸움

나무들은 이파리에 엽록소가 박혀 있어서 씨 뿌리지도 않고 거두지도 않으면서 햇빛과 물을 합쳐서 밥을 빚어낸다. 자신의 생명 속에서 스스로 밥을 빚어내는 나무는 얼마나 복 받은 존재인가. 사람의 밥은 사람들 사이의 관계 속에서 굴러다닌다. 그래서 내 밥과 너의 밥이 뒤엉켜 있다.

— 김훈, 『라면을 끓이며』, 72쪽

본질적으로 갈등은 좋고 나쁨의 문제가 아니다. 갈등은 한정된 자원을 나누는 과정에서 각자의 이해관계가 상충하면서 벌어지는 싸움이다. 이 싸움은 양립불가한 관계상황에서 일어난다. 파이를 키워서 윈윈하자는 전략적 대안이 제시되나 이 역시 싸움을 줄이는 방편일 뿐 관계 속에 뒤엉켜 있는 '내밥 찾기' 갈등을 전제로 한 시도인 셈이다.

적나라한 '밥그릇 싸움'이란 표현을 우회하여 이렇게도 말할 수 있다. 갈등은 상대방과 지향하는 목표가 달라서, 내가 가려는 길을 상대가 방해하기 때문에, 좀 더 정확히는 방해한다고 생각하기 때문에 생기는 마찰이고 삐걱거림이라고. 갈등은 일종의 관계 불협화음 상태라 할 수 있다. 두 사람 이상이면 수면 아래에서 생성되기 시작하여 인간사회에 상존하는 객관적 현상이다. 갈등은 동시에 상호주관적이다. 개인이든 집단이든 당면한 갈등을 어떻게 바라보고 처리할 것인가를 놓고 각자의 해법으로 고민한다.

03 모멸감, 갈등의 원천이다

인간은 밥만으로 살지 않으므로 밥이 해결되면 즉시 다음 차원의 욕구가 올라오고 밥을 해결하는 과정에서조차 다른 욕구가 간섭한다. 갈등을 유발하는 여러 요인 중 대표격이 모욕과 모멸(humiliation)이다. 상대에게 모욕을 받았다는 생각이 들고 모멸감을 느끼는 순간 갈등은 예고된다. 모욕이 반복되거나 모멸감이 장기간 지속되어 더 이상 참을 수 없는 상태가 될 때면 어김없이 폭발력을 갖는다.

연인이나 부부간에 사소한 대화가 싸움으로 증폭되는 순간은 상대방의 치부나 인격을 건드려 자존심에 상처를 줄 때이다. 예컨대 상대방에게 '너 같은 인간은 그것도 아깝다!' 같은 말을 듣는 순간 부부간에 평생 풀 수 없는 한을 마음속 깊이 품게 된다. 모욕은 개인의 존엄성의 정수를 흔들어 놓는 것이라 할 수 있다. 따라서 모욕감을 갖고 있는 한 반드시 자신의 원래 상태를 위한 원상복귀 행위를 도모한다.

국제관계에서도 모욕의 파괴력은 엄청나다. 테러리스트들의 폭력행동의 근원을 찾으면 종종 자신들이 모욕의 희생자라고 생각하기 때문이라고 한다. 모욕적 행위는 예컨대 인종이 다르고 종교가 다른 특정 집단에 대해서 개개인의 존재는 완전히 무시하고 단순히 하나의 이질적인 문제집단으로 간주하는 것이다. 또 특정 민족 내 개개인의 주체성을 무시하여 그들이 스스로 선택하거나 행동하는 것이 아예 불가능한 무력한 집단으로 간주하는 것 혹은 열등한 집단으로 비하하여 무릎을 꿇리는 것도 모욕이다. 동물의 세계는 엄격한 위계질서로 서열을 정하고 굴종의 제스처를 취하는 것이 생존의 전략이나 인간은 다르다. 나 자신이, 사랑하는 내

가족이, 내가 속한 공동체가 모욕당했을 때, 모욕당했다고 생각할 때 세상에 대한 적대감이 시작되고 광기 어린 폭력성을 야기할 수 있다고 지적한다.[1]

많은 경우 갈등은 사소한 것에서 출발하여 조금씩 커지고 급기야 눈덩이처럼 불어서 폭발 상태까지 간다. 증폭의 나선형(spiral of escalation), 작은 갈등이 큰 갈등을 부르고 하나의 갈등이 또 다른 갈등을 부르는 악순환구조이다.

04 불평등한 구조가 갈등을 만든다

불평등함이라는 구조적인 문제도 갈등을 야기한다. 남녀차별, 인종차별 등이 대표적이다. 남녀 간의 오랜 불균형한 권력관계가 가부장적 사회구조를 만들고, 차별적 규범과 관습을 유지시켰다. 백인우월주의, 노예제도, 반유태주의, 타민족배타주의 등은 대표적 인종차별 사례이다. 인류는 오랫동안 이런 불평등 구조를 존속시켰다. 자본주의의 한계로 지적되는 부의 양극화 역시 경제 불평등 구조를 고착시킨다는 점에서 민주사회의 현안이다.

협력하여 살자고 모인 공동체에 갈등이 끊이지 않는 이유는 이처럼 셀 수 없이 많다. 개개인을 중시하는 자유주의적 휴머니즘도, 집단전체의 평등을 강조하는 사회주의적 휴머니즘도 갈등상

---

1 Hamelink, C. J.(2016), *Media and Conflict*, Routledge, pp. 4~6.

황을 만들기는 마찬가지이다. 우월한 인종을 보호하겠다는 위험천만한 진화론적 관점은 종종 인종학살과 같은 야만을 넘어선 잔인무도한 극단의 비인간적 인종갈등을 일으켰고 지금도 진행형이다.

05 갈등이 나쁜 것만은 아니다

'갈등 없기를 바라지 마라', '갈등 완소를 목표삼지 말라'가 현실적 대안일지 모른다. 갈등 존재를 인정하고 수용적 자세를 취할 때 시간과 에너지를 절약할 수 있다. 들여다보면 갈등이 인간관계에서 훼방꾼만은 아니다. 모든 사안에 좋음과 나쁨이 공존한다는 전제하에 갈등은 장점도 많다. 갈등은 인간발달의 과정에서 촉매작용을 한다. 갈등 없는 무균상태의 환경이라면 아이의 성장 속도가 더딜 것이고 구태여 성장하려 하지 않을 수도 있다. 연인 간 사소한 감정다툼이 없다면, 부부간 시시콜콜한 말싸움이 없는 상태라면 그 관계는 이상적이지 않다. 오히려 무관심과 결별의 예고편이다. 완벽하게 평화로운 가정은 상호 적대적 관계에서 폭발의 전야로 싸움이 잠시 중단된 상태일 뿐이라는 역설도 있지 않은가.

예술과 과학의 창조나 혁신은 상대방의 생각을 부정하면서, 기존의 결과에 반박하면서 시작된다. 집단과 사회갈등 또한 변화의 동력이 될 수 있다. 자유민주주의 사회의 언론자유는 정치적 갈등을 하라는 자유가 아닌가. 문제는 갈등의 수위와 범주이다. 과도한 갈등이 문제인 것이다.

현대인은 여러 유형의 인간관계를 맺고 살아간다. 개인 차원, 국가 차원, 글로벌 차원으로 관계망을 넓혀놓았고, 그 때문에 관계로 인한 갈등이 그만큼 증가했다. 관계와 갈등은 바늘과 실이다. 관계에는 이미 갈등이 내포되어 있다. 상대방은 내 반대편에 위치하고 있고(나의 위치에 있는 것은 오로지 나), 생각이나 의견이 나와 일치불가한 존재이기에(다른 사람이므로 당연히 다르다) 관계와 갈등은 한 몸이다. 그런데 갈등과 커뮤니케이션(소통) 또한 한 몸이다. 갈등의 전후에 커뮤니케이션이 있다. 갈등을 만드는 것, 갈등을 드러내는 것, 어떤 갈등인지 머릿속에 인지틀을 만드는 것, 내면의 감정을 전하는 것 등 모두 이해당사자 간의 커뮤니케이션 과정이다.

갈등을 관리하는 것 역시 커뮤니케이션이다. 상호작용을 원활하게 하고, 논쟁적 이슈를 정리하여 가이드하고 구체적 전략을 제시할 수 있다. 깊은 상처는 아물기까지 긴 시간을 요한다. 낮은 단계에서 갈등이 관리될 때 비용을 줄일 수 있다. 이 비용에는 금전뿐 아니라 시간, 감정소모, 주변인물이 받는 피해 등이 포함된다. 갈등관리 전략이 필요한 이유이다.

전통적으로 갈등커뮤니케이션 연구에 대한 관심은 특히 1970년대 이후 미국에서 대인 차원과 집단 차원에서 갈등이 어떻게 유발되며 어떤 관계상황에서 증폭되고, 갈등완화나 해소의 전략은 무엇인지 등에 집중되었다. 예컨대 갈등을 야기하는 구조적 요인이 무엇인지, 갈등의 대표적 유형은 무엇인지, 대인관계에서 일어나는 연속적 논쟁의 정체가 무엇인지, 논쟁적 메시지 패턴이 어떤 건지, 갈등은 어떤 국면에서 커지는지 혹은 갈등논쟁의 순환 고리는 어떤 경우 약화되는지 등이다. 또한 초기 사회갈등연구는 수사법(Rhetorics) 중심으로 외교적 수사법, 대립관계에서 수사법, 사회소요 위기 수사법, 설득화법, 강압적 화법 등에 관심이 높았다(1960년대 미국 대학생 반전시위 등 영향). 이후 공공갈등 연구는 분쟁비용, 보상, 이해당사자의 화법 등으로 확대되어 관련문헌과 연구자료의 분량은 상당하다.

지난 50년간의 갈등커뮤니케이션 연구는 현실의 갈등문제 접근과 문제의 해법에 연결고리를 찾는 실천적 과정이었다.

제1장
부부·연인 갈등

01 갈등을 부르는 커뮤니케이션 행동

연인이고 신혼부부인데 행복하지 않다면 갈등 때문이다. 이들은 관계가 악화된 후 당시를 회고하며 말한다, 그때 갈등이 참 심했다고. 앞에서 언급한 것처럼 2인 관계를 시작하면서부터 갈등은 피할 수 없다. 갈등을 뿌리 뽑겠다고 결심했다면 그건 이미 갈등을 부르는 방향에 서 있는 것이다. 갈등을 제대로 바라보는 자세가 먼저 필요하다. 그런 후 갈등을 어떻게 긍정적 방향으로 쓸 것인지 과제를 푸는 과정을 밟는 것이 순서이다.

그러나 갈등을 풀어보자며 시작한 커뮤니케이션 행동이 오히려 관계 개선이 아닌 관계 불만족을 초래할 때가 많다. 갈등을 긍정적으로 사용한다는 것은 갈등을 키우는 커뮤니케이션 행동을 제거한다는 것과 같은 말로 봐도 좋다. 어느 때 가장 친밀한 관계에 있는 남편 때문에 화가 나는가. 어느 때 그렇게 사랑스럽던 아내가 얄밉게 보이는가. 하루도 안 보면 못 살 것 같던 로맨틱한 연인이 왜 갑자기 낯선 남처럼 느껴지나. 그 이유는? 무엇보다 그의 커뮤니케이션 행동 때문이기 쉽다.

모든 갈등은 갈등으로 모양이 만들어지고 구체화되는 과정을 거친다. 만들고 구체화시키는 일을 커뮤니케이션 행동이 한다. 연인 간, 부부간 갈등커뮤니케이션 연구에서 많이 다루는 주제가 바로 이것이다. 어떤 커뮤니케이션 행동이 갈등을 일으키고 키우는지 갈등점화 행동을 들여다 본다. 갈등점화 행동은 관계에 부정적 영향을 미치는 부정적 행동이다. 상대방에게 빈번하게 불만스러운 말을 하는 것, 못마땅한 혹은 무관심한 표정을 보이는 것, 상대방의 성격을 꼬집는 것, 상대방 말에 방어적 자세를 취하는 것 등이다. 이처럼 말뿐 아니라 표정, 제스처, 자세, 목소리 톤 등 비언어적인 것도 모두 포함된다.

커뮤니케이션 행동은 부부·연인 관계 만족도와 연결되고 결혼생활의 불안정성과도 연관된다. 그만큼 중요하다는 얘기다. 신혼부부는 종종 결혼 초 기선잡기 행동을 한다. 초기에 누가 기선을 잡는지가 결정되면 일생 동안 그대로 갈 것이라는 착각 혹은 이를 조장하는 집단문화에서 비롯된 일종의 관계 문제행동이다. 이는 당연히 갈등을 부르는 요인이 된다. 또한 부정적 기대 행동은 부정적 결과를 낳을 확률이 상대적으로 높다. '네가 그걸 할 수 있겠나', '또 일처리가 늦을 테지'와 같은 생각을 갖는 것이 부정적 기대이다. 부정적 기대는 암암리에 상대방에게 전달되어 부정적인 행동을 하도록 유도하기 쉽고 상대방의 부정적 행동을 보면서 그에 대해 부정적 이미지를 굳히는 부정성의 악순환 가능성이 높다는 것이다. 이러한 부정성을 통해서 관계의 불만족이나 이혼까지도 예측할 수 있다는 연구결과가 있다.[1]

일반적으로 협력커뮤니케이션 행동이 경쟁행동보다 좋고, 관여행동이 회피행동보다 좋다. 2인 관계에서 갈등에 대처하는 행동은 다양하다. 갈등 회피형, 수용형, 경쟁형, 타협형, 협력형으로 유형화할 수 있다. 이 중 이상적인 것은 협력형이다.

▌갈등커뮤니케이션행동 유형

- 회피형: 상대방과의 갈등상황을 회피한다. 갈등해결을 위해 커뮤니케이션하려 하지 않는다. 갈등해결이 어렵다.
- 수용형: 상대방 배려를 우선한다. 자신의 이익은 보류한다. 자신의 요구는 충족하지 못한다.
- 경쟁형: 자신의 이익을 우선한다. 상대방은 배려하지 않는다. 자신의 요구가 만족되면 갈등해결이 잘되었다고 여긴다.
- 타협형: 갈등상황에서 나와 상대방 주장을 적절하게 수용하는 중도 타입이다. 만족과 양보를 모두 추구한다.
- 협력형: 자신의 이익과 상대방 이익을 동시에 고려하며 협력한다. 가장 이상적인 갈등관리형이다. 윈윈 전략이 여기에 해당된다.

---

1 Heyman, R. E.(2001), "Observation of Couple Conflict", *Psychological Assessment*, 13, pp. 5~35.

다음은 갈등관계를 개선할 수 있는 다양한 방식에 대한 부부심리 상담가의 팁을 중심으로 작성한 기사 내용의 일부이다.[2]

부부갈등 행동, DO & DON'T 리스트

■ Do

1. 문제를 제기하라: 인내는 미덕이지만 지나친 인내는 '허용'으로 받아들여진다. 참고 피하기보다는 문제를 제기하여 서로의 의견과 입장에 대해 생각할 시간을 가져라.
2. 대화를 시도하라: 싸우고 난 후 입을 닫는 남자와 달리 여자는 격한 감정을 숨기지 못한다. 차분한 대화를 통해 문제점을 찾아야 한다.
3. 하고 싶은 말과 해야 할 말을 구분하라: 대화가 옆길로 새지 않도록 주의할 것. 자신의 상황을 강요하지 말 것. 자신의 말에 귀 기울일 수 있도록 할 것. 대화의 이유를 확실하게 전달할 것.
4. 다름을 인정하라: 서로 다른 부분을 이해하고 존중하면 감정 대치를 줄일 수 있다.
5. 긍정적 단어를 사용하라: 빈정거림, 조롱, 욕설, 호전적인 말투는 절대 금지. 긍정적인 단어 사용과 호응으로 긴장감을 완화하고 친밀도를 높여야 타협점을 빨리 찾을 수 있다.
6. 감정을 조절하라: 감정 다툼으로 진행되면 문제를 해결 못한다. 적절한 정서상태에서 합리적으로 생각할 수 있어야 최선의 결과가 도출된다.

---

2 「싸움의 Win Win 기술」(2013), 『여성조선』 기사에 있는 'Do Don't 리스트' 일부를 발췌 요약함.

7. 시간을 정하라: 감정이 격해져 휴전 요구 시 최소 20분 경과 이후로 합의한다. 분비된 스트레스 호르몬이 정상상태로 돌아오는 데 걸리는 최소한의 시간이다.

8. 말의 유연성을 발휘하라: 말머리에 "당신 말을 이해하지 못하는 것은 아니지만" 정도의 '미사여구' 한마디만 넣어주면 상대방 기분이 어느 정도 풀리게 되어 있다.

9. 사과하고 용서하라: 구체적으로 사과하고 잘못을 인정하는 것은 용기 있는 행동이다. 사과는 관계 회복에 가장 우선해야 할 행동이다. 상한 감정의 치유효과가 있고 용서에 이르게 한다.

10. 미안하다 말하라: 진심을 담은 '미안하다'의 효과는 크다.

■ Don't

1. 몸 자세와 목소리를 높이지 마라: 목, 어깨에 힘이 들어가고 호흡이 바빠지고 소리를 지르면 이미 5할은 진 것이다.

2. 수사학적 질문은 삼가라: "이래서 저랬는데 당신은 어떻게 그렇게 말할 수 있어?"라는 질문은 대화 시작 전에 상대를 질리게 한다.

3. 화제를 돌려 말하지 마라: 불리한 상황이 되었을 때 갑자기 화제를 돌리는 것은 상황 도피다.

4. 불평과 불만 표정 짓지 마라: 불평과 불만을 시시때때로 표출하는 것은 어리광으로밖에 보이지 않는다.

5. 기대하지 마라: 세심하게 생각한 후 배려하고 행동해줄 것이라 기대하지 않는 것이 좋다.

6. 비교하지 마라: 다른 사람과 비교하면 기분이 나빠진다.

7. 싸움을 내일까지 끌고 가지 마라: 싸움은 빨리 끝을 보는 게 좋다.

8. 오래된 일을 끄집어내지 마라: 과거의 일로 갈등이 깊어진다.

02 남과 여, 서로 참 다르다

연인 간, 부부간 갈등관계 패턴 중 하나가 요구 – 회피(demand-withdraw) 관계이다. 여자는 요구하고, 남자는 움츠리고 회피하는 경향이다. 물론 반대 성향도 있지만. 예컨대 남친(남편)은 서로 의견이 다름을 확인하고 나면 더 이상 할 말 없다고 피해버리고, 여친(아내)은 이런 행동에 자신을 무시하는 거라 화를 내고 결론을 내자고 쫓아다니며 다그치는 것과 같은 모습이다.

갈등상황을 마주했을 때 커뮤니케이션을 회피하는 이유는 여러 가지이다. 오래 얘기하면 부정적 결과가 나올 것이란 두려움이나 무력감 때문에 대화를 피하는 경우가 많다. 그간의 경험을 통해서 얻은 것이리라. 혹은 공격성에 대한 공포로 상대에게 불만을 드러내지 않고 논쟁을 회피하는 경우도 있다. 앞서 얘기한 대로 상대를 비난하는 부정적 말을 쏟아낸다면 공격적 언어에 해당된다. 신체적 공격성향에 대한 공포도 마찬가지이다. 또한 커뮤니케이션 스킬 부족 때문에, 말주변이 없고 말로 이길 수 없다는 생각에서도 회피성향을 보인다. 그래서 아예 모르는 척하기, 아닌 척하기를 한다. 상대방 허찌르기, 자리뜨기도 모두 회피행동이다.

남자가 회피하는 이유를 권력관계로 설명하기도 한다. 남성중심의 사회에서 남자는 이미 유리한 기득권을 갖고 있는 위치에 있기 때문에 변화를 피하려 하고 여자는 불평등한 구조에 처해 있기 때문에 변화를 요구하는 입장을 취한다. 이와 달리 남자가 요구하고 여자가 회피하는 유형은 이미 관계불만족 상태에 들어 가 있기

나 남성이 폭력적일 때이기 쉽다는 것이다.

여러 연구를 통해 남녀의 커뮤니케이션 행동에 큰 차이가 있음이 나타났다. 일반적으로 여자는 남자에 비해 관계를 더 중시하고 사회성도 더 높다. 그런 맥락에서 여자는 갈등해소에 더 적극적이다. 여자는 문제해결을 봐야 한다는 생각이 강하여 밤새워 계속 얘기해서 결론을 보자는 입장인 반면, 남자는 늦었으니 내일 다시 얘기하자며 당장 모면해보자는 쪽이다. 남성보다 여성에게 인터넷 쇼핑중독이 많은 것은 스트레스나 갈등을 수동적·정서적인 방법으로 풀려 하는 여성의 특성 때문이다. 특히 어린 자녀 때문에 활동제약을 받는 주부의 경우 쇼핑을 외로움, 고립감, 열등감 등 부정적 감정을 해소하는 방편으로 삼는다. 화성남자 금성여자[3]가 선풍적 인기를 끌며 인구에 회자되었던 적이 있다. 남녀의 성향 차이가 상상을 초월할 만큼 크다는 점, 남녀관계에서 이성에 대한 충분한 지식이 필수라는 점이 강조되었다.

조사한 것을 보면 남성과 여성은 배우자 선호기준도 판이하게 다르다.[4] 남성은 여성에 비해 여성의 젊음과 외모를 중시하지만 여성은 남성에 비해 남성의 경제력과 사회적 지위를 중시한다. 이 두 가지가 가장 대표적인 남녀 선호 성향 차이다. 이 밖에도 남자

---

3 존 그레이/김경숙 역(2010), 『화성에서 온 남자, 금성에서 온 여자』. 남녀는 생각하는 방식이나 언어, 행동 등 모든 점에서 서로 다르다. 그런 차이를 깨닫지 못하는 많은 부부들은 상대방에게 자기방식을 강요하며 갈등을 겪는다는 것.

4 Buss, D. M.(1989), "Sex differences in human mate preferences: Evolutionary hypotheses testing in 37 cultures", *Behavioral and Brain Sciences,* 12; Buss, D. M.(2006), "Strategies of Human Mating", *Psychological Topics,* 15.

는 상대 여성의 여성성, 건강, 원만한 성격, 창조성/예술성을 더 중시하지만 여성은 상대 남성의 학벌과 지적 능력, 야망, 근면성, 친절함과 이해심, 사회성, 의지가능성, 안정된 정서, 활달한 성격을 더 중시한다. 이러한 배우자 선호기준의 차이는 진화심리학 이론을 반영하는 것이고 전형적인 젠더 특성차이를 반영하는 것이다. 즉, 남자는 자신의 유전자를 퍼뜨리려는 욕구가 강해서 여성의 생식능력을 선호하고 여자는 가족을 먹여 살리려는 욕구가 강해서 남성의 자원조달 능력을 선호한다.

같은 맥락에서 배우자에 대한 질투 형태도 남녀가 다르다. 남자는 배우자가 자신보다 능력 있어 보이는 남자와 외도했을 때, 여자는 배우자가 나보다 우월한 미모의 여성을 상대해서뿐 아니라 정서적 배신감이 커서 질투가 커진다는 것이다.

03 개인차를 만드는 성격 특성 Big 5

같은 갈등상황이라도 커뮤니케이션의 과정은 다양하게 전개된다. 여기에 영향을 미치는 요인으로 남녀차이뿐 아니라 개인의 특질차이가 있다. 특히 성격에 따라 큰 차이가 난다. Big 5 성격은 사람들의 일반적인 성격 특성을 파악하고자 심리학자가 개발한 것으로 널리 사용 중인 성격이론이다. 개인의 성격 특성으로 연인, 부부, 가족, 친구 간 관계에서 어떤 행동을 할지 예측할 수 있고, 개인의 정체성, 심신 건강, 종교성향, 행복 등도 예측할 수 있

5가지 성격 특성(OCEAN 모델)

- 개방성(Openness to experience): 상상력, 호기심, 다양성에 대한 욕구, 모험심 등이 강한 성향. 보수적 성향과 반대
- 성실성(Conscientiousness): 목적 달성을 위해 성실히 노력하는 성향. 계획적, 규칙 준수, 준비성, 심사숙고형
- 외향성(Extraversion): 사회성, 활동성, 적극성 등과 같은 사교지향적 의욕적 성향
- 친화성(Agreeableness): 대인관계에서 협조적이고 친절하고 우호적인 성향
- 신경예민성(Neuroticism): 우울감, 불안, 걱정, 분노 같은 부정적 감정을 쉽게 느끼는 성향

다는 것이다. 성격 특성은 사람들이 실제 자신의 경험을 통해 겪어본 것이 많아 그럼직하게 느껴지는 잘 알려져 있는 내용이기도 하다. 5가지 성격 특성을 간단히 보면 다음과 같다. 단어 첫 글자를 조합하여 OCEAN 모델로 부르기도 한다.[5]

서로 마주하면 분위기를 주도하는 편이고, 낯선 사람과도 쉽게 친해지고 함께 있는 게 편하고 어색하지 않다면 개방적 성격에 속한다. 반면 사람들이 친절하게 대하고 가까이 다가오는 게 불편하고 왜 내게 친절한지 의심스럽다면 보수적 성격이다. 작은 문제에도 스트레스를 받고 매사 걱정이 많고 억울한 마음에 쉽게 흥분한

---

5 Costa, P. T., & McCrae, R. R.(2008), "The revised neo personality inventory(neo-pi-r)", *The SAGE Handbook of Personality Theory and Assessment*, Vol. 2, pp. 179~198.

다면 신경예민형이다. 배우자 기분을 잘 이해해주고 다정다감하고 주변 사람들에게도 관심을 보인다면 친화성이 높은 성격이다. 이해력이 좋고 어휘력이 풍부하고 아이디어가 많으면 개방적 성격이고, 해야 할 일을 미루는 법이 없고 매사 치밀하고 계획적으로 일하는 편이라면 성실형이다. 이처럼 사람들의 성격 특성은 다양하고 각기 다르다. 따라서 나와 배우자가, 나와 나의 연인이 어느 성격에 속하는지에 따라 갈등상황에 대처하는 방법은 수백 수천 가지로 다양할 것이다.

연구에 따르면 친화적 성향의 성격은 부부갈등 상황에서 강압적인 표현을 하거나 강압적 전술을 사용하지 않는 경향이 있다. 요구-회피형에 속하지 않고 상대방을 달래주고 지지하는 긍정적 커뮤니케이션 행동을 할 가능성이 높은 것으로 나타났다.[6] 이와 달리 신경예민형 속성은 공격성향, 부정성, 요구-회피형과 연관된 것으로 나타났다. 애인이나 배우자가 친절하고 협조적이고 상대방에게 우호적인 친화성 성향이라면, 걱정과 분노가 많은 신경예민형이 아니라면, 갈등이 점화되고 풍선처럼 커져서 폭발하는 상황이 올까 봐 두려워하지 않아도 된다. 성격 좋은 배우자를 고르려는 이유가 여기에 있는 게 아닐까. 성격 좋은 것이 다가 아니기 때문에 어려운 문제이긴 하지만 말이다.

---

6 Oetzel, J. G., & Ting-Toomey, S. eds.(2013), *The Sage Handbook of Conflict Communication*, p. 172 재인용.

수건으로 얼굴만 닦을 것인가 발도 닦아도 되는가, 치약을 끝에서부터 짜야 하나 중간부터 짜서 써도 되나. 이것이 여러 신혼부부의 갈등 주제이다. 매사 기준이 명확하고 자로 잰 듯 분명한 사람이 있다. 그의 메시지는 언제나 분명하고 간결하여 군더더기가 없지만 갈등을 불러일으킬 소지는 더 많다. 이처럼 명확하게 잘잘못을 구분하고 반론의 여지가 없는 절대론자의 태도 혹은 완전한 갈등해소를 통해 무결점 관계로 만들겠다는 유토피아적 시각을 갖는 것은 오히려 위험하다. 관계는 일방적이지 않다. 쌍방향으로 상호작용한다. 갈등 발생 후 시각이 판이하게 다른 경우가 많다. 거짓말을 해서가 아니다. 누구 말이 진실인지, 누가 선(善)이고 누가 악(惡)인지를 따지려 든다면 갈등관리는 실패하기 쉽다. 그런 문제는 성선설과 성악설을 놓고 도덕적 논쟁을 하는 것과 비슷하다. 조속한 해결이 필요한 갈등상황에 맞지 않는 접근법이다. 갈등해소는 이상이 아닌 현실적 사안이기 때문이다.

유토피아적 시각이란 이것은 항상 맞고 저것은 항상 틀리다고 생각하는 것을 말한다. 다양성을 부정하는 것과도 같다. 토머스 모어가 1516년에 쓴 유토피아 사회는 필자 자신도 인간이 이룰 수 없는 사회임을 알고 그린 사회이다. 이상적 정치체제를 가진 섬나라, 머릿속 상상의 세계를 만든 것이다. 그러나 이상은 현실이 아니고 현실과는 거리가 멀다.

갈등 없는 완벽한 무결점사회를 만들겠다는 비현실적 꿈을 꾸며 덤빈 20세기 대표적 유토피스트가 스탈린, 히틀러, 마오쩌둥, 폴 포트이다. 이들은 자신이 생각한 선악의 기준이 분명했고, 옳고 그름에 대한 신념에 가득 찼었다. 자신들의 이상향을 실현하기 위해서 수백만 무고한 시민을 학살하여 인류 참극을 만든 미치광이였다.[7] 근래 자살폭탄과 같은 극단적 테러를 자행하여 국제사회를 공포로 몰아넣은 ISIS는 극단주의 수니파 무장단체로 수니파 칼리프 국가 부활을 목표로 내세웠다. 우리 편의 구원을 위해 상대편은 몰살되어도 무방하다고 생각한다. 구원의 신념이 클수록 다른 신념에는 가차 없는 폭력을 가한다. 내 꿈을 실현하는 데 방해되는 그 누구도 제거 대상이 된다. 이런 극단주의자들에게 인간의 도덕성은 간데없다.

이 사례들이 극단적인 것이긴 하지만 2인 갈등상황에 유용한 교훈이 있다. 갈등커뮤니케이션의 과정은 진실규명의 과정이 아니다. 나는 정의고 너는 불의고, 내 생각은 합리적이고 네 생각은 불합리하고를 판가름하는 과정이 아님을 인식하는 것이 중요하다. 관계 갈등에서 누가 옳고 그른지는 영화제목처럼 지금은 맞고 그때는 틀릴 수 있다. 갈등을 바라보는 시각은 현실적이어야 한다.

---

7 Hamelink, C. J.(2016), *Media and Conflict*, pp. 139~142.

05 갈등 수위가 상승하면 매개체를 이용하라

직접 대면해야 비언어적 코드를 읽을 수 있어 상대방 의중 파악이 쉬운 것이 일반적이다. 반대로, 비난의 말, 어두운 표정 등 부정적 커뮤니케이션 행동이 반복되면 감정이 격해지고 대화가 옆으로 새버릴 우려도 크다. 이때 시공의 제약을 해소시켜줄 언제 어디서나 쓸 수 있는 커뮤니케이션 수단을 이용하는 것도 방법이다. 특히 문자, 이메일, 카카오톡 등 비대면 미디어에 생각을 정리해가며 감정을 누그러뜨린 메시지를 교환하다 보면 오히려 면대면보다 효과가 있다.

06 부부갈등 불똥, 자녀에게 고스란히 간다

자녀에게 가족은 맨 처음 경험하는 사회화(socialization)의 장이고 전 생애에 걸쳐 핵심이 될 삶의 질과 밀접히 연결된다. 그 중차대한 의미를 지닌 가족 내부에서 이루어지는 부부간, 부모와 자녀 간의 커뮤니케이션은 당연히 자녀의 행복과 대인관계에 영향을 미친다. 따라서 부부갈등이 장기간 지속될 때 자녀에게 미치는 부정적 영향 정도는 이혼으로 끝날 때가 더 적을 수 있다는 지적도 있다. 부부갈등을 보며 자란 자녀는 성인이 된 후 대인관계에 미숙하거나 애착불안과 같은 정서적 장애를 가질 수 있다는 것이다.

여러 실증연구를 통해서 밝혀진 것은 갈등상황에서 자녀가 취하는 커뮤니케이션 방식이 부모의 방식과 유사하다는 점이다. 많은 사람이 짐작할 수 있는 결과이리라. 부모 자녀 간, 형제 간 커뮤니케이션 방식이 비슷했고, 자녀가 성장 후 연인 간 갈등상황에서 취한 커뮤니케이션 방식도 그간의 부모 자녀 간 방식과 비슷했다. 가족 내 갈등상황에서뿐 아니라 성인이 된 후 가족 밖의 사람들과의 갈등상황에서도 마찬가지였다는 것이다. 예컨대 부부간 커뮤니케이션 방식이 타협형일 경우 가족 구성원은 모든 2인 관계에서 타협적 방식을 취하고 공격이나 회피하는 방식을 취하지 않는 경향이 있었다. 특히 부모의 부정적 커뮤니케이션 방식이 자녀의 현재는 물론 미래에까지 영향을 미친다는 연구결과는 시사하는 바가 크다.

▶ 부부싸움과 자녀 트라우마

강남세브란스병원 정신건강의학과 석정호 교수팀은 우울증 환자들에게 성장기인 아동 및 청소년 시기 동안 '부모의 싸움을 본 경험'이 일반인에 비해 유의하게 높은 것을 확인하고, 이들 환자군의 우울증 발병에 있어 부모의 불화가 중요한 '생애초기 스트레스' 요소일 가능성을 제시했다. 자녀들이 부모의 부부싸움을 보는 것이 둘 사이만의 문제로 여기기 때문에 큰 심리적 충격이 안 될 것이라는 일반적 생각과는 달리 상당한 정신적 외상(Trauma)이 될 수 있다는 것. 정서불안 관련행동과 연관성을 제시했다.

분노조절 장애를 보이는 아이들이 늘고 있다. 분노조절 장애는 학습을 통해 만들어지고 가장 큰 영향을 미치는 사람이 부모이다. 부모가 아이 앞에서 자주 싸우는 모습을 보이면 아이는 화를 다스리지 못하는 성인으로 자랄 위험이 있고 트라우마가 될 수 있다는 국내 사례 연구결과도 있다.[8]

부부가 상당한 갈등상황에 있지만 자녀 때문에 관계결정을 미루는 경우도 있다. "부부가 이혼을 하고 싶어도 자녀의 장래를 생각해서 그냥 같이 사는 것이 좋다고 합니다. 이 의견에 찬성하십니까?"라는 부부와 자식의 우선순위를 묻는 질문에서, 한국인은 91.6%가 동의하여 가장 높은 찬성률을 보였다. 프랑스 51.3%, 미국 30.4%, 영국 21.8%에 견주어 월등히 높은 찬성률이다(한국갤럽조사연구소, pp. 142~143).[9] 이러한 설문결과를 부모의 갈등이 자녀의 문제 요인로 이어진다는 앞의 지적과 연결해볼 때 의문이 제기된다. 논리적으로 이혼 생각에까지 이른 부부갈등상황을 해결하지 않은 상태에서 자녀를 위해 결정을 유보한다면 자녀는 부모의 갈등으로 인한 부정적 영향을 그대로 받으며 자라는 것이 된다. 물론 함께 살다보면 부부가 다시 화해하여 관계를 회복할 가능성도 있다. 부부관계의 관점에서는 마지막 선택을 유보한 것이 오히려 잘한 것일 수도 있을 것이다. 그러나 부모 자녀 관계의 관점에서 볼 때는, 부부간 극심한 갈등상황이 지속된다고 가정할 때, 부부갈등의 불똥이 고스란히 자녀에게 갈 것이 자명하다.

---

8 『파이낸셜뉴스』 2013년 4월 4일자 「부부싸움, 자녀 우울증 부른다」.

9 심리학용어사전(2014), '한국의 부모-자녀 관계'.

07 소통능력은 길러지는 것: 마음 챙김이 중요하다

갈등관리에서 커뮤니케이션 능력(competence)이 있는지 그 유무가 중요하다. 소통능력이 있을 때 연인 간 이견을 보인 문제를 좀 더 쉽게 조절하고 완화시킬 수 있다. '말 한마디로 천 냥 빚을 갚는다'는 속담은 함의가 크다. 여기서의 말 한마디는 단순히 말만 잘하는 것을 의미하는 게 아니다. 상대방과 공유할 수 있는 소통의 말을 잘 하느냐이다. 소통능력을 결정하는 요소에는 여러 가지가 있겠으나 우선 두 가지 방향에서 생각할 수 있다. 얼마나 적절한 말을 하는가(적절성)와 소기의 효과를 보는 말을 하는가(효율성)이다. 구체적으로 적절성은 두 사람에게 따라오는 관계적이고 사회적인 규범, 규칙, 기대치 등에 부합하도록 소통하는 능력을 의미한다. 효율성은 목표를 성공적으로 달성할 수 있도록 커뮤니케이션하는 능력이다.

예컨대 갈등상황에서 소통능력이 있는 사람은 상대방이 생각하고 있는 기대치가 무엇인지 인지하고 그에 맞춘 대응을 한다. 다양한 커뮤니케이션 스킬을 동원하여 목표한 갈등 조절 지점까지 다다른 사람은 소통능력이 있는 사람이다. 상대를 비난하는 말을 하면 목표성취에 부정적 영향을 미친다는 점을 아는 사람도 소통능력이 있다. 다음은 소통능력을 기르기 위해 필요한 일반적인 기법이라고 할 수 있다. 물론 언제나 맞는 것은 아니고 상황에 따라 다를 수 있는 기본적인 요령이다.[10]

---

10 김영임(2011), 『스피치커뮤니케이션』, 한국방송통신대학교출판문화원.

소통능력 기르기

- 문제가 보일 때, 섭섭하거나 화가 났을 때 상대방이 말하길
  기다리지 말고 즉각적으로 표현하기
- 솔직하게 표현하기(Honesty is the best policy)
- 생각, 느낌, 요구사항을 구분하여 정확하게 표현하기
- 특정 사건, 특정 행위에 초점을 맞춰 말하기
- 상대방의 개인 특성이나 성격을 비난하지 않기
- 의도를 감추지 않고 직설적으로 표현하기
- 기분 상할 말, 상처 줄 말 하지 않기

갈등이 발생하면 반복되는 부정적 커뮤니케이션 행동으로 수위가 높아지고 종종 조정불가 지점까지 간다. 이렇게 어려운 상태까지 가지 않게 조정하는 것이 갈등관리이다. 갈등은 피할 수 없지만, 갈등관리는 현명하게 할 수 있다. 인간은 생각하는 갈대이다. 대자연의 힘 아래에서 형편없이 연약한 존재이긴 하나 생각을 통해서 무한한 잠재력을 발휘할 수 있는 존재이다. 나와 상대방의 상태, 특히 감정 상태에 대해 고려하면서 세심하게 접근할 때 긍정적 커뮤니케이션 행동을 할 수 있고 부정적 행동을 줄일 수 있다. 이를 위한 방법으로 마음 챙김 행동이 있다.

대부분 갈등상황이 되면 여유 없이 신경을 곤두세운 의식적 상호작용을 하게 된다. 하지만 그 가운데서도 마음 챙김 커뮤니케이션을 할 때, 하려고 노력할 때 더 나은 결과를 얻을 수 있다는 것이다. 실제 연구결과 상대방을 비난하지 않는 태도를 취하고 현재

에 집중하는 등 마음 챙김 행동을 했을 때 상대방 감정 반응을 좀 더 정확히 이해해 상대에게 감정이입(empathy)을 더 잘하게 되는 것으로 나타났다.[11] 이와 반대로 무심함으로 대했을 때는 갈등상황 초기에 취한 자신의 반응에서 더 나가지 못하는 등 융통성 없는 커뮤니케이션 행동 때문에 해결할 수 있는 다양한 방법을 놓치고 처음의 내 생각에만 갇혀버리고 만다.

마음 챙김(mindfulness)은 무심함(mindless)의 반대말이다. 숙고하지 않고 과거의 유사경험을 그대로 현재 상황에 대입하는, 맥락 없는, 기능적인 커뮤니케이션 행동이 무심한 행동이다. 마음 챙김 행동은 이와 반대이다. 마음 챙김은 현재에 집중하는 것, 나 자신과 상대방의 요구와 관심에 집중하는 것, 어떤 감정이 일어나는지 마음에서 올라오는 감정에 집중하는 것을 말한다. 무엇보다 나의 감정과 상대방의 감정이 무엇인지 알고 그 감정을 상대방에게 전할 수 있도록 하기 위한 것이다. 마음 챙김은 종교적 전통을 가진 용어로, 동남아시아를 중심으로 한 남방 불교권에서 2,000년 넘게 그 명상법이 이어져 내려왔다.[12] 오늘날은 종교를 떠나 일반인에게도 명상수행법으로 사용되고 심리치료에서도 채택하고 있다.

---

11 Canary, D. J., Lakey, S. G. & Sillars, A. L.(2013), "Managing Conflict in a Competent Manner" in *The Sage Handbook of Conflict Communication*, Chapter 7.

12 Thich Nhat Hanh(1975), *The Miracle of Mindfulness*. 베트남 승려가 명상수련법을 전수하기 위해 쓴 긴 편지를 책으로 엮은 것. Mobi Ho가 번역하여 1987년 미국에서 출간.

"

제2장

학교갈등

"

01 학교갈등 폭력성, 위험 수위를 넘었다

가장 극단적인 갈등상황은 폭력성을 드러낼 때이다. 학교는 머지않아 사회의 주역이 될, 자라나는 아이들의 지덕체 연마의 장이다. 각종 이해관계로 얽힌 성인들의 갈등사회가 아니다. 그럼에도 불구하고 각종 언어폭력, SNS폭력, 신체적 폭력 등 성인사회와 또 다른 폭력성으로 인해 학교는 아이들과 부모에게 즐겁고 안전한 곳으로 인식되지 않는다. 학교갈등의 문제가 한국사회의 주요 이슈로 부각되어 있다.

2007년 이후 우리나라 청소년의 사망 원인 1위는 고의적 자해, 즉 자살이다. 해마다 평균 7명 정도가 잘못된 선택을 했고, 10명이 넘었던 해(2009)도 있었다(통계청, 2016). 왜 아이들은 이런 극단적인 선택을 하는 것일까. 『2015 자살예방백서』에 따르면 청소년의

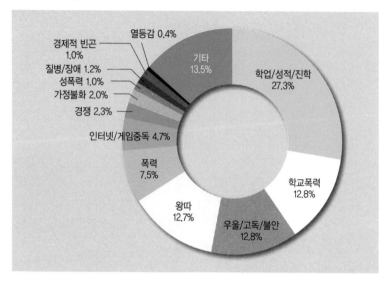

열등감 0.4%
경제적 빈곤 1.0%
질병/장애 1.2%
성폭력 1.0%
가정불화 2.0%
경쟁 2.3%
인터넷/게임중독 4.7%
폭력 7.5%
왕따 12.7%
기타 13.5%
학업/성적/진학 27.3%
학교폭력 12.8%
우울/고독/불안 12.8%

출처: 『2015 자살예방백서』.

자살 원인은 학업/성적/진학(27.3%)문제가 가장 컸고, 그다음으로 학교폭력(12.8%), 우울/고독/불안(12.8%)과 왕따(12.7%)문제로 나타났다. 아이들은 학교공부가 죽고 싶을 만큼 힘들었고 다른 애들 때문에 학교 다니는 게 죽을 만큼 두려웠다는 것이다.

이웃나라 일본도 우리와 유사하다. 전체 연령의 자살 건수는 감소하면서 중고생 청소년의 자살 비율은 꾸준히 증가하는 추세를 보였다. 학교에서 아이들에게 집단 따돌림(불링bullying, 왕따)과 괴롭힘(이지메いじめ: 약자를 신체적·정신적으로 반복해 괴롭히는 행위)을 당해 스스로 목숨을 끊은 한 여학생의 유서 내용을 보면 참담하다. "더는 견딜 수 없다. 살 가치가 없다"는 말을 남겼다고 한다.

학교폭력은 미국도 심각하다. 1999년 4월 발생한 콜롬바인 총

| 미국 콜롬바인 총기난사 범행 현장

기난사 사건은 가장 충격적인 학교폭력 사건이다. 미국 콜로라도 주에 위치한 콜롬바인 고등학교 학생 두 명이 학교 내에서 총으로 900여 발을 난사했다. 사망자 13명, 부상자가 23명이었고 가해학생 두 명은 자살했다. 이 사건 이후 미국사회는 집단따돌림 등 학교폭력 문제를 심각한 사회이슈로 삼았다. 미국 보건복지부는 '지금 당장 왕따를 중지하라'(Stop Bullying Now)는 학교폭력 반대 캠페인을 꾸준히 펼치고 있다. 학교폭력 방지 예방교육도 5세부터 실시 중이다.

학교폭력이 언제부터 우리 사회의 주요 이슈로 등장했나. 2005년 국립국어원이 그해 많이 사용된 신조어를 골라 등재한 단어에 '스쿨폴리스'가 있다. 그때쯤부터 학교의 폭력문제에 심각성을 인식하기 시작했던 것 같다. 이후 국가 차원에서 아이들의 폭력에 관심을 갖고 학교폭력 근절을 위한 대책에 고심하는 등 적극성을 띠었다. 서울시교육청이 발표한 2016년 1차『학교폭력 실태조사』결과를 보면, 초등학생의 피해(3.4%)가 중학생(0.8%), 고등

| 초 · 중 · 고 학교폭력 피해 비율

구분	2014년	2015년	2016년
	1차	1차	1차
초	3.5	3.0	3.4
중	1.8	1.1	0.8
고	0.7	0.5	0.4

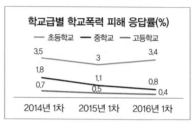

출처: 서울시교육청, 2016년 1차 『학교폭력 실태조사』.

학생(0.4%)에 비해 훨씬 높았다.[1] 어린 아이들에게 학교폭력 경험
이 더 많은 것으로 나타났고 더구나 전체 폭력비율이 감소하는 가
운데 유독 초등학생의 학교폭력만 다시 증가했다.

학교폭력에는 다음 행위가 모두 포함된다. 교내외에서 학생을
대상으로 발생한 상해, 폭력, 감금, 협박, 약취, 유인, 명예훼손,
모욕, 공갈, 강요, 강제적 심부름 및 성폭력, 따돌림, 사이버 따돌
림, 정보통신망을 이용한 음란폭력 정보 등에 의하여 신체·정신
또는 재산상의 피해를 주는 모든 행동이다(「학교폭력예방 및 대책에
관한 법률」 제2조). 아무 이유 없이 친구를 때리고, 옷을 잡아당기
고, 지우개를 던지고, 꼼짝 못하게 한 후 몸을 만지거나 창피함을
주는 행위 등이다. 가장 많은 사례는 '언어폭력', 그다음이 집단
따돌림과 괴롭힘이다.

성장기 또래집단에서 학교폭력이 발생하는 배경은 무엇일까.
먼저 심리적 차원에서 보면 대체로 아이들의 시기와 질투가 집단

---

1 초등학교 4학년~고등학생까지 약 77만 명을 대상으로 2015년 가을학기에 조
   사하여 71만 명 설문자료 수합.

언어폭력	• 명예 훼손: 여러 사람 앞에서 상대방의 명예를 훼손하는 구체적인 말(성격, 능력, 배경 등)을 하거나 그런 내용의 글을 인터넷, SNS 등으로 퍼뜨리는 행위 • 모욕: 여러 사람 앞에서 모욕적인 용어(생김새에 대한 놀림, 병신, 바보 등 상대방을 비하하는 내용)를 지속적으로 말하거나 그런 내용의 글을 인터넷, SNS 등으로 퍼뜨리는 행위 • 협박: 신체 등에 해를 끼칠 듯한 연행(죽을래 등)과 문자메시지 등으로 겁을 주는 행위
신체폭력	• 감금: 일정한 장소에서 쉽게 나오지 못하도록 하는 행위 • 상해, 폭행: 신체를 손, 발로 때리는 등 고통을 가하는 행위 • 약취: 강제(폭행, 협박을 통해)로 일정한 장소로 데리고 가는 행위 • 유인: 상대방을 속이거나 유혹해서 일정한 장소로 데리고 가는 행위
사이버폭력	• 특정인에 대해 모욕적 언사나 욕설 등을 인터넷 게시판, 채팅, 카페 등에 올리는 행위로 특정인에 대한 '저격글'이 그 한 형태임 • 특정인에 대한 허위 글이나 개인의 사생활에 관한 사실을 인터넷, SNS, 카카오톡 등을 통해 불특정 다수에게 공개하는 행위 • 성적 수치심을 주거나 위협하는 내용, 조롱하는 글, 그림, 동영상 등을 정보통신망을 통해 유포하는 행위 • 공포심이나 불안감을 유발하는 문자, 음향, 영상 등을 휴대폰 등 정보통신망을 통해 반복적으로 보내는 행위
금품갈취	• 돌려줄 생각이 없으면서 돈을 요구하는 행위 • 옷, 문구류 등을 빌린다며 되돌려주지 않는 행위 • 일부러 물품을 망가뜨리는 행위 • 돈을 걷어오라고 하는 행위 등
따돌림	• 집단적으로 상대방을 의도적이고, 반복적으로 피하는 행위 • 싫어하는 말로 바보취급 등 놀리기, 빈정거림, 면박주기, 겁주는 행동, 골탕먹이기, 비웃기 • 다른 학생등과 어울리지 못하도록 막기 등
성폭력	• 폭행 · 협박을 하여 성행위를 강제하거나 유사 성행위, 성기에 이물질을 삽입하는 등의 행위 • 상대방에게 폭력과 협박을 하면서 성적 모멸감을 느끼도록 신체적 접촉을 하는 행위 • 성적인 말과 행동을 함으로써 상대방이 성적 굴욕감, 수치감을 느끼도록 하는 행위
강요	• 강제적 심부름: 속칭 빵 셔틀, 와이파이 셔틀, 과제 대행, 게임 대행, 심부름 강요 등 의사에 반하는 행동을 강요하는 행위 • 강요: 폭력 또는 협박으로 상대방의 권리행사를 방해하거나 해야 할 의무가 없는 일을 하게 하는 행위

따돌림과 폭력으로 발전한다. 이와 달리 신체적 성장이 더딘 친구의 행동을 보고 놀린다거나, 부모의 직업이나 경제력을 비교하면서 과시하는 경우도 있다. 아이들이 집단을 만들어 다른 학생을 폄하하는 행동을 하고 사춘기 청소년의 반항심이나 가치관의 혼란이 또래 간 싸움이나 말썽을 유발하기도 한다. 남학생들 사이에서는 서열을 정하는 몸싸움이 폭력으로 이어진다.[2]

사회적 차원에서 학교폭력의 원인은, 1980년대 이후 경제 급성장과 산업화로 인한 대가족 해체, 그에 따른 핵가족화와 맞벌이 부모의 등장에서 찾을 수 있다. 이 과정에서 부모와 가족의 기능이 약화되고 축소되었고 가정교육도 소홀해졌다. 또 한 가지 원인은 입시위주 교육체제에 있다. 아이들이 집이나 학교보다 학원에서 지내는 시간이 많아졌다. 대학입시를 위한 성적 올리기만을 중시하는 부모와 교사로부터 가정교육과 학교교육이 제대로 이루어질 수 없게 되어버렸다. 미성숙한 아이들이 제대로 성장하지 못한 채 가정 밖으로 내몰리면서 사회적 두려움, 자존감 상실, 부적응이나 불만의 심리가 폭력적인 문제행동으로 표출된다는 것이다.[3] 학교폭력의 이면에는 자녀와 부모, 자녀를 양육할 수 없는 사회적 문제가 있다. 다음은 학부모의 비뚤어진 자녀교육 태도를 보여주는 사례이다.

---

2 김하영·박성언·김남수(2016), 「학교폭력 예방을 위한 초등학교 스포츠활동의 실천 방향성 탐색」, 『한국체육과학지』, 25(2), pp. 709~719.

3 이현승(2016), 「한중일 3국의 학교폭력에 대한 비교」, 『법학연구』, 16(1), pp. 143~165.

▌학부모의 비뚤어진 자녀교육 태도

학부모가 자녀의 학교폭력 징계결과에 불만을 품고 학교에 찾아와 교감을 흉기로 위협한 사건이 벌어졌다. 해당 학교와 경찰 등에 따르면 강원도 철원의 한 학교에 학부모 A씨가 찾아왔다. A씨는 교사들에게 자신의 자녀에 대한 학교폭력 징계위원회 결과에 불만을 제기하며 소란을 피우고, 학교폭력자치위원회 명단과 연락처를 요구했다. 이 과정에서 A씨는 자신과 탁자를 사이에 두고 얘기하던 B교감에게 미리 준비한 흉기를 들이대며 위협했다.

B교감은 "A씨가 '명단과 연락처를 내놓지 않으면 죽이겠다'고 말하며 흉기로 찌를 것처럼 행동해 생명에 위협을 느꼈다"며 "심각한 교권침해라고 생각해 A씨를 경찰에 고소할 생각"이라고 말했다. 해당 학교 측은 교권회복위원회를 열어 이 사건에 대해 공식 논의할 방침이다. 또한 경찰은 수사에 착수하기로 했다.

출처: 『국민일보』 2016년 9월 9일자 「학부모 아들 학교폭력 징계결과 앙심 품고 교감 흉기로 위협」 발췌.

학교폭력을 보는 부모의 인식차도 학교폭력 사태에 문제 요소이다. 학교폭력을 바라보는 시선은 피해학생 부모, 가해학생 부모, 피해무경험 부모마다 다르다. 초등학생 자녀를 둔 학부모를 대상으로 학교폭력에 대한 인식을 조사한 결과를 보면 학교폭력을 심각하게 인식하는 것은 피해학생 부모로 나타났다.[4] 당연한 결과인데 놀라운 것은 가해학생 부모의 심각성 인식이 피해무경

---

4 조은겸·선혜연(2016), 「초등학생 자녀의 학교폭력 경험유형에 따른 학부모의 인식 차이」, 『아시아교육연구』, 17(2), pp. 59~78.

험 부모보다 낮다는 점이다. 가해학생이 폭력적 행위를 심각하게 생각하지 않는 것이 부모의 영향일 수 있다는 증거이다. 학교폭력에 대한 사회적 공감대가 필요하다.

학교폭력은 피해자가 쉽게 가해자가 될 수 있는 구조이다. 폭력은 폭력을 부른다. 학교폭력에 시달린 피해학생이 가해학생을 칼로 찌른 사건이 있었다. 피해학생의 가해행위가 자력구제이고 정당방위라는 견해도 있지만 범죄행위임에 틀림없다. 이 사건 이후 교육부는 학교폭력에 대한 가해학생의 처벌 수위를 5단계로 세부화한 가이드라인을 발표했다. 가해학생의 폭력을 심각성과 지속성, 고의성, 반성정도 등 5단계로 나누었다. 엄벌주의로 구속학생이 늘었다. 그러나 가해학생의 처벌에만 초점이 맞춰져 피해학생의 상처 치유와 회복에는 미흡하다는 평가이다. 가해학생에 대한 처벌이나 피해학생과의 분리만이 최선책은 아닐 것이다. 엄한 벌로 범죄를 근절하겠다는 학교폭력 엄벌주의 정책에 대한 보완 논의, 근본해결책에 대한 숙고가 필요하다.

02 SNS폭력, 가장 많고 가장 심각하다

언어폭력은 자칫 폭력이 아니라고 인식하기 쉬우나 학교에서 아이들 간 가장 많은 빈도를 차지하는 갈등사례이다. 친구들 앞에서 자신의 성격이나 능력, 성적, 신체비밀, 생김새, 가정환경에 대해 비하하거나 욕설과 같은 모욕적인 말을 하는 것, 그런 내용의 글을 인터넷(SNS)상에서 퍼뜨리는 것이 언어폭력이다. 친구를 겁주거나 위협하려는 의도를 가지고 한 말과 글도 언어폭력이다. 모두 정신적 피해를 주는 명백한 범죄 행위에 해당된다.

인터넷 게시판이나 카페, SNS/채팅상에서 친구에 대해 모욕적인 언사나 욕설 등을 올리거나 퍼뜨리는 것을 일명 '저격글'이라고 한다. 확산이 빠르고 광범위할 뿐 아니라 불특정 다수에게 공개될 수 있기 때문에 폭력 피해자의 정신적 스트레스가 더 크다. 이처럼 일정한 대상을 겨냥하여 해를 끼치는 '저격'(狙擊)은 인터넷상에서 또래의 단점을 노려 직간접적으로 공격하는 '글'을 게재하는 형태로 나타난다.

┃지난 3년간 학교폭력 유형별 발생 비율(%)

구분	신체폭행	금품갈취	강제적인 심부름	언어폭력	강제추행 및 성폭행	집단따돌림 및 괴롭힘	사이버 또는 휴대전화를 통한 괴롭힘	스토킹
2014년 1차	25.2	16.8	9.0	75.4	8.8	40.4	20.4	25.3
2015년 1차	26.0	14.7	8.5	73.3	9.1	40.4	19.7	29.0
2016년 1차	26.6	14.3	8.6	72.0	9.5	39.4	18.7	23.8

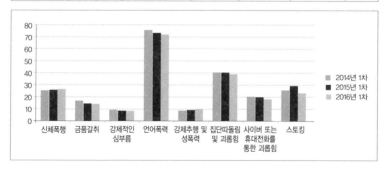

출처: 서울시교육청, 2016년 1차 『학교폭력실태조사』.

2016년 발생한 여고생 투신 사건은 'SNS폭력'으로 불린다. 언어폭력이었다. 여학생은 인터넷에 올라온 자신에 대한 도를 넘는 성적모욕과 험담으로 고통스러워했지만 학교는 심각하게 여기지 않았다. 폭력사실을 학교에 신고했지만 가해학생에 대한 단순 경고로 끝나 결국 피해자의 자살사태를 불렀다. 학교폭력에 대응하는 학교와 주변인의 인식이 안이하다. 사이버폭력(cyber bullying)이나 언어폭력은 신체폭력에 비해 피해의 민감도가 떨어지다 보니 경각심 또한 낮다.

SNS폭력은 한 명의 저격대상(피해학생)을 상대로 여러 명(집단)이 폭력에 가담하는 '집단범죄'에 해당된다. 폭력 의사가 없는 학생들도 단체 채팅방에서 피해학생을 향한 비난글이나 모욕적인 메시지를 띄운다. 만약 한마디도 거들지 않으면 자신도 저격대상이 될지 모른다는 두려움에 가해자가 된다는 것이다. 더욱 큰 문제는 SNS폭력은 지속적·반복적으로 가해진다는 데 있다. 피해학생이 단체 채팅방에서 나가면 다시 초대해 괴롭힐 수 있는 구조이다. 피해서 도망칠 수 없는 SNS의 속성이 폭력성을 부른다.

03 학교 '왕따'의 가해자와 피해자

살다보면 어느 한쪽에 서야 할 때가 생긴다. 부모가 어린 자녀에게 재미삼아 하는 질문에 "엄마가 좋아? 아빠가 좋아?"가 있다. 상황에 따라서 답이 바뀔 수 있는 질문이라 아이는 종종 망설이며 대답을 회피한다. 편을 나눠놓고 선택하라 하고, 한쪽에 손을 들라고 강요하는 상황이다. 쉽게 결정할 수 없어 눈치를 보지만 결국 한쪽에 손을 든다. 아이는 이 과정을 통해 누군가를 위해 혹은 나 자신을 위해 한쪽 편에 서야 한다는 점을 배운다. 편 가르기식 관계형성이 시작되는 것이다. 이러한 관계형성 방식은 학교라는 사회화 공간에 들어가서 이어진다. 친구를 사귀고 원만한 관계를 유지하기 위한 방편으로 아이는 끊임없이 누군가에게 지지를 보낸다. 그 대상이 바로 또래 친구이다.

아이의 주변에는 함께 하고 싶지 않은 친구도 있어 멀리한다. 그런 친구를 소위 '왕따'라고 부른다. '따돌리다'의 '따'에 매우 크다는 의미의 '왕'을 붙인 단어이다. 사전적 정의는, '한 집단 안에서 특정인을 따로 떼어 멀리하는 일 또는 그러한 따돌림을 받는 사람'이다. 한 학생을 단체 활동에서 소외시키고 반복적으로 괴롭히고 인격적으로 무시하고 언어적 폭력이나 신체적 폭력을 가하는 것이 왕따이다. 괴짜(queer), 외톨이(loner), 패배자(loser), 이방인(outsider) 등으로도 불린다. 따돌림의 크기가 커서 아이들 간 융화를 방해하고 이질감을 형성하거나 사회적 문제를 만든다. 피해자와 가해자가 있는 폭력적 학교범죄라는 점에 문제의 심각성이 있다.

일본의 이지메는 일본 미야기현 한 마을에서 백일해 예방접종이 잘못돼 60여 명의 아이가 신체장애를 일으켰고, 이 아이들이 자라 학교에 입학하면서 다른 아이들로부터 따돌림을 당하면서 처음 등장했다. 또래보다 약한 입장에 있는 자를 육체적·정신적으로 괴롭히는 행위로 매우 부정적인 사회화 행동이다. 서양권에서는 왕따나 이지메와 같은 행동을 불링이라고 한다. 1970년 이후 스 칸디나비아 반도에서 집단 괴롭힘인 모빙(mobbing)[5]에 대한 연구가 시작되어 이후 유럽, 미국, 캐나다 등으로 확장됐다. 불링은 '한 학생이 한 명 또는 한 명 이상의 학생들의 부정적인 행동에 반복 적이고 지속적으로 노출되는 현상'[6]으로 규정한다. 약한 상대에게 고의적으로 고통을 지속해서 주는 부정적 행동이 학교 또래집단 에서 일어난다. 피해학생은 신체적·언어적·관계적 고통의 피해 자가 된다.

스마트폰 이용과 소셜미디어 소통이 일반화되면서 왕따가 사 이버공간까지 확대되었다. 사이버 왕따는 사이버상에서 특정인을 상대로 욕설이나 험담 등으로 언어적 폭행을 가하는 행위이다. 피 해학생을 위협하거나 굴욕을 주는 과정에서 재미요소를 포함시킨 다거나, 피해학생 관련 글을 퍼 나르거나(유포), 피해학생 아이디 를 도용해 친구인 것처럼 거짓행위를 하거나 놀림거리로 만드는 등 '생각 없이' 하는 가해 행동 모두가 범죄행위다. 사이버 불링에 대한 법 규정[7] 외에도 사이버스토킹, 사이버 비방, 이미지 불링,

---

5 모빙은 집단 활동에서 한 명을 배제하고 방해하면서 심리적으로 억압하는 것을 말함.

6 Olweus, D.(1994), "Bullying at school: Basic facts and effects of a school based intervention program", *Journal of Child Psychology and Psychiatry*, 35, pp. 1171~1190.

7 「학교폭력 예방 및 대책에 관한 법률」 제2조: "사이버 따돌림"이란, '인터넷, 휴대전화 등 정보통신기기를 이용하여 학생들이 특정 학생을 대상으로 지속 적·반복적으로 심리적 공격을 가하거나, 특정 학생과 관련된 개인정보 또는 허위사실을 유포하여 상대방이 고통을 느끼도록 하는 일체의 행위'를 말한다.

아이디 도용, 사이버 갈취, 사이버 성폭력, 사이버 감옥, 사이버 따돌림, 플레이밍, 안티카페, 사이버 명령, 사이버 왕따 놀이 등 다양한 형태가 있다.

SNS 왕따 피해는 2012년 900건에서 2018년 3,300여 건으로 급증했다. 3년 동안 육체적·물리적·신체적 학교폭력은 줄었지만 사이버 폭력은 증가한 것이다. 사이버상의 왕따 유형은, '떼카'(왕따학생에게 집단으로 욕설을 함), '카톡감옥'(단체 채팅방에서 나간 왕따학생을 계속 초대해서 괴롭힘), '방폭'(단체 채팅방에 왕따만 남겨두고 모두 퇴장함), '와이파이 셔틀'(왕따학생에게 데이터 요금을 뺏는 것)[8] 등이 대표적이다. '극혐'(극도로 혐오함), '널 망하게 하고 싶다' 등의 표현, 언어적 성희롱도 많다.

사이버 왕따는 기존의 것과 다른 특징이 있다. 가해자가 드러나지 않는다, 시공간 제약 없이 24시간 지속적이다, 동시다발적이고 광범위하게 확산된다, 피해학생이 모르는 사이 공개되어 왕따 정보가 공유된다, 공유되면서 모든 학생이 가해자가 된다 등으로 피해의 수준이 훨씬 커졌다. 친구를 왕따 시키는 원인은 여러 가지다. 그중에서도 우리 사회의 가장 큰 취약점인 나와 다름을 인정하지 않는 배타주의로 인해 상대에 대한 배려를 하지 않는 데서 비롯된다.

---

8 가해학생들이 따돌림 당하는 피해학생들의 스마트폰의 데이터를 무제한 요금 제로 가입하도록 강요한 후 핫스팟 기능을 활성화하여 가해학생들이 무료로 사용하는 것. 폭력이 신체와 언어적 차원을 넘어서 경제적인 괴롭힘으로까지 확장됐다. 기존 금품갈취의 신종 버전.

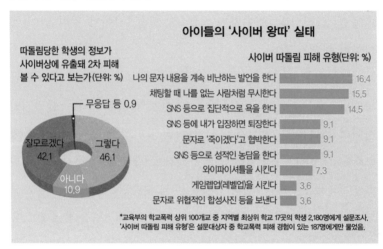

아이들의 '사이버 왕따' 실태

따돌림당한 학생의 정보가
사이버상에 유출돼 2차 피해
볼 수 있다고 보는가(단위: %)

사이버 따돌림 피해 유형(단위: %)

나의 문자 내용을 계속 비난하는 발언을 한다	16.4
채팅할 때 나를 없는 사람처럼 무시한다	15.5
SNS 등으로 집단적으로 욕을 한다	14.5
SNS 등에 내가 입장하면 퇴장한다	9.1
문자로 '죽이겠다'고 협박한다	9.1
SNS 등으로 성적인 농담을 한다	9.1
와이파이셔틀을 시킨다	7.3
게임렙업(레벨업)을 시킨다	3.6
문자로 위협적인 합성사진 등을 보낸다	3.6

무응답 등 0.9
잘모르겠다 42.1
그렇다 46.1
아니다 10.9

*교육부의 학교폭력 상위 100개교 중 지역별 최상위 학교 17곳의 학생 2,180명에게 설문조사.
'사이버 따돌림 피해 유형'은 설문대상자 중 학교폭력 피해 경험이 있는 187명에게만 물었음.

출처: 경찰청공식블로그, 교육부.

동화 속 미운오리새끼는 다른 흰 오리와 색깔이 다르다는 이유만으로 왕따를 당했다. 동화가 아닌 현실에서는 남다름에 대한 색안경, 질투, 견제가 왕따를 만든다. 힘이 약해서 신체적으로 괴롭히기 쉬운 대상이 왕따의 시초였으나 이제는 누구라도 왕따가 될수 있다. 못생겨도 예뻐도, 키가 작아도 키가 커도, 뒤처져도 잘나도 왕따가 된다. 한 중학교에서 왕따 가해학생을 SNS로 알렸다는 이유로 또래들로부터 사흘간 감금과 폭행을 당한 사건이 있었다. 주변 아이들은 왕따 피해자를 도와주지 못한다. 자신이 왕따의 대상이 될 수 있다는 두려움으로 또래집단에서 누구 편에 서야할지 매순간 고민한다. 성인사회의 집단적 폭력은 이렇게 학교 또래집단에서부터 생겨나는 것일지 모른다.

집단 따돌림의 폐혜는 상상외로 크고 광범위하다. 따돌림을 당하면 감정처리를 담당하는 뇌 영역 기능에 영향을 받을 수 있다는 연구 결과가 있다. 왕따를 경험한 아이의 심리상태는 상대적으로 우울하고 불안하고 특히 대인관계에서 자신에 대한 타인의 부정적 평가와 관련한 불안상태가 심했다.[9] 또래갈등의 상처가 뇌에 남는다는 것이다. 또한 학술지 『네이처』(Nature)에 따르면,[10] 약자를 괴롭히는 행동은 가해학생 뇌의 보상회로와 연관성이 있다. 일부 가해학생의 경우 피해학생을 괴롭히는 행동을 달콤한 보상처럼 느껴서 이러한 쾌감을 느끼기 위해 자꾸만 가해행동을 한다는 것이다. 이처럼 폭력이 쾌감을 주는 행동이라면 문제는 더욱 심각하다. 아이들의 왕따 행위는 비록 작은 것일지라도 엄청난 부정적 영향을 예고한다는 점에서 중요 이슈임에 틀림없다.

04 열혈 부모 교육열, 자녀 미래를 위한 것?

부모 자녀 갈등의 최다 주제는 공부이다. 비뚤어진 엄마의 교육열로 가정이 파탄에 이른 사건이 있었다. 딸 공부에 지나치게

9 가톨릭대학교 의정부성모병원 소아청소년과 · 정신건강의학과 연구팀이 설문검사를 통해 집단 따돌림을 경험한 아동들의 심리상태를 파악하고, 아동들이 일상생활에서 흔히 겪을 수 있는 얼굴표정을 통한 대인관계 스트레스에 대한 뇌의 감정처리에 관해 분석한 결과. 『kha 병원신문』 2014년 10월 27일자 「집단따돌림, 아동 감정처리 뇌영역 기능에 영향」에서 발췌.

10 과학전문학술지 『네이처』 2016년 6월호 발표논문. 『서울신문』 2016년 6월 30일자 「왕따 괴롭히기는 뇌가 원하는 달콤한 보상」에서 재인용.

과도한 교육열이 빚어낸 엄마의 비뚤어진 커뮤니케이션

- 11살 아이에게 새벽 4시까지 공부하라고 강요
- 아이를 돌대가리라고 부르는 등 모욕적 언행
- 남편의 학력이 낮은 점을 자주 언급하며 무시
- 아이에게 공부 강요를 말리는 남편에게 욕설·폭행

출처: 『세계일보』 2016년 2월 19일자 「지나친 교육열로 아이 고통·부부 갈등은 '이혼사유'」에서 발췌.

매달린 엄마는 아이를 새벽까지 재우지 않았고 힘들어하는 딸에게 수시로 모욕적 언행을 했다. 남편의 제재도 소용없어 결국 이혼 소송으로 간 사건이다. 이 가족의 갈등원인은 엄마의 교육욕심이지만 서로 다른 가치관으로 가족 간 신뢰가 깨진 것도 문제였다. 경쟁사회에 공부만이 최우선이라고 강조한 엄마의 교육방식, 폭언과 체벌에 억압되고 상처받은 딸의 자존감, 남편의 학벌을 무시하는 언행으로 빚어진 극한 갈등은 결국 가족해체로 끝이 났다.

자녀에 대한 빗나간 교육열이 다시 부모에게 부메랑처럼 되돌아온 사건도 있다. 조기유학을 다녀온 아들이 아무것도 하지 않고, 유학 때부터 시작한 도박에 빠져 부모의 재산을 탕진하고 부모를 상습적으로 폭행한 것. 초등학생이 '나도 다른 아이들과 함께 놀고 싶어요'라는 유서를 남기고 자살을 한 사건도 있다. 이 아이는 방과 후에 13개나 되는 학원에 다녔다.

부모의 비뚤어진 교육열은 자녀의 자아 형성과 자긍심 확립을 방해한다. 스스로 생각하고 행동하는 자유를 박탈하고 타인과의 공감능력도 떨어지게 만든다. 숙제를 대신해주고, 자녀의 학벌을 위해 이사 다니고, 고액 과외와 학원에 의존하고, 다른 건 다 잘못해도 공부만 잘하면 된다는 부모의 교육방식은 전혀 교육적이지

엄친아

외모, 학력, 집안 등이 모두 좋은 아이를 '엄친아(딸)'라고 부른다. 엄마 친구의 아들딸이다. 엄마가 생각하는 완벽한 모습을 갖춘 친구의 자녀는 아무리 노력해도 이길 수 없는 절대적 존재이다. 하지만 엄마는 '너는 왜 누구처럼 못하니?', '누구는 이런다더라', '너는 왜 그 모양이니?'라고 늘 엄친아(딸)와 비교한다. 아이는 스트레스에 차 있고 실제 존재하지 않을 수도 있는 그 친구 때문에 번번이 기가 죽는다. 그 친구 이야기라면 엄마와는 더 이상 말하고 싶지 않다. 부모 자녀 간 대화는 이렇게 단절된다.

헬리콥터맘

자녀의 일, 특히 교육과 관련된 문제에 지나치게 관여하는 엄마를 헬리콥터맘이라 한다. 마치 헬리콥터처럼 자녀 주변을 빙빙 돌며 자녀를 과잉보호하기 때문에 생긴 말이다. 1990년 정신과 의사 포스터 W. 클라인(Foster W. Cline)과 자녀교육 전문가 짐 페이(Jim Fay)가 펴낸 책, 『사랑과 논리로 키우기: 아이들에게 책임감을 가르치는 법』(Parenting with Love and Logic:Teaching Children Responsibility)에서 비롯되었다.

출처: 두산백과.

니트족

니트(NEET: Not in Education, Employment or Training)족은 보통 15~34세 사이의 취업인구 가운데 미혼으로 학교에 다니지 않으면서 가사일도 하지 않는 사람을 가리킨다. 무업자(無業者)라고도 한다. 취업에 대한 의욕이 전혀 없기 때문에, 일자리를 구하지 못하는 실업자나 아르바이트생과는 다르다. 경기침체기인 1990년대 영국 등 유럽에서 처음 나타나서 일본으로 빠르게 확산되었다.

출처: 두산백과.

캥거루족

캥거루 새끼의 특이한 생태를 빗댄 말. 학교를 졸업해 자립할 나이가 되었는데도 취직을 하지 않거나, 취직을 해도 독립적으로 생활하지 않고 부모에게 경제적으로 의존하는 20~30대의 젊은이들을 일컫는 용어. 2000년 전후로 청년 취업난이 심각한 사회문제로 등장한 뒤, 2004년 무렵부터 한국에서 나타난 신조어이다.

출처: 두산백과.

빗자루맘

자녀의 성장과정에서 장애물만 치워주는 식으로 간섭을 최소화하는 엄마를 일컫는다. 최근 사회학·교육학 분야의 전문가들은 부모의 역할이 헬리콥터맘에서 빗자루맘으로 바뀌어야 함을 강조하고 있다.

않다. 아이들은 성장해도 부모에 의지하면서 니트족, 캥거루족 등으로 피해자가 된다. 이 경우 예외 없이 부모 자녀 간 갈등을 부른다.

맹자(孟子)의 어머니가 자식의 성공을 위해 세 번 이사했다는 '맹모삼천지교'(孟母三遷之敎)에는 자식을 훌륭하게 가르치기 위해 노력하라는 의미가 담겨 있다. 오늘날 한국사회의 교육열풍은 훌륭한 자식으로 키우려 한 맹모의 행동과 사뭇 다르다. 헬리콥터처럼 하루 종일 자녀의 주위를 맴도는 극성스러운 헬리콥터맘(helicopter mom)이 등장하고, 어린이집부터 고등학교까지 교육환경이 좋은 일명 '학(學)세권'이 아파트 시장에서 주목을 받고, 아이에게 '명품 친구' 인맥을 만들어주기 위한 명목으로 산모가 고급 산후조리원을 찾는 현상은 잘못된 교육열의 소산이다. 부모의 인맥 집착은 자녀에게 '인맥이면 다 된다'는 식의 비뚤어진 사회 가치관을 심어줄 수 있다. 왜곡되고 목표지향적인 관계 형성에 집착할 수도 있다. 이 같은 현상은 저조한 출산율만큼 더 심해지는 경향을 보여 한국사회의 병리현상이 되었다.

헬리콥터맘은 대학 진학 이후에도 자녀의 일거수일투족을 관리하고 학부모 포털사이트를 만들고 심지어 애가 아프면 강의에 대신 출석하러 온다. 군대 간 아들 때문에 노심초사하며 겨울철 산악 행군에 대한 불만으로 부대 상관에게 항의 전화를 한다. 취업난이 심각해지면서 헬리콥터맘은 기업의 인사과에도 진출하여 자식의 취업 불합격 사유를 묻는 전화를 건다. 직장상사에게 자녀의 병가를 알리고, 자녀의 사표를 대신 내준다.

헬리콥터맘은 자녀에게 피곤한 존재다. 잔소리가 잦고 간섭이

심하다. 부모의 과도한 관심과 지나친 교육열이 많은 자녀를 자기 결정장애자로 만들었다. 현대인의 일상은 수많은 결정의 연속이다. 결정해야 하는 매순간 주저하고 결정을 못 내리는 자녀세대를 빗대어 '결정장애 세대', '메이비 세대'(Generation Maybe)라고 부른다. 뭐든 잘하긴 하지만 어떤 것도 만족하지 못하고 갈팡질팡하는 세대이다. 결정해야 할 때 '아마도', '글쎄'와 같은 말로 대신하는 우유부단한 젊은이를 칭한다.

결정장애 세대의 태도는 자아의 심리적 나약함 때문이다. 부모의 지나친 관심과 통제, 간섭 속에서 스스로 결정할 능력을 상실한 것이다. 자의든 타의로든 부모에게 의존하는 것이 습관화되었다. 수동적인 가정환경에서 성장한 자녀는 햄릿[11]처럼 비극 속에서 끊임없이 고뇌하는 삶을 살아야 한다. 부모 곁에서 사느냐 떠나느냐 그것이 문제다. 자녀에 대한 과도한 부모 관심이 독이 되어 자녀를 망친다. 자녀 주변을 돌며 끊임없이 간섭하는 부모행태를 꼬집는 말로 '독친'(毒親, toxic parents)이라는 단어도 생겼다. 자녀의 미래를 위해서라는 부모의 간섭이 오히려 독이 되어 자녀를 망치게 된다는 의미이다. 자녀 성장과정에서 장애물만 치워주는 빗자루맘이 바람직하다.

---

11 스스로 결정할 수 없고 선택을 어려워하는 장애심리를 '햄릿증후군'이라고 한다.

결정장애 세대(Generation Maybe)

2012년 독일의 젊은 저널리스트 올리버 예게스는 『디벨트』(*Die Welt*)라는 유력 일간지에 자신과 비슷한 세대에 대한 에세이를 기고했다. 미국의 담배 회사 말보로(Marlboro)의 캠페인 문구 'Don't be a Maybe'에서 착안한 '메이비 세대'(Generation Maybe)라는 제목의 에세이에 '메이비'에 감염되어 있는 자신과 비슷한 세대들에 대한 내용을 담았다. 이 에세이는 당시 페이스북에서만 10만 건이 넘는 조회수를 기록하며, 독일 사회에 신선한 바람을 불러일으켰다. 이 에세이로 인해 독일 언론에서는 요즘 젊은 세대의 무력감에 대한 활발한 논의가 진행되었고, 멀티옵션(Multi Option) 사회의 딜레마가 화두를 떠올랐다. 한 젊은 저널리스트의 흥미로운 세대 보고서가 유럽 사회에 신선한 도전거리를 선사한 것이다.

왜 지금의 세대를 일컬어 '메이비 세대'라고 할 수밖에 없을까? 무엇보다 지금 이들이 살고 있는 세대는 그 어떤 시대에 비해 폭넓은 선택 가능성, 무궁무진한 기회가 주어져 있는 것처럼 보인다. 하지만 정작 이 세대들은 무엇을 어떻게 해야 할지 알지 못하고 결정하지 못한다. 스스로 자기 결정권을 포기한 젊은 세대들은 "글쎄요", "원하시는 대로", "시키시는 대로 하겠습니다" 등의 표현을 입에 달고 살아가고 있다.

(중략)

전문가들은 자녀를 사랑하는 것과 자녀의 삶에 개입하는 것을 철저히 구별해야 한다고 경고한다. 치열한 경쟁사회에서 외둥이로 자라온 우리 아이가 부모의 그늘에서 벗어나 스스로 자신을 보호할 수 있는 힘을 기를 수 있도록 부모는 지켜봐줘야 할 것이다.

출처: 올리버 예게스/강희진 역(2014), 『결정장애 세대』 책소개 中.

　　부모의 관심과 지원은 자녀가 필요로 할 때 가치가 있다. 과도한 것도 문제지만 필요한 시기에 자녀 곁에 부모가 없는 것은 더 문제이다. 핵가족화와 남녀평등으로 여성이 직장을 다니게 되면서 자녀에게 엄마가 없는 시간이 많아졌다. 맞벌이 부부의 자녀를 가리키는 단어로 '열쇠아이'(latchkey kid)가 있다. 현관열쇠를 가지고 다니는 아이라는 뜻이다. 초등학생이 방과 후부터 부모가 직장에서 돌아올 때까지 빈집에서 혼자 시간을 보내야 한다. 그래서 맞벌이 부부의 가장 큰 고민은 자녀교육이다. 자녀교육의 어려움은 결국 출산율 저하로 이어졌다.

　　가족변화의 또 다른 특성은 한 부모 가정이 늘었다는 점이다. 2015년 기준 OECD 국가 중 이혼율 9위, 아시아 국가 중 1위를 기

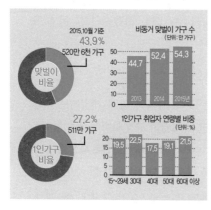

| 맞벌이 · 1인가구 교용 현황

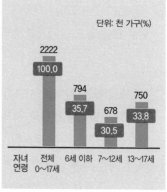

| 자녀 연령별 취업모 현황(2015년)

출처: 통계청.

록한 것이 우리나라의 현실이다. 한 부모 가정이 되면 대개 자녀 양육자가 생계를 위해 밖에서 일하는 시간이 많아진다. 아이들은 혼자서 많은 시간을 보내야 하고 혼자 노는 방법도 스스로 터득해야 한다. 아이들은 가장 쉬운 방법으로 미디어와 친구가 된다.[12] 가족생활의 주요 부분인 부모와 같이하는 활동이나 여가생활이 대폭 축소되면서 빚어진 결과다. 이 같은 청소년기 여가생활의 갈증이 게임중독을 유발할 수도 있다.[13]

게임중독을 유발하는 요인으로 부모의 부재 외에 또래집단의 영향도 있다. 청소년기는 또래집단의 규범, 가치, 행동에 영향을 받는 시기이고 집단에 대한 소속감이 크다.[14] 청소년기에 또래집단은 중요한 정서적 준거집단이 된다. 때문에 또래집단에서의 관계, 과도한 집착, 불만족 등에 따른 스트레스가 미디어중독으로 이어질 수 있다. 연구에 따르면, 아이들은 친구관계에 어려움을 겪을 때 이를 대신해 스마트폰이나 게임을 통해 소통하면서 또래와의 소속욕구를 해소한다. 아이들은 또래관계에 심리적으로 불만족할 때 스마트폰에 의존한다. 친구관계에서 경험한 차가운 심리를 미디어가 주는 물리적 따뜻함으로 해소하면서 위안을 얻는

---

12 2014년 기준으로 10대의 인터넷 중독률은 12.5%, 스마트폰 중독률은 29.2%로, 청소년의 미디어이용 시간이 전체 여가시간 중에서 큰 부분을 차지한다(통계청, 2016.5.2).

13 류성옥·이훈(2013), 「청소년의 여가제약이 게임중독에 미치는 영향」, 『관광·레저연구』, 25(4), pp.289~305.

14 Cohen, J. M.(1977), "Sources of peer group homogeneity", *Sociology of Education*, 50(4), pp. 227~241.

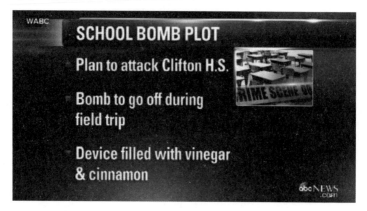

다는 것이다.[15]

미디어에 중독된 아이들은 학교생활에 흥미를 잃고, 교우관계에서도 갈등이 잦다. 심할 경우 현실지각능력이 떨어져 사이버게임에서 학습한 폭력행위를 현실에서 모방하기도 한다. 게임에서 사람을 때리고 피가 튀는 폭력적인 장면에 자주 노출되다 보면 폭력성에 둔감해지기 마련이다. 이러한 폭력성이 범죄로 이어질 수 있다. 모방범죄이다. 또 옳고 그름에 대한 지적 판단능력이 완전히 길러지지 않은 이 시기 아이들은 영웅심과 호기심으로 범죄를 모방하려 한다. 총기소지를 할 수 있는 미국에는 총기 범죄사건이 많다. 이를 보고 자란 청소년에게 영향이 없을 리 없다. 고등학교에서 총으로 또래를 위협하는 일이 빈번하고 미리 데스노트를 적어놓고 범죄 계획을 한다. 2007년에 출간된 만화책 『데스노트』를

---

15 임정희·신고은·전우영(2015), 「또래관계가 스마트폰 중독에 미치는 영향: 물리적 따뜻함의 조절효과」, 2015년 한국심리학회 학술대회 자료집, p. 346.

모방한 것. 2015년에는 초등학교 5학년 아이들이 학교에 폭탄공격을 계획한 사건이 발생하여 세계를 놀라게 했다.

우리나라도 학교생활에 적응하지 못한 중학생이 교실에 부탄가스통을 폭발시킨 사건이 있었다. 잦은 전학으로 교우관계가 원만하지 못했던 게 이유다. 범행 전 부탄가스통에 불을 붙이는 장면, 폭발 후 학생들이 놀라는 장면을 찍어 유튜브에 올려 충격을 주었다. 미국 버지니아 연쇄살인사건의 피의자에게 영향을 받아 범행을 저질렀다고 했다. 이처럼 아이들은 미디어를 통해 모방범죄에 가담한다.

청소년기 인지심리 상태는 미성숙하다. 아직 자라는 과정에 있다는 말이다. 이 시기 아이들은 감수성이 풍부하고 호기심이 많고 자극에 민감하고 충동적이다. 옳고 그름에 대한 가치관을 정립해 나가고 바람직한 사회화 행동을 배운다. 아이들은 반복적인 교육을 통해 성숙한 행동이나 습관을 형성하고 강화한다. 바로 이 시기에 미디어가 상당 부분 관여한다. 그러나 최근 뉴미디어는 아이들 일상에 밀착되어 교육적 도구로서의 기능을 벗어나 문제를 일으키고 있다. 청소년기뿐 아니라 초등학생이나 영유아(0~3세)의 미디어중독이 학술 연구대상이 될 정도로 우리 아이들에게 미디어의 부정적 영향이 심각한 수준이다.

미디어중독이란 한마디로 미디어 사용을 그만두지 못하는 상태를 말한다. 지정한 이용시간 이상으로 혹은 장시간 미디어에 매달리고 빠져 있다면 중독을 의심해봐야 한다. 미디어에 중독된 상태는 일상생활에서 자기조절에 어려움을 겪는 상태이다. 인지과

학에서는 뇌의 조절능력이 저하된 '집행기능 결함'이라고 정의한다. 이는 의도적, 조직적, 전략적, 자기조절 및 목표지향적 방식으로 개인의 지각, 정서, 사고, 행동을 처리하는 능력을 관할하는 일련의 지시능력(directive capacities)이 장애를 일으키는 것을 말한다.[16] 여러 연구의 결과, 집행기능과 청소년기의 문제행동이 연관성이 있고, 과도한 미디어 사용이 청소년기 뇌의 집행기능에 문제를 일으키는 것으로 나타났다. 게임에 중독되어 현실공간과 가상공간을 분리하지 못해 사회범죄를 일으켰다면 미디어중독으로 뇌의 기능에 문제가 생긴 것일 수 있다는 말이다.

청소년들은 게임 속 가상공간을 현실과 동일시하여 대리만족을 경험한다.[17] 문제는 게임 속 폭력적 상황이 현실화될 때이다. 승자와 패자가 있고 패자가 목숨을 잃기도 하는 게임의 규칙이 현실에 적용되어 또래 간 우위관계로 형성되고, 강자가 약자를 괴롭히는 폭력행동을 할 수 있다. 게임중독은 뇌의 통제기능 결함을 유도하여 반사회적인 행동을 쉽게 하게 한다는 점에서 문제의 심각성이 있다.

또한 게임은 강한 몰입을 경험하게 한다. 깊은 사고의 과정 없이 즉각적 보상이 뒤따르기 때문에 쉽게 쾌감을 느끼게 된다. 하지만 인간의 사고하는 뇌, 특히 전두엽은 게임을 잘할수록 점점

---

16 임지영(2014), 「남자 청소년의 게임중독이 공격성에 미치는 영향: 집행기능경합의 매개효과를 중심으로」, 『한국콘텐츠학회논문지』, 14(2), pp. 122~130 재인용.

17 한혜경·김주희(2007), 「현실공간과 가상공간의 자아정체감이 게임중독과 현실부적응감에 미치는 영향」, 『한국언론정보학보』, 37, pp. 342~376.

할 일이 없어지면서 쇠퇴한다.[18] 전두엽의 기능이 쇠퇴하면 사회생활 부적응의 문제가 발생한다. 게임에 중독된 아이들은 즉각적인 보상만을 추구하려 하고 현실의 사회적 관계 안에서 지속적인 노력의 결과로 얻어지는 보상이나 충족에 익숙해지지 못하며, 기다리지도 못한다. 게임중독이 무서운 이유이다.

---

18 『HiDoc 뉴스』(2015.11.12), 이재원(정신건강의학과 전문의).

제3장
도시이웃갈등

01 메가시티의 신(新) '도시종족'

　도시의 고층아파트 주민들은 이웃과 마주치지 않는다. 간혹 엘리베이터에서 기껏해야 30초도 안 되는 시간 동안 같은 공간에 머물 때가 있지만 목례로 스칠 뿐 사실 누구와 인사했는지조차 모른다. 도시의 이웃은 이처럼 물리적 근접성조차 제한된 변질된 단어가 되었다. 도시이웃은 갈등상황이 되어서야 비로소 대면하는 갈등형 이웃이라 하는 것이 더 적절하다.

　머지않아 세계 인구의 70% 정도가 도시에서 살고 많은 도시가 거대한 메가시티로 변모할 것이다. 유사 이래 최초로 인간이 '도시종족'(urban species)이 될 것이라는 지적이다.[1] 한국인이 대표

1　Hamelink, C. J. (2016), *Media and Conflict*, Routledge, pp. 83~84.

적이다. 2015년 기준 우리나라 전국 평균 도시지역 인구비율은 91.66%, 서울, 부산은 100%, 수도권은 97%, 전북도민의 경우도 80%가 도시지역에 거주하는 것으로 조사되었다.[2]

이 같은 통계수치를 보면서 가장 먼저 떠오르는 생각은 '이 많은 사람들이 도시에서 어떻게든 함께 사는 길을 찾아야 하는데'이다. 그리고 이어서 그 과정에서 일어날 갈등이 엄청날 것이라는 우려와 상상을 하게 된다. 도시갈등을 유발할 요소는 다양하다. 도시생활의 안전, 범죄와 폭력으로부터의 보호, 한정된 자원 문제, 환경파괴, 인종차별, 배타성, 순혈주의, 편가르기 등. 그리고 무엇보다 생존을 위한 일자리 찾기가 가장 현실적인 갈등요소이다. 요즘처럼 전 세계가 장기 경기침체로 실업률이 높은 시기에는 사회에 신규 진입하는 젊은 세대의 구직난, 조기 퇴직자의 재취업난 등은 모두 심각한 경제적 갈등을 유발하는 요소이다.

또한 도시갈등에서 우려되는 것은 앞 장에서 언급한 것처럼 갈등 자체가 아니라 도시 거주자 간 갈등 역시 풍선처럼 부풀어 위험수위를 넘어갈 수 있다는 점, 나아가 폭력적이 될 수 있다는 점이다. 갈등수위가 낮은 단계에서 높은 단계로 치닫는 것을 어떻게 막을 것인지에 대한 대비가 당면한 과제이다.

통계로 본 것처럼 이미 대다수 한국인들은 도시에 밀집해 도시종족으로 살고 있다. 이러한 도시적 삶은 급격한 변화를 거치고 있고 과거 다른 종류의 삶과 크게 다르다. 다음은 핵가족화 이후

---

2 국토교통부(2015), 『2015년도 도시계획 현황 통계』.

신(新)도시가족

서울에 사는 직장인 이○○(32) 씨. 대학 시절부터 혼자 나와서 산 지 10년이 넘었다. 1990년대 후반까지만 해도 여섯 식구가 고향인 울산의 한집에 같이 살았다. 진학과 취업, 결혼에…. 10여 년이 흘러 가족은 흩어졌다. 이씨의 막내누나도 직장 때문에 부산에 홀로 산다.

1990년부터 2005년까지는 4인 가구, 2010년엔 2인 가구가 가장 많았는데 지난해 조사에선 1인 가구가 그 자리를 차지했다(2015 인구주택총조사). 통계청과 학계는 2020년 이후에나 1인 가구 비율이 전체 가구 가운데 1위로 올라설 것으로 전망했지만 5년 앞서 현실이 됐다. 예상을 뛰어넘는 속도다.

출처: 『중앙일보』 2016년 9월 7일자 「인구주택총조사… 1인 가구 시대가 왔다」에서 발췌.

재변화하고 있는 한국가족 형태의 단면을 보여주는 기사이다.

4인 가구 핵가족은 주류 가족형태에서 벗어날 것이고 2인도 아닌 1인 가구가 가장 많은 수를 차지할 것이라는 전망을 하지만 도시의 삶이 지금과 얼마나 크게 달라질 것인지 상상하기 어렵다. 수많은 1인 가구로 구성된 도시인의 삶의 질이 어떻게 보장될 수 있을지, 또 계속 유지될 수 있을지 지속가능성에 대한 대비책 논의가 필수적이다.

기본적으로 도시에서의 삶의 질과 그 지속가능성은 상당 부분은 도시주민끼리 서로 소통하는지에 달려 있다. 소통이 되는, 소통이 잘되는 '소통 도시'(communicative city)인가가 중요하다는 것이다.[3] 이 개념은 도시의 물리적 공간을 어떻게 설계하고 발전시키는지가 사람들이 소통할 수 있는 도시 공간을 결정하는 데 핵심 역할을 한다는 점에 기초한 것이다. 당연히 도시이웃 간 갈등관리도 상호 소통이 잘되는 구조일 때 유리하다. 그런 기준에서 볼 때 우리나라 도시는 '소통의 공간'으로 잘 만들어져 있나? 공간과 시설은 충분한가? 등에 의문을 갖게 된다. 그 답은 회의적이다.

02 층간소음갈등이 살인을 부른다

대도시 공통주택에서 집주인이 세입자의 집에 불을 질러 가족 2명이 사망한 사건이 있었다. 층간소음으로 시비 끝에 벌어진 일이다. 수도권의 한 아파트에서 노부부가 흉기에 찔려 부인이 숨진 사건도 있었다. 범행 동기는 역시 층간소음. 범인은 몰래카메라를 설치해 피해자의 집 현관 비밀번호를 알아냈고 사전에 흉기를 준비하는 등 계획적 범행을 했다. 범인의 변은 상식적으로 납득되지 않는다. "위층의 층간 소음으로 인해 일상생활에 상당한 지장을 받았다. 지난 3월 두 차례 직접 찾아가 소음이 발생하지 않도록 요청했는데 나아지지 않았다. 그 이후 스트레스가 누적이 돼왔고 범행에 이르게 됐고…."[4]

---

3 Hamelink, C. J.(2016), 앞의 책, pp. 83~84.

4 『중앙일보』 2016년 7월 4일자 「경기도 하남 층간소음 살인범 "몰래카메라로 현관 비밀번호 알아내"」에서 발췌.

그러나 이 사건을 미치광이 짓으로 치부하고 넘길 수만 없다는 데 문제의 심각성이 있다. 2015년 인구주택총조사 결과, 전체 주택에서 공동주택의 비중이 74.5%, 아파트 비중이 59.9%로 나타났다. 전국 현황이니 수도권과 대도시의 비중은 훨씬 클 것이다. 단순 수치만 가지고도 도시거주자의 층간소음 문제가 어느 정도 일지 짐작이 간다. 이미 한국 도시주민의 이웃갈등은 상시적인 것으로 사회문제화되었다.

구체적으로 2005~2014년 전국 공동주택에서 층간소음으로 인해 발생한 사건과 사고를 분석한 결과, 살인사건이 무려 8건, 쌍방폭행 17건, 상해 13건, 방화 3건 등이었고 매년 증가 추세를 보였다.[5] 층간소음은 다세대주택 혹은 아파트에서 주로 발생하는 소음 공해로 아이들 뛰는 소리, 발자국 소리, 화장실 물소리, 가구 끄는 소리, 피아노 소리, 오디오 소리, TV소리 등을 총칭한다.[6] 이 중에서 가장 문제되는 것이 아이들이 뛰는 소리, 발소리이다. 공동주택 위아래집의 얄팍한 칸막이로는 불가항력이다. 자기 집에서 조용히 쉴 수가 없고 밤에 편하게 잠을 잘 수 없어서 사고력 저하, 피로감과 불쾌감 상승, 심지어 공격적인 태도를 유발한다는 지적이다. 국가가 개입하여 환경부의 공동주택 층간소음 갈등 해결 지원제도가 마련되었고, 층간소음의 범위를 규정한 법률도

---

5 차상곤(2014), 「공동주택 층간소음 해결을 위한 현장관리시스템과 그 효과」, 『한국소음진동공학회 학술대회논문집』, pp. 693~697.

6 환경부(2013), 『층간소음 분쟁을 줄이는 해결 방법: 배려와 이해로 층간소음 없는 행복한 공동주택 만들기』.

공동주택 층간소음의 범위와 기준에 관한 규칙

제2조(층간소음의 범위) 공동주택 층간소음의 범위는 입주자 또는 사용자의 활동으로 인하여 발생하는 소음으로서 다른 입주자 또는 사용자에게 피해를 주는 다음 각 호의 소음으로 한다. 다만, 욕실, 화장실 및 다용도실 등에서 급수·배수로 인하여 발생하는 소음은 제외한다.

1. 직접충격 소음: 뛰거나 걷는 동작 등으로 인하여 발생하는 소음
2. 공기전달 소음: 텔레비전, 음향기기 등의 사용으로 인하여 발생하는 소음

출처: 「환경부령」 제559호, 「국토교통부령」 제97호(2014.6.3).

제정되었다.[7]

국민권익위원회의 2013년 조사[8]에 의하면, 응답자(3,040명)의 88%가 층간소음을 경험한 것으로 나타났다. 79%는 소음으로 인한 스트레스를, 9%는 잦은 항의로 인한 스트레스를 받은 적이 있고, 38%가 말싸움한 경험이 있다고 답했다. 이 자료를 통해서 층간소음의 심각성을 알 수 있다. 층간소음의 원인은 공동주택 건축물의 구조적 한계, 층간소음 관련 제도의 미비, 공동체의식 부족

---

7 환경부, 환경정책 브리프. 『공동주택 층간소음 갈등해결 지원제도』(2014.5.9).
8 국민권익위원회 운영하는 110정부민원안내콜센터가 2013년 11월 3,040명을 대상으로 110콜센터 블로그와 페이스북을 통해 '너의 발소리가 들려'라는 주제로 실시한 층간소음 설문조사.

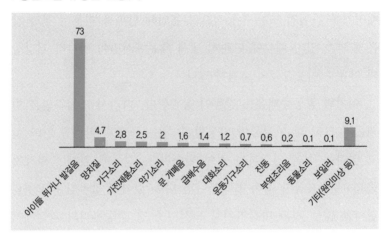

차원으로 구분된다. 이 중 앞의 둘은 제도적 혹은 구조적 문제이나 세 번째 원인인 공동체의식 부족은 도시주민의 몫이다. 상대방을 배려하지도 소통하지도 않는 단절된 도시인의 삶의 모습에서 쉽게 짐작 가는 부분이다.

공동주택 주민갈등이 층간소음에 국한된 건 아니다. 아파트가 노후화하면서 겪게 되는 갈등도 적지 않다. 예컨대 위층의 수도배관, 보일러배관이 새면 물이 벽을 타고 내려와 아랫집 벽을 적시고 천장에 고여 대공사를 부른다. 이런 경우 대부분 보수비용문제로 위아래 이웃 간 갈등을 피하기 어렵다. 흡연문제도 이웃갈등의 주요 이슈이다. 한 조사에 의하면 공동주택 거주 비흡연가구의 73%가 간접흡연 피해를 입고 있다고 토로했다. 어디선가 들어오는 담배연기와 역한 냄새 때문에 힘들었던 경험이 누구에게나 한두 번쯤은 있을 것이다. 10명 중 1명은 매일 간접흡연 피해를 입는 것으로 나타났다.[9] 간접흡연은 흡연자 주위에 있는 사람이 담배연기를 간접적 또는 수동적으로 흡입해 담배를 피우는 것과 같은 효과가 있기 때문에 단순히 냄새 때문에서만이 아니라 건강상의 이유로 이웃갈등의 소지가 크다.

이처럼 공동주택에는 갈등이 상존한다. 따라서 도시주민은 언제든지 크고 작은 갈등이 발생할 수 있는 구조적 한계를 안고 살고 있다는 점을 인식하는 것이 필수이다. 갈등에 임하는 자세가 중요하다. 자동차 접촉사고가 나면 다툼 없이 통상적인 사고처리 절차를 밟는 것과 마찬가지로 도시이웃 간 갈등관리의 과정에서

| 모 아파트 층간소음 예방안내문

층간소음 예방안내

누구나 가해자나 피해자가 될 수 있는 층간소음, 서로 이해하고 배려한다면 다 같이 행복해질 수 있습니다.

- **층간소음의 종류**
  식탁 의자 끄는 소리, 문을 여닫는 소리, 애완견이 짖는 소리, 늦은 시간에 세탁기, 청소기, 운동기구 등 사용하는 소리, 화장실과 주방에서 물 사용하는 소리, 역기사용 또는 노래소리 등

- **층간소음 관련 상담소(☎ 1661-○○○○)**
  공동주택 층간소음으로 인한 분쟁조정 및 전화상담

- **경범죄**(「경범죄 처벌법」 제3조 제1항 제21호)
  악기·라디오·텔레비전·전축·종·확성기·전동기 등의 소리를 지나치게 크게 내거나 큰소리로 떠들거나 노래를 불러 이웃을 시끄럽게 한 사람. 10만 원 이하의 벌금, 구류 또는 과료의 형

---

9 『서울의료원플러스』(2016.7), 서울의료원, 「간접흡연 피해실태 온라인 설문조사결과」.

는 발생한 문제에만 집중해야 한다. 감정적 다툼이 되지 않도록 상호 감정이 고조되지 않도록 주의가 필요하다. 한국인의 취약점으로 지적되는 것이 지나친 가족주의와 배타주의이다. 내 가족이 아니면 모두 남이 되어 싸워 이겨야 할 대상이 된다. 공동체의식이 턱없이 부족하다. 특히 도시주민은 공동체의식을 높이기 위해 노력해야 한다. 생활 에티켓과 주변 배려와 같은 도시인의 기본 소양을 갖추는 것, 층간소음 예방교육을 통해 아이들에게 이웃과 함께 사는 방법을 가르치는 것이 필요하다.

03 공동주택 '소셜믹스' 정책, 갈 길이 멀다

20여 미터 거리로 이웃한 두 초등학교에서 학생 수 양극화 현상이 나타나 문제가 되었다. 한 곳은 과소학급, 다른 한 곳은 과밀학급이 되었다. 주요인에 임대아파트 문제가 지적되었다. 주민들이 매매가가 높은 아파트 단지 초등학교를 선호하고 임대아파트 소재 초등학교는 기피하여 비슷한 시기에 개교한 두 학교 학생 수가 5년 만에 100명과 1,200명으로 극심한 차이가 난 기현상이 나타났다. 대전의 한 도시에서 발생한 일이다.

서울시는 2000년대 초 주민·계층별 갈등을 줄이기 위한 목적으로 분양단지 내 공공임대주택을 혼합해 공급하는 '소셜믹스'제를 도입했다. 이 제도는 소득, 연령 등이 다른 여러 계층을 혼합하여 사회통합을 도모한다는 취지에서 공동주택 정책의 일환으로 도입되었다. 기존의 분양단지와 임대단지가 분리·공급되어 임대단지가 슬럼화하고 소외와 단절이 심각했다는 판단 때문에서였다. 그러나 원래의 취지나 목적과 달리 일반아파트 주민과 공공임대아파트 세입자 간의 갈등이 끊이지 않았다. 주로 관리비용이 발생하는 사안에서 첨예하게 대립했다. 출입구나 엘리베이터를 분리사용하고 임대아파트 세입자가 주민 커뮤니티시설을 이용하지 못하도록 하는 등 최악으로 치닫는 사태도 발생했다. 통합정책은 소득계층이 다른 도시민 간의 물리적 거리만 좁혔을 뿐 새로운 갈등을 불렀다. 취지가 좋다고 정책의 실효성이 담보되는 건 아니라는 점을 보여준 대표적 사례이다. 다음은 관련기사이다.

소셜믹스 갈등

서울 관악구 봉천동 관악드림타운 144동과 145동 사이에는 지금도 약 1.5미터 높이의 가시철조망이 쳐져 있다. 이 철조망은 2003년 입주 당시 분양을 받은 입주민들이 분양동(101~144동)과 임대동(145~149동)을 분리할 것을 강력히 요구하면서 설치됐다. 가시철조망이 쳐진 후 이들은 같은 단지면서도 별개 단지가 됐다.

　하지만 본격적으로 '소셜믹스'를 도입한 후에도 방식만 달라졌을 뿐 갈등은 여전하다. 2011년 입주한 신정이펜하우스3단지 관계자는 "입주 후 지금까지 관리소장이 5번이나 바뀌었다"며 "일을 못해서가 아니라 주민 간 갈등이 너무 심하고 이를 중재할 수 있는 전문 체계가 없다 보니 다들 그만둔다"고 말했다.

출처: 『머니투데이』 2015년 10월 16일자 「'분양 vs 임대' 주민갈등… 가시철망 치고 "넘어 오지마!"」에서 발췌.

도시에는 서비스직과 판매직 종사자가 많고 점점 증가하는 추세이다. 이들을 감정노동자라고 부른다. 백화점 판매원, 전화교환원이 대표적이다. 항상 친절과 미소로 고객을 응대해야 하는 이들은 고객의 멸시, 모멸감, 고함과 욕설 등 폭언, 폭행에 무방비 상태이다. 이런 가해자 고객들을 가리켜 '갑질고객'이라 부르는 신조어가 등장했다. 한 조사보고서에 따르면 조사대상 1/3 이상이 성적 혹은 정신적 폭력을 당하고 있다고 토로했다.[10] 사업장 규모가 클수록, 비정규직일수록 폭력 경험이 많았다. 폭력수준이 높을수록 고혈압, 이상지질혈증, 당뇨병, 비만, 위염, 소화불량, 우울증, 불면증 진단을 받는 비율이 높다는 결과도 나왔다(관련기사 참조).

이처럼 어처구니없는 사건이 한두 번 일어나 기사화된 것이 아니다. 사업장 도처에서 빈번히 발생하고 강도가 높아지면서 갑질고객과 감정노동자의 문제는 사회 이슈로 부각되었다. 이는 물질만능과 같은 전형적인 자본주의의 한계를 보여주는 도시갈등 사례이다. 한때 '소비자는 왕이다'가 산업사회의 캐치프레이즈였던 적이 있다. 요즘의 기업은 '고객을 왕으로 모셔라'로 변형해 매출 올리기에 전력투구하는 모양이다. 직원은 고객의 요구를 무조건 수용하고 잘잘못을 가릴 것 없이 사과하도록 하는 판매전략이다.

막장드라마 같은 장면이 곳곳에서 연출되었다. 결국 갑질고객

---

10 이새롬 외(2015), 『감정노동 근로자의 감정노동 실태, 위험요인』, 정보산업안전보건연구원.

갑질고객

고객 앞에 '갑질'이란 단어가 붙기 시작한 건 2015년이다. 그해 10월 인천의 한 백화점 귀금속 매장에 모녀가 나타났는데, 두 직원을 무릎 꿇리고 오랫동안 고성을 저지른 사건이 알려지면서다. 녹슨 목걸이와 팔찌를 수리해주지 않는다는 게 이유였다.

과거엔 이런 고객을 '진상 손님'이라 불렀다. '진상' 사건들엔 공통점이 있었다. '진상 손님'들이 하나같이 소비자로서, 고객으로서의 권리를 내세우며 '갑'행세를 했다는 점이다. '갑질고객'은 이런 속성을 잘 꼬집은 신조어다. 그래서 수십년 된 '진상 손님'이란 단어를 대체하게 됐다.

출처: 『SBS뉴스』, 최우철 기자(2016.4.12).

지난달 이 보험사 콜센터로 전화 한 통이 걸려왔다. 실손 보험 상품에 가입한 51살 박 모 씨였다. 팩스로 보험금 지급을 청구했는데, 왜 확인을 늦게 하냐며 폭언과 욕설을 시작한다. "말을 싸가지 없이 왜 그딴 식으로 하냐고. (네 죄송합니다.) XXX이 어디서 건방지게 직장생활 그딴 식으로 해."

여성 비하 발언도 서슴지 않는다. "(고객님 방금 전에 팩스로 확인을 했어요.) 야 이 XXX야. 너 진짜 죽을래?" "29살 먹은 노처녀가 나한테 그렇게 욕먹고서도 정신 못차리고."

1시간 40분 넘게 전화로 막말을 쏟아낸 박 씨. 통화료가 많이 나왔다며 이번에는 제과점 기프티콘을 요구한다. "쿠폰번호를 문자로 찍어서 내가 자연스럽게 쓸 수 있게 보내요."

박 씨는 2011년부터 최근까지 전화 상담을 하면서 상담원들에게 막말과 폭언을 일삼았다. 박 씨의 전화에 시달린 직원 13명 가운데, 2명은 정신적 고통을 호소하며 회사를 그만두기도 했다.

출처: 『SBS뉴스』, 박수진 기자(2016.9.27).

에 의한 감정노동자의 문제가 기사화되면서 정부 차원에서 관심을 갖게 되었다. 고객의 폭언, 폭력 등으로 정신적인 충격을 받거나 건강에 문제가 생기면 다른 직무로 전환할 수 있도록 하는 직무전환 관련 규정을 마련했고 우울증이 걸리면 산재로 인정하도록 조치했다. 기업에게는 고객 응대 근로자를 위한 '고객 응대 매뉴얼'을 갖추도록 했고 스트레스 예방 교육도 의무화하도록 했다.

감정노동자를 별도 규정으로 보호해야 하는 오늘의 도시갈등 사태는 씁쓸하기까지 하다. 갑과 을은 공존하는 관계이고 언제고 바뀔 수 있다. 이는 원래 계약서상에서 계약 당사자를 순서대로 지칭하는 법률 용어이나 요즈음은 권력관계에 있는 사람들, 업주와 종업원, 상사와 직원, 대기업과 협력업체, 고객과 판매원 등을 지칭하는 용어로 광범위하게 쓰인다. 다음은 신문사 온라인 '카드뉴스'에서 보도한 갑질고객의 대표적 막말 사례이다.

◤고객갑질 막말 사례

#1
"일할 때는 웃으라", "서비스직인데 왜 이렇게 불친절해?"
2016년 4월 8일, 서울의 한 은행에 찾아가 소란을 피운 허 모(34)씨. 세상 누구도 상대방에게 웃으라고 강요할 권리 없어 - 재판부

#2
허씨는 또 5,000만 원이 넘는 돈을 주면서 "보는 앞에서 돈을 직접 세어달라"고 반복 요구해 10분이면 끝날 일을 1시간 가까이 지연시켰다. 은행원에게 웃음을 강요하고 업무를 방해한 허 씨에게

법원은 즉결 심판에서 이례적으로 구류 5일에 유치명령 5일을 내렸다.

#3

2016년 4월 초, 롯데그룹은 고객의 갑질 사례나 성희롱 등 범죄 사례들까지 수집해 상황별 대처법을 담은 책자를 사내에 배포했다. 제목은 '마음 다치지 않게'. 여기엔 분노 조절을 못한 고객들의 정신적 문제일 뿐 점원들의 잘못이 아니니 상처받지 말라는 내용이 담겼다.

#4

"내 얼굴 외워! 지나가다 마주치면 나보고 죄송하다고 하게!"
2015년 10월 인천의 한 백화점 귀금속 매장 점원 2명이 무릎을 꿇고 사과하는 장면이 담긴 동영상이 SNS 등을 통해 급속히 퍼졌다.

#5

당시 점원이 "기간이 오래됐고 품질 보증서가 없어 수리할 수 없다"고 거절하자 A씨 모녀는 본사에 직접 항의했다. 이에 본사는 무상 수리를 약속했고 사흘 뒤, 모녀는 모욕감을 느꼈다며 다시 이 매장을 찾았다.

#6

얼굴 없는 감정노동자, 텔레마케터. 2015년 10월 국내 한 카드 회사 콜센터에 걸려온 상담 전화내용이다.
"OO카드 OOO입니다. 무엇을 도와드릴까요?" "아이 XX 확!"
"욕은 삼가주시기 바랍니다. 고객님." "이게 욕이냐 이 XX"
"니 목소리가 좋아가지고. (중략)" "성적 모독이십니다."
3시간 넘게 9차례 걸쳐 전화를 걸었고 9명의 상담사는 정신적 충격이 커 심리 치료를 받기까지 했다.

출처: 『중앙일보』, 카드뉴스(2016.4.26).

　도시인들은 바쁘다. 도시문화는 '빨리빨리'문화이다. 빨리 가야 하고 빨리 먹어야 하고 대화도 빠르게 요점만 간단히 한다. 그러나 우리 몸은 이렇게 빨리 움직여도 마음은 여전히 석기시대에 머물러 있기 때문에 도시에 사는 사람들은 본질적 문제를 안고 산다는 시각도 있다. 첨단 IT로 구비된 인공 도시환경이 아무리 좋더라도 사람들은 자연적인 환경을 선호하고, 자원과 은신처를 제공하는 사바나와 같은 환경을 좋아할지 모른다는 것. 실제 연봉이 높은 대도시 전문직 종사자가 도심에서의 생활에 지쳐서 혹은 전원생활을 동경하여 이른 나이에 도시생활을 접는 경우를 가끔 본다.

　도시적 삶의 일상은 언제 폭발할지 모를 정도의 스트레스로 가득 차 있다. 정도의 차이가 있을 뿐 대다수 직장인들이 다르지 않다. 자신의 일터를 싸움터로 간주하고 매일같이 싸울 태세를 하고 출근길에 오르는 사람들도 적지 않다. 주부라고 크게 다르지 않다. 특히 자녀입시에 전력투구하는 한국의 도시맘들은 교육에 관한 각종 정보교환과 아이 뒷바라지로 경제적·정신적 스트레스에 시달린다.

　이처럼 스트레스 가득한 도시의 삶은 갈등을 폭발단계로 끌어올리기에 매우 적절한 조건을 갖고 있다. 도시인은 타인의 접근을 원하지 않는다. 언제고 건드리기만 하면 싸울 태세를 하고 도시에 입성한다. 도시 사람들은 서로 무관심해서 교류를 한다 해도 대개 익명적, 순간적, 비언어적이고, 거슬려 짜증나고, 불안을 조성하

▌시민 무관심

도시 사람들은 타인을 피할 준비가 되어 있다. 바디랭기지로 사인를 보내 일정거리 안에 타인이 들어오지 못하게 막는다. 상대방을 보지만 얼굴을 보는 것은 아니다(마치 꿈속에서 보는 얼굴처럼). 그들은 타인과 교류에서 종종 자존심(ego)을 들먹이거나('여기는 내 공간이다') 혹은 두려운 마음이 된다. 도시인들은 싸울 태세가 되어 있다. 평화를 원할지는 모르겠으나 평화를 얻고 싶으면 전쟁을 준비하라는 고대 로마의 격언을 따른다.

고, 위협적인 것이 널려 있다. 그래서 도시인의 교류는 편안하고 안정적이지 않다. 사회학자 고프만은 이러한 특성을 비판하여 '시민 무관심'(civil inattention)이라 불렀다.[11] 도시인들의 무관심이 싸움으로 자동 연결된다는 말이다. 싸워서 이겨야 원래의 평화상태로 돌아갈 수 있다고 생각하기 때문에. 그래서 도시이웃 간 갈등관리가 어렵다.

무관심으로 공동주택 주민들은 앞집 노인이 언제 고독사했는지도 모른다. 사망 후 한참 만에 발견되었다는 기사를 심심찮게 본다. 타인에 대한 무관심과 회피 대신에 타인의 얼굴을 바라보고 관심을 보이고, 열린 마음으로 공감하고 배려하는 별도의 노력이 필요하다. 평화를 위해 전투태세를 갖추라는 것이 아니다. 평화를

---

11 Goffman, E.(1963), *Behavior in public places: Notes on the social organization of gatherings*, New York: The Free Press.

평화로 이어갈 수 있도록 평소 관리하는 자세가 필요하다. 그리고 갈등을 전쟁 상황으로 몰아가지 않도록 하는 소통전략을 동원해야 한다. 그중에서 최선책은 앞 장에 언급한 마음 챙김 커뮤니케이션 전략이다.

제4장
다문화사회 갈등

01 한국사회, 다문화사회로 바뀌고 있다

1980년대 경제적 고도성장기에 '코리안 드림'(한국에서 열심히 일하면 돈을 벌어 잘 살 수 있다는 생각)을 꿈꾸는 외국인 노동자와 결혼이주자가 국내로 유입되기 시작했다. 이후 한국은 다문화사회로 빠르게 이행되어 외국인 200만 시대를 맞이했다. 2018년 11월 기준 국내에 합법적으로 거주하는 외국인 주민은 2,054,621명으로, 전년에 비해 10.4% 증가했다.[1] 이는 전체 인구의 4.0%로 남자가 1,098,135명, 여자가 956,486명이다. 국적별로는 한국계 중국인(조선족)이 가장 많고(32.2%), 그다음으로 중국인(13.0%), 베트남인(10.2%), 태국인(9.1%) 순이다. 국내 거주 외국인 노동자는

---

[1] 행정안전부(2019.11). 「2018년 지방자치단체 외국인주민 현황」.

87

국적	중국 (한국계)	중국	베트남	태국	우즈베 키스탄	필리핀	캄보 디아	인도 네시아	기타	전체
인원(명)	180,185	16,963	46,233	24,773	30,567	26,969	37,700	33,814	130,859	528,063
비율(%)	34.1	3.2	8.8	4.7	5.8	5.1	7.1	6.4	24.8	100.0

출처: 행정안전부(2019.11). 「2018년 지방자치단체 외국인주민 현황」 재구성.

52만 8천 명, 결혼 이민자는 15만 6천 명, 외국인 주민 자녀는 22만 6천 명에 이른다. 일반적으로 전체 국민 중 외국인이 차지하는 비율이 5% 이상일 때 국가가 다문화사회로 진입했다고 본다. 그 기준으로 보면 우리나라는 지금 다문화사회로 진입하는 중이다.

다문화사회로 이행하면서 국내 거주 외국인에 대한 사람들의 생각은 기대 반 우려 반이다. 외국인의 국내 유입을 찬성하는 입장은 전 세계가 하나의 경제체계로 움직이는 세계화 시대에 외국인의 유입은 자연스러운 현상으로, 한국사회가 직면한 고령화사회 문제, 청년실업과 미혼과 저출산으로 인한 인구절벽 문제, 산업현장의 인력난 문제 등을 해소할 수 있는 국가 발전을 위한 방안이 된다는 것이다.

반면 외국인의 국내 유입에 부정적인 입장은 외국인 증가로 국내 일자리를 둘러싼 갈등이 심화되고, 고유문화의 정체성, 범죄 증가 등이 우려된다고 주장한다. 외국인 유입이 민족 간 갈등을 증폭시켜 우리나라 발전에 큰 도움이 되지 않는다는 것이다. 더구나 일부에서는 우리가 단일 민족국가이기 때문에 다문화사회로 가면 국민 분열, 국가 해체가 올 수 있다고 주장하기도 한다.

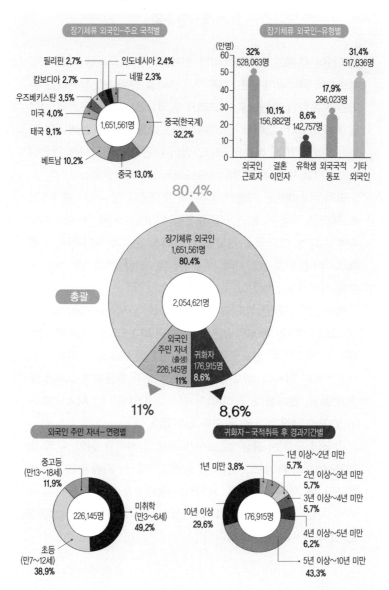

출처: 행정안전부(2019.11). 「2018년 지방자치단체 외국인주민 현황」 재구성.

세계시민주의

알렉산더 대왕은 오리엔트적인 전제군주풍의 의례를 채용하고, 페르시아 왕녀와의 결혼, 페르시아 귀족을 친위대로 채용하는 등 이민족 통치의 수단으로서 그리스 문화와 오리엔트 문화의 결합을 시도하였다. 그래서 전대(前代)와는 다른 새로운 헬레니즘 문화가 탄생하였다. 이로써 그리스인이 이민족을 야만시한 관념이 희박해지고 세계시민주의(cosmopolitanism)가 역설되었다.

알렉산더 대왕은 기원전 334년에 원정군을 인솔해서 헬레스폰트 해협을 건너 약 10년간 동쪽 인더스강에서 서쪽 그리스, 이집트에 걸치는 대제국을 건설했다. 그리스 문화와 동양문화, 특히 페르시아 문화를 융합시켜 세계제국 및 세계문화를 실현하는 포부를 가졌다고 전해진다.

동서문화의 통일, 제민족의 융화를 꾀한 알렉산더 대왕의 정책은 그의 사후에 세계에 깊은 영향을 남겼다. 그 전 시대에 비해 서로 다른 제민족 상호 간의 대립은 현저히 완화되고, 특히 많은 그리스인이 아시아, 아프리카 지방으로 이주 활동하여 그리스 문화를 보급, 전파했다. 특히 아티카의 그리스어는 이 지역 공통어가 되어 교양 있는 사람은 모두 습득했다.

각국의 군주는 경쟁적으로 신도시를 건설하고 상업·무역 및 학문·예술의 중심으로 삼는 데 힘썼고, 부근의 지방 주민들은 이들 도시에 자주 왕래했다. 동양식의 전제군주 지배하에 여러 국가의 사람들이 세계화한 그리스 문화를 향유하면서 도시생활을 한 것이 이 시대의 사회상이다.

출처: 네이버 지식백과.

각각의 견해가 일견 일리 있어 보이기도 하지만 중요한 것은 다문화사회 자체에 있지 않다는 점이다. 다문화사회는 사회발전을 보장하는 것도 저해하는 것도 아니다. 문화 간 갈등은 어느 시대 어느 사회에서나 있었고 앞으로도 계속될 것이다. 사용하는 언어가 다르고 오랜 기간 이어 내려온 다른 문화적 환경에서 성장한 사람들이 모여 사는 다문화사회에서 문화 간 갈등은 불가피하다. 갈등은 거기 존재하는 것이다. 핵심은 국가와 국민이 갈등관리 능력을 발휘할 수 있는지 여부이다. 인류역사를 통해 문화 간 갈등을 잘 관리할 때 사회가 발전한 사례는 얼마든지 있다. 그리스와 로마 문화인 헬레니즘(Hellenism)은 기독교 문화인 헤브라이즘(Hebraism)과 대립하기도 했지만 서로 화합을 통해서 서구사회 문화를 꽃피웠고 인류는 크게 발전할 수 있었다.

02 다문화사회가 일자리갈등을 부추긴다?

1980년대 말 한국의 3D(Dirty, Difficult, Dangerous) 업종은 만성적인 인력난에 시달리게 된다. 사람들이 '더럽고, 힘들고, 위험한' 업종에서 일하는 것을 기피하는 현상이 나타나면서 중소기업은 위기를 맞았다. 농촌 역시 생산가능 인구가 도시로 이탈함에 따라 농사지을 인력이 절대적으로 부족해졌다.

정부는 인력난을 해결하고자 1991년부터 '산업연수생제도'를 도입하여 3D 업종에서 일할 외국인 노동자를 받아들이기 시작했다. 외국인 산업연수생은 노동인력이 아니기 때문에 최저임금과 고용보험, 산업재해보험 등 법의 보호와 혜택을 받을 수 없었고, 이로 인해 노동착취와 인권침해 등 많은 문제가 발생했다. 2004년 정부는 문제가 많은 '산업연수생제도'를 '고용허가제'[2]로 대체해, 외국인 노동자가 노동자로서의 권리를 인정받을 수 있게 되었다. 2007년부터는 한국계 중국인이 방문취업비자(H-2)나 재외동포비자(F-4)를 받고 입국하면 3년 동안 국내에 체류하여 경제활동을 할 수 있도록 허용하는 '방문취업제'도 도입하였다.[3]

일련의 외국인 노동자 유입 정책으로 지난 10여 년간 국내 외국인 노동자가 급증했다. 이 중 한국계 중국인이 가장 큰 부분을 차지하고(34.1%), 베트남인(8.8%), 캄보디아인(7.1%), 인도네시아인(6.4%) 순이다.

외국인 노동자의 국내 유입정책에 대해서도 찬반이 엇갈린다. 외국인 노동자로 우리나라가 직면한 산업현장의 인력난을 해소하여 경제 활성화에 도움을 준다는 긍정적 입장과, 외국인이 우리 국민과 일자리 갈등을 하게 된다는 부정적 입장이 있다. 전자는 우리나라가 저개발국이던 1960년대 취업을 위해 광부와 간호사

---

2 고용허가제로 외국인 노동자는 내국인과 동등한 노동관계법(노동 3권 보장, 산업재해보험, 건강보험)을 적용받고, 취업기간 3년 만료 후 일정기간 지난 후 재입국할 수 있다. 사업장을 3번 이상 옮기지 못하는 제한이 있어 미등록 노동자도 생겼다.

3 1999년 정부는 「재외동포의 출입국과 법적 지위에 관한 법률」을 제정하여 재외동포에게 한국 국민에 준하는 법적 지위를 부여하고 경제활동을 허용했다. 또 부모나 조부모가 한국 국적을 가진 적이 있으면 그 직계에 대해 재외동포의 지위를 주었다.

인력이 서독으로 나갔던 것처럼 주변국의 노동자가 돈을 벌기 위해 우리나라로 들어오는 것은 자연스러운 현상이고, 중소기업과 농어촌의 인력난을 해소하여 우리나라 경제발전에 도움이 된다는 것이다. 반면 후자의 주장은 싼 노동력이 유입되면 기업에서는 인건비를 줄일 수 있는 외국인 노동자를 선호할 것이고, 그렇게 되면 내국인 일자리가 줄 것이라는 것이다. 특히 저소득층의 일자리가 줄 것을 우려한다.

국내 거주 이민자 확대에 대한 국민의 시선은 긍정보다는 부정적인 쪽이 많았다. 2015년 『이민자 사회통합정책 종합진단 및 개선방안』보고서에 따르면[4] 국민 중 30.6%가 '국내 거주하는 이민자 수가 감소해야 한다'고 했고 '증가해야 한다'는 16.4%에 그쳤다. 이민자 증가로 인해 우려되는 문제점으로 '범죄 증가'(35.8%)가 가장 높았고, '한국인과 이민자 간 사회갈등 확대'(20.4%), '이민자의 정치·경제·사회적 영향력 증가로 인한 역차별'(13.3%), '이민자 교육·복지를 위한 조세 부담 증가'(12.6%), '일자리 경쟁 심화'(11.9%) 순으로 나타났다.

실제 현실은 어떠한가. 「2019년 이민자 체류실태 및 고용자 조사결과」를 보면, 비전문 취업자(E-9)가 30.2%인데 비해 전문인력(E-1~E-7) 취업자는 4.4%에 불과하다. 방문취업(H-2)은 18.3%이다. 또 여성가족부가 실시한 「2018 전국 다문화가족 실태조사」에 의하면, 2018년에는 2015년과 비교할 때 취업한 결혼이민자·귀

---

4 문병기 외(2015), 『이민자 사회통합정책 종합 진단 및 개선방안』, 한국행정학회.

| 체류자격별 취업자

화자 가운데 관리자, 사무종사자, 판매종사자, 농림어업 숙련 종 사자는 약간 증가했고, 전문가 및 관련 종사자, 서비스종사자, 장 치, 기계 조작 및 조립 종사자, 단순노무종사자 비율은 약간 감소 했다. 여성의 경우 결혼이민자·귀화자 가운데 전문직은 2015년 9.7%에서 8.4%로 1.3%p 감소하였다.

대다수 외국인 노동인력은 국내에서 인력난을 겪고 있는 업종 에 종사한다. 남성은 주로 3D 업종의 산업현장에서, 여성은 식당 종업원, 육아, 가사 도우미, 간병인으로 일한다. 내국인이 일자리 부족을 호소하는 것도 사실이나 중소기업과 농어촌에서는 내국인 을 구할 수 없어 어려움을 겪고 있다. 외국인 인력 없이는 운영 자 체가 불가능하다고 말한다. 현실이 이러하니 외국인 노동자가 관 리직이나 전문직 일자리를 크게 잠식하거나 위협하지는 않을 것 으로 보인다. 반면 임시직과 일용직 분야에서 내국인 저소득층의 일자리는 줄어들 가능성이 있고 특히 식당과 같은 일부 서비스업 종은 상당수 외국인 노동자들이 자리 잡고 있기 때문에 특정 업종

| 체류자격별 취업자 변화

	취업자	비전문취업 (E-9)	방문취업 (H-2)	전문인력 (E-1~E-7)	유학생 (D-2, D-4-1·7)	재외동포 (F-4)	영주 (F-5)	결혼이민 (F-6)	기타
2018.5	884.3	262.1	170.5	36.6	19.6	199.1	78.6	60.1	57.7
2019.5 (구성비)	863.2 (100.0)	260.8 (30.2)	158.1 (18.3)	38.4 (4.4)	23.0 (2.7)	194.5 (22.5)	76.7 (8.9)	56.2 (6.5)	55.6 (6.4)

출처: 통계청/법무부(2019). 「2019년 이민자 체류실태 및 고용자 조사결과」.

은 영향을 받을 것이다. 그러나 이 같은 현상은 내국인이 임금과 복지 등 더 좋은 노동조건을 따져 특정 업종을 기피하기 때문에 일어나는 것으로 누구의 탓으로 돌릴 수는 없다. 전반적으로 볼 때 외국인 노동자가 내국인의 일자리를 뺏는다는 우려는 맞지 않는다.

일자리를 둘러싼 갈등에는 외국인 노동자의 인권침해 문제가 있다. 특히 건설업계 외국인 노동자들이 인권침해와 차별을 받고 있다. 국가인권위원회의 『2015년 건설업 종사 외국인 근로자 인권 상황 실태조사』 보고서에 따르면,[5] 조사대상자의 36.9%가 임금을 제때 받지 못한 적이 있다고 응답했다. 작업장 내 인권침해도 우려할 만한 수준으로, 응답자 절반이 조롱이나 욕설 등 인격모욕을 당한 적이 있고 15.7%는 폭행을 당한 적이 있다고 했다. 가해자는 대부분 한국인이었다.

향후 고령화와 저출산, 내국인 노동자의 3D 업종 기피 현상,

---

5 국가인권위원회(2016), 『2015년 건설업 종사 외국인 근로자 인권 상황 실태조사』.

생산 가능 인구의 농어촌 이탈 현상이 완화되지 않는 한 외국인 노동자의 유입은 계속될 것이고, 그에 따른 일자리를 둘러싼 갈등은 커질 수 있다. 현재까지 전문직이나 사무직 같은 내국인의 '좋은 일자리'를 잠식한 것은 아니지만 향후 외국인 고급 인력이 유입될 경우 좋은 일자리를 둘러싼 갈등의 가능성도 배제할 수는 없다.

중요한 것은 일자리 갈등관리를 어떻게 해나가느냐이다. 사회는 언제나 변화한다. 요즘처럼 급변하는 사회현상을 어떻게 받아들이느냐는 우리 국민의 몫이다. 외국인 노동자를 일자리를 빼앗는 경쟁자로 적대시하지 말고 경제발전의 동반자로 인식해야 한다. 선순환구조를 만들어야 한다. 일자리갈등이 커지면 경제발전을 저해하고 사회불안을 초래한다. 그렇게 되면 내국인 일자리도 피해를 입는다. 일자리를 둘러싼 갈등을 최소화하기 위해 외국인 노동자의 유입을 주시하고 조정하는 것은 정부의 몫이다. 그리고 인권침해 방지법과 제도를 정비하여 외국인이 작업현장에서 차별 없이 안심하고 일할 수 있는 환경 조성이 따라야 한다.

03 결혼이주여성이 겪는 삼중고(三重苦)

1970년대 이후 산업화의 영향으로 농촌 인구, 특히 젊은 층이 급감함에 따라 농촌 남성의 결혼문제가 사회문제로 대두되었다. 1990년대 중반에는 '농촌 총각 장가보내기 운동'과 함께 중국과 동남아시아에서 젊은 여성들이 한국 남성과 결혼하기 위해 국내에 들어오기 시작하면서 다문화가족이 증가했다. 2003년 한국과 중국 중 한 국가에서 혼인신고를 할 수 있도록 제도가 변경되자 중국인과의 국제결혼이 급격히 늘었다. 결혼이주자 증가와 함께 2006년 '결혼이민자 가족의 사회통합지원대책', 2008년 「다문화가족지원법」[6] 등 결혼이주자를 위한 정부 정책이 본격적으로 시작되었다. 근래는 베트남 신부 살해사건[7]을 계기로 결혼이민 비자 발급 기준이 강화되면서 그 여파로 국제결혼 건수는 해마다 감소하는 추세였고, 2016년 이후에는 소폭 반등했다.

2018년 1월 기준 통계를 보면 외국인과의 결혼이 전체 결혼 중 차지하는 비율은 8.8%로 전년대비 8.9% 증가했다. 결혼 형태는 한국 남성과 외국 여성과의 결혼이 73.2%로 절대적이다(16,608건). 한국 여성과 외국 남성의 결혼은 26.8%(6,090건)이다.[8] 한국 남성과 결혼한 외국 여성 국적은 베트남(38.2%), 중국(22.1%), 태국(9.4%) 순, 한국 여성과 결혼한 외국 남성 국적은 중국(24.4%), 미국(23.6%), 베트남(9.6%) 순이다. 다문화가구 자녀의 평균 연령은 8.32세, 학령 전기에 해당하는 6세 미만 자녀가 39.0%, 초등학생이 38.2%로 가장 많고, 중학생(8.6%), 고등학생(5.8%), 성인 연령

---

6 「다문화가족지원법」에 따르면 다문화가족은 세 가지이다. 첫째, 서로 다른 국적을 가진 남자와 여자의 결혼을 통해 가정을 이룬 경우. 둘째, 모국에서 이루어진 외국인 근로자의 가족이 국내로 이주하거나 그들이 한국에서 가정을 이룬 경우. 셋째, 북한에서 태어나 국내에 입국하거나 국내에서 한국인 또는 외국인을 만나 결혼한 탈북자 가족의 경우.

7 2010년 7월 국제결혼으로 국내에 입국한 베트남 여성이 결혼 8일 만에 정신질환을 앓고 있는 남편에 의해 살해된 사건.

8 통계청(2019). 「2018 혼인·이혼통계」.

| 결혼이민자·귀화자의 직종 분포(2015, 2018)

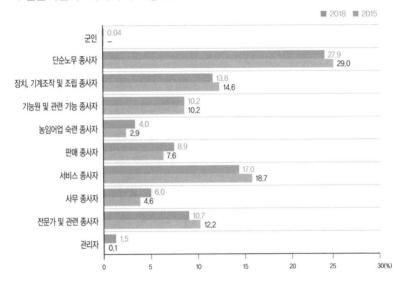

| 결혼이민자·귀화자의 직종 분포

(단위: %, 명)

		관리자	전문가 및 관련 종사자	사무 종사자	서비스 종사자	판매 종사자	농임 어업 숙련 종사자	기능원 및 관련 기능 종사자	장치, 기계 조작 및 조립 종사자	단순 노무 종사자	군인	합계
전체 (2015)		0.1	12.2	4.6	18.7	7.6	2.9	10.2	14.6	29.0	-	100.0
전체 (2018)		1.5 (2,805)	10.7 (19,959)	6.0 (11,106)	17.0 (31,646)	8.9 (16,492)	4.0 (7,530)	10.2 (18,916)	13.8 (25,607)	27.9 (51,924)	0.04 (66)	100.0 (186,050)
성별	여성	0.8	8.4	5.1	20.2	9.8	5.1	6.2	13.9	30.6	0.0	100.0
	남성	4.0	18.9	8.9	5.9	5.7	0.4	24.1	13.4	18.7	0.2	100.0

출처: 여성가족부(2019). 『2018년 전국다문화가족 실태조사』(군인은 2018년 조사에만 포함).

층인 18세 이상(8.3%) 분포이다.[9] 초중고학생 비율이 전년보다 11.7% 증가했다. 한국의 전체 학생 수와 학령인구(6~12세)는 감소 추세인 데 반해, 다문화학생은 최근 6년간 매년 1만 명 이상 증가하여 2018년 다문화 학생 비중은 2.2%를 차지했다.[10]

상당수 결혼이주자가 한국사회에 정착하여 다문화가정이 많아졌고 다문화가정 자녀도 증가했다. 그런 과정을 거치면서 국제결혼에 대해서 상반된 시각을 보이고 있다. 저출산과 고령화 문제, 생산 인구 감소 문제를 완화시킬 것이라는 긍정적 입장과, 반면 결혼이주자가 많아지면 일자리를 잠식하고 우리의 문화적 정체성이 훼손될 것이라는 부정적 입장이다. 그러나 우리나라는 미국이나 캐나다, 호주처럼 다양한 민족이 모여 사는 것으로 출발한 국가들과 사정이 다르다. 같은 핏줄인 한국계 중국인이 가장 많은 비중을 차지하고 있고, 중국인과 동남아 3개국으로 베트남, 필리핀, 캄보디아 이주자가 국내 전체 결혼 이주자라고 봐도 무방하다. 중국과 동남아시아의 문화는 물론 우리나라 문화와 차이가 있긴 하지만 그렇다고 서구문화처럼 크게 다른 것은 아니다. 우리나라 문화의 정체성을 훼손시킬 정도로 이질적이지 않다는 의미다.[11]

결혼이주자들이 겪는 어려움은 우리나라의 혈연주의와 권위주의 영향이 크다. 혈연주의는 '피는 물보다 진하다'라는 말로 잘 대

9 행정안전부(2019.11). 「2018년 지방자치단체 외국인주민 현황」.

10 통계청/여성가족부(2019). 「2019 청소년통계」.

11 김민정 · 유명기 · 이혜경 · 정기선(2006), 「국제결혼 이주여성의 딜레마와 선택: 베트남과 필리핀 아내의 사례를 중심으로」, 『한국문화인류학』, 39권 1호, pp. 159~193.

문화충돌

이주여성에게 시어머니와 남편으로 대표되는 한국인은 '구태의연하고 비합리적인' 질서를 고수하며 간섭하고 강압적인 태도를 지닌 이들로 비춰지는 한편, 시어머니와 남편들 사이에서는 며느리 혹은 부인으로 대표되는 이주여성을 '못사는 데다가' '고집까지 센' 사람들로 치부하는 경향이 발견된다.

출처: 계명대학교 여성학연구소 편(2007), 『여성들의 삶의 관점에서 본 한중지역 여성정책』.

변된다. 부모 형제와 친척 등 혈연관계가 모든 관계에 우선하는 것을 의미한다. 가족주의와 혈연주의는 자식에 대한 어머니의 헌신과 같은 긍정적 측면에도 불구하고 우리가 아니면 남으로 간주하고, 배타적인 가족이기주의 등 부정적인 측면이 강하다. 권위주의는 억압적 가부장제, 남녀차별 등으로 인해 가족관계갈등을 부르는 주된 요인이다. 아이와 부인의 의사를 존중하지 않고, 비이성적인 감정적 판단을 하고, 설득이 아닌 강요에 의한 의사결정을 하는 등 가족분쟁을 야기한다. 이러한 한국의 유교적 전통과 달리 중국이나 같은 유교문화권인 베트남은 여성의 경제활동이 활발하고 여성의 지위가 높다. 부부간에 평등한 관계를 유지하고 남녀차별이 적고 남아선호가 없다. 결혼이주여성과 한국인 가족 간의 갈등이 예고되는 대목이다. 문화 간 충돌이 불가피하다.

또 한 가지 부정적 영향 요인은 한국인 의식 속에 깊숙이 자리한 단일민족이라는 순혈주의 전통이다. 순혈주의는 다른 국가 사람들을 배척하는 인종차별주의로 변질될 가능성이 크다.[12] 우리나라보다 경제적 수준이 낮은 국가에서 온 결혼이주자들과 다문화 자녀들을 피부색과 외모가 다르다는 이유로 차별하거나 인권을 침해하거나 우리나라 사람으로 인정하지 않으려하는 것인데, 심각하게는 결혼이주 여성의 목욕탕 출입금지 사례도 있다.

권위주의는 인간관계에서 수직적 서열을 중시하는 태도를 말한다. 부모와 자식, 상사와 부하, 선배와 후배 등 윗사람과 아랫사람을 구분하고 아랫사람은 윗사람에게 복종하도록 하는 것이다. 권위주의와 가부장제가 결합하여 여성을 억압하는 문화로 변질되었다. 직장과 가정에서 지역사회에서 결혼이주 여성들을 무시하고 차별대우하고 학대와 폭력을 행사하는 사례가 나타나는 것은 이런 배경에서 기인한 것일 수 있다.

우리나라는 동화주의 성향이 강해서 우리 문화를 일방적으로 수용하도록 강요한다. 타 문화를 인정하고 우리 문화와 융화시키려는 노력이 부족하다.[13] 문화 수용을 강요할 때 문화 간 갈등과 충돌을 피할 수 없다. 타 문화 때문에 우리 문화가 훼손되고 문화 정체성이 위기에 처하는 것이 아니다. 우리 문화가 타 문화와 잘 융화될 때 문화의 다양성이 증가하고 발전할 수 있다.

다문화 자녀는 국내에서 태어나 성장한 자녀와 중도 입국 자녀

---

12 황갑진(2015), 「한국 다문화사회의 특성과 사회적 갈등: 인터넷 신문에 나타난 차별 내용을 중심으로」, 『사회과교육연구』, 22권 3호, pp. 13~29.

13 김판준(2013), 「다문화사회의 갈등과 기여에 관한 고찰」, 『현대사회와 다문화』, 3권 2호, pp. 207~237.

▌인종차별주의

"나도 엄연한 한국인인데, 피부색이 다르다는 이유로 쫓겨난다면 어떤 심정이겠습니까?" 우즈베키스탄 출신 귀화자인 구 아무개 (30, 여) 씨는 부산 동구 초량동 대중목욕탕에서 쫓겨나자 13일 국가인권위원회에 진정서를 냈다. 구 씨는 피부색 등 외모는 평범한 한국인과 다르지만, 2002년 한국에 와 2004년 한국인 남성과 결혼한 뒤 2009년 귀화하면서 이름도 한국식으로 바꾼 한국인이다. 한국 정부가 발행한 여권과 주민등록증, 운전면허증도 있고, 내년에는 학부모가 된다.

하지만 그는 지난달 25일 오후 근처 목욕탕에 갔다가 "외국인 손님은 받지 않는 것이 영업방침"이라는 말과 함께 쫓겨났다. 귀화한 한국인이라고 주민등록증까지 보여주며 항변했지만, "아무리 한국인이라도 피부색이 다르면 손님들이 싫어한다"며 버티는 목욕탕 업주에게는 소용이 없었다.

출처: 『한겨레신문』 2011년 10월 13일자 「피부색 다르다고 목욕탕서 내쫓기다니…」에서 발췌.

가 6 대 4의 비율이다.[14] 중도 입국 자녀는 상대적으로 연령이 높고 우리 언어와 문화에 익숙하지 않아 적응도가 떨어지고 학업 성적도 부진해 중도포기율도 높다. 반면 국내 성장 자녀는 일반가정의 자녀와 비교해 학업 성적과 적응도에 차이가 없다. 학업 성적이 부진하고 적응도가 떨어지는 경우는 다문화 자녀이기 때문이

---

14 여성가족부(2016), 『2015년 전국다문화가족 실태조사』.

아니라 경제적으로 취약한 계층의 부모가 자녀 학업에 제대로 신경을 쓰지 못하는 일반적 현상과 동일하다.

다문화 자녀에 대한 부정적 인식이나 편견이 사회불안을 일으키는 가장 큰 잠재적 갈등 요인이다. 폐쇄적 혈연주의, 순혈주의, 권위주의, 일방적 문화 동화주의에서 벗어나 결혼이주민 가정을 수용하고 함께 가는 것이 바른 길이다. 이 점이 다문화사회 갈등 관리의 핵심이다.

04 자문화 중심주의는 반드시 버려야

문화 간 소통을 어렵게 만드는 요인에 자문화 중심주의(ethno-centrism)가 있다. 자신의 문화가 다른 문화보다 우월하다고 생각하고, 자신의 기준으로 다른 문화를 평가하는 것을 말한다. 다른 문화는 열등하다고 무시하거나 틀렸다고 생각한다. 특정 인종이나 민족이 우월하다고 생각하는 인종차별주의나 배타적 민족주의 등이 자문화 중심주의의 대표적인 예이다.

국내에 유입되는 상당수 외국인이 주변국 저소득층이기 때문에 우리보다 못한 사람으로 생각해서 무시하고 차별하는 것은 큰 잘못으로, 사회갈등을 증폭시키는 요인이다. 좋은 문화, 나쁜 문화, 우월한 문화, 열등한 문화란 없다. 차이가 있을 뿐이다. 문화는 지리적 환경과 역사적 경험 안에서 만들어지고 변화해왔기 때문에 서로 다를 수밖에 없다. 타 문화의 고유성과 차이를 인정해

한국인은 단일민족(?)

"한국에서 단일민족을 강조하는 것은 국제적인 기준으로 볼 때 인종차별적 행위에 해당할 수 있으므로 정부가 다른 인종 국가 출신에 대한 차별을 근절하기 위해 앞장서야 한다"고 유엔 인종차별철폐위원회가 2007년 권고했다.

이민족이 이 땅에 뿌리내려 살아온 예는 많다. 그들은 한민족의 일원으로 우리 역사를 함께 만들어왔다. 금강야차 이의민이라는 걸출한 무인을 탄생시킨 베트남에서 귀화한 첫 왕족 이양혼, 역시 베트남에서 귀화한 왕족 이용상, 가야 수로왕의 왕비인 인도 아유타국의 허황옥, 원나라 제국대장공주를 수행한 위구르 출신 장순룡, 조선 개국의 일등공신이었던 여진족 장수 이지란, 임진왜란 때 조선에 귀순해 조총 기술을 전한 왜장 김충선 등이 있다. 김충선의 후손으로는 현재 전국에 17대까지 대략 2,000가구, 7,000여 명이 있다. 주요 인물로는 김치열 전 내무부 장관이 있다.

2003년 일본 국립유전자협회의 한국인 DNA 분석 결과를 보면 한국인 고유의 DNA형은 40%에 불과하며, 중국인 형은 22%, 오키나와인 형이 17%에 이른다. 고대로부터 한국과 중국 일본 사이의 인적 교류가 활발해 상당 부분 공통적인 DNA 구조를 갖게 됐던 것이다. 우리는 백인 앞에선 주눅 들면서 흑인이나 동남아시아인 앞에선 거들먹거리는 비뚤어진 모습을 하고 있다.

출처: 『전기신문』, 말콘서트(2016.7.21).

야 문화 간 갈등을 줄일 수 있고 다문화사회를 정착시킬 수 있다.

또한 갈등관리를 위해서 고정관념과 편견을 버려야 한다. 고정관념은 다른 문화의 특성을 인정하지 않고 자신의 입장에서 부정확하게 일반화하는 것을 말한다. 특정 인종, 종교, 직업, 성별 등에 이르기까지 고정관념은 다양하게 나타난다. 예를 들어 '흑인은 운동을 잘한다', '백인은 똑똑하다', '여성은 수동적이다', '양 부모가 있어야 정상적인 가정이다'는 생각은 모두 잘못된 고정관념이다. 흑인 모두가 운동을 잘하지 않고 백인 전체가 똑똑하지 않다.

한국인의 의식 깊숙이 자리 잡고 있는 고정관념 중 대표적인 것이 우리나라는 단일민족국가라는 것이다. 단일민족이라는 의식은 사회통합과 발전에 기여한다. 과거 권위주의 정권에서 통치의 수단으로 이용했던 것이기도 하다. 그러나 그런 의식 때문에 순혈을 강조하고 혼혈을 거부하여 외국인 노동자와 결혼이주자, 다문화 자녀에 거부감을 보이고 차별하는 부정적 측면도 있다.

2007년 유엔 인종차별철폐위원회(CERD)는 한국사회가 실제와는 다른 '단일민족국가' 이미지를 극복하고 다민족적 성격을 인정해야 한다고 지적하였다. 한국이 민족 단일성을 강조하는 것은 영토 내에 사는 서로 다른 민족, 국가 그룹들 간의 이해와 관용, 우의 증진에 장애가 될 수 있다는 것이다. '순수혈통'(pure blood)과 '혼혈'(mixed blood)이라는 용어사용, 이에 따르는 관념에 대해서 우려를 표시했다.

편견은 특정인이나 특정 문화에 대해 일부분에 근거해서 부정적으로 판단하는 경향을 말한다. 예를 들어 '여성은 순종적이다', '한국계 중국인은 범죄를 저질러 무섭다'라는 생각은 편견이다. 고정관념과 편견은 문화의 다양성을 인정하지 않기 때문에 문화 간 갈등을 유발하고 사회발전을 저해하는 요소로 작용한다. 우리 문화만이 옳다는 생각은 잘못된 것이다. 다른 문화의 사상이나 가치관을 이해하고 인정할 때 비로소 문화 간 소통이 이루어질 수 있다.

이를 극복하기 위해 학교와 미디어는 다문화 프로그램, 기획취재물, 사설 등을 통해 한국인의 고정관념과 편견을 다루는 등다문화 교육프로그램을 강화해야 한다.

05 다문화 통합정책과 국민의식 변화가 필요하다

정부의 통합된 다문화 정책이 필요하다. 정부 각 부처와 지방자치단체가 서로 유사한 지원책을 내놓는 것은 예산낭비이다. 중앙정부와 지방자치단체의 역할 분담이 필요하고 부처 간 흩어져 있는 다문화 사업이 일관되고 통합된 정책 아래 체계적으로 운영되어야 한다. 이민청 신설 제안도 있었다. 그간 여성가족부는 다문화가족지원센터와 직업교육훈련/결혼이민여성 인턴제, 이주여성쉼터를, 고용노동부는 시간선택제 일자리 창출지원과 다문화가족 채용 기업지원 프로그램 등을 운영하였다. 문화체육관광부는 외국인 이주자를 위한 문화센터, 교육부는 이중언어 강사 양성사업, 행정안전부는 결혼이주자 참여 비영리단체 운영사업과 결혼이주자 생활정착 지원 프로그램을 운영하였다. 지방자치단체는 중앙정부와 별도로 외국인 주민센터, 외국인 복지센터, 한국어 교육사업, 외국문화체험, 다문화공연과 행사 프로그램 등을 운영하고 지원하고 있다.

정부는 지금까지 결혼이주 여성을 중점 지원했다. 이제는 외국인 중 가장 큰 비중을 차지하는 외국인 노동인력을 비롯해 다문화 자녀, 유학생 등으로 정책 대상을 넓혀야 할 때가 되었다. 또한 다문화 자녀들이 성장하여 학령인구로 전환되고 군대에 가야 하는 상황에 대비하여 연령별 세부 지원책도 필요하다. 이 아이들이 제대로 성장하여 한국사회의 구성원으로 손색이 없도록, 한국을 이끌어갈 주역이 될 수 있도록 적극적인 뒷받침이 있어야 할 것이다. 다음은 「2016년도 다문화가족정책 시행계획」 6대 영역과 주요 사업내용이다.[15]

2016년도 다문화가족정책 시행계획

사회발전 동력으로서의 다문화가족 역량 강화와 다양성이 존중되는 다문화사회 구현에 역점을 두고 6대 영역, 759개 과제(중앙부처 90개, 지자체 669개)를 추진

* 소요예산: 총 1,450억 원(중앙부처 850억 원, 지자체 600억 원)

6대 영역
• 다양한 문화가 있는 다문화가족 구현
• 다문화가족 자녀의 성장과 발달 지원
• 안정적인 가족생활 기반 구축
• 결혼이민자의 사회경제적 진출 확대

---

15 『정책뉴스』(2016.5.18), 여성가족부.

- 다문화가족에 대한 사회적 수용성 제고
- 다문화가족정책 추진체계 정비

주요 사업내용

- 다문화가족 자녀의 성장주기별 지원 강화를 위해 '다문화가족 자녀 성장 지원 사업'을 신규 추진.
- 다문화가족 자녀 미래인재 육성을 위해 이중언어 역량강화, 우수인재 발굴하여 데이터베이스(DB)로 구축, 해외교류 및 해외취업 등에 활용될 수 있도록 지원.
- 중도입국자녀 등의 한국어능력 및 기초학력 향상, 학교생활 초기적응 강화 등을 위하여 한국어교육, 교과 보조교재 개발 등 다양한 프로그램을 보급, 다문화 예비학교(100→110개교) 및 레인보우스쿨(17→23개소) 등을 확대 운영.
- 결혼이민자 등의 참여 역량강화 및 사회적 관계 증진을 위해 다문화가족 자조모임을 확대·운영(2015년 21천 명→2016년 22천 명).
- '다문화가족 참여회의'를 구성·운영하여 다문화가족이 정책수립 및 추진과정에 주체적으로 참여하도록 제도화, 결혼이민자 취업 지원을 위해 외국인 의료코디네이터 양성(75명) 및 차세대 무역 마케팅 전문가 육성(80명), 맞춤형 직업교육훈련 및 직장적응 프로그램인 결혼이민여성 인턴제(499명) 등을 운영.
- 생애주기별 요구에 대응할 수 있도록 미래설계, 길찾기 등을 지원하는 '정착지원 패키지 프로그램'도 확대 운영(6개소→78개소).
- 다문화가족 사회적 수용성 제고를 위해 다양한 매체를 활용한 캠페인 전개, 온라인 다문화이해교육 시스템 등을 개통하여 시공간의 제약을 받지 않고 학습할 수 있도록 지원 등.

우리 사회가 다문화사회로 접어들었다는 점에는 공감하지만 대부분 사람들은 다문화사회가 무엇이고 무엇을 해야 하는지에 대해서 여전히 관심도 낮고 잘 알지 못하는 게 현실이다. 한국사회가 타 인종, 타 민족, 타 문화에 대해서 고정관념이나 편견을 줄이고 갈등을 최소화할 수 있도록 유도하는 데 미디어의 역할이 가장 크다. 다문화 프로그램이 많지 않은 것은 다문화사회를 다루는 프로그램에 대한 국민적 관심이 낮고, 시청률이 낮은 프로그램을 통해 수익 확보가 쉽지 않기 때문일 것이다. 2020년 3월말 기준 지상파TV에서 다문화사회를 다루는 프로그램은 KBS1TV '이웃집 찰스'(2015년 1월 시작), EBS '다문화고부열전'(2013년 10월 시작), 종편채널 JTBC '77억의 사랑'(2020년 2월 시작) 등 3개 프로그램이다. 최초 다문화 TV프로그램인 KBS1TV '러브 인 아시아'는 2005년 말 시작하여 2015년 초 종영했다.

결혼이주자는 물론 이들의 자녀가 사회적으로 차별받거나, 동등하게 사회에 편입하는 과정을 거칠 수 없게 되면 사회문화적 충돌과 갈등이 커지는 상황이 불가피하게 올 것이다. 부모는 본인이 차별받는 것보다 자녀가 차별받는 사회에 더 반감을 갖게 된다. 또한 기본적으로 청년층은 기존질서에 불만이 많기 때문에 다문화가정 청년층 역시 불평등한 사회에 분노를 표출하기 쉽다. 근래 외국에서 발생한 이민자들의 소요사태는 우리 사회에 시사하는 바가 크다.

다문화가족이 우리 사회의 구성원으로 연대감을 가질 수 있도록 사회 분위기가 조성되어야 한다. 방송의 역할이 중요하다. 다

KBS1TV 이웃집찰스

한국사회에 정착하기 위해 노력하는 외국인을 동행취재 형식으로 다룬 프로그램. 외국인들이 한국사회에서 살아가면서 느끼는 고독, 갈등, 고민을 생생하게 담는 것이 기획의도. 이들이 한국에서 살아내기 위해 문화적 차이를 극복하려 노력하는 모습을 통해 시청자는 국내 거주 외국인에 대한 관심과 이해의 폭을 넓힐 수 있다.

EBS 다문화고부열전

다문화가정의 고부갈등은 일반가정과 다르다. 한국으로 시집온 다문화여성을 며느리로 맞아 같이 생활하는 한국인 시어머니가 서로의 다른 문화를 인정하지 못하면서 갈등을 겪고 갈등을 풀어가는 과정을 담은 프로그램. 시청자는 어린 나이에 낯선 나라에 시집온 외국인 여성들이 어렵게 사는 모습을 보면서 결혼이민자에 대한 선입견이나 편견을 버릴 수 있다.

JTBC 77억의 사랑

77억의 사랑은 전 세계 인구 77억 명을 대표하는 세계 각국의 청춘 남녀가 각 나라마다 다른 연애관이나 국제 결혼 등을 비교한다는 프로그램. 외국인의 입을 통해 국제 커플의 고민을 들으며 타 문화에 대한 이해의 폭을 넓힐 수 있다.

프랑스 이민자 갈등

프랑스는 서유럽에서 가장 많은 이슬람 이민자가 있는 나라입니다. 이슬람 이민자들은 다른 이민자와 다르게 유럽사회에 녹아들지 못하고 자신만의 공동체에 고립돼 지내고 있습니다. 교육과 경제, 사회진출에서 2등 시민으로 차별 받으며 사회적 갈등을 빚고 있습니다. 더구나 유럽은 최근 쏟아져 들어오는 난민으로 골치를 앓고 있습니다. 유럽인들은 난민 가운데 이슬람 극단주의 테러리스트가 섞여 들어온다고 믿습니다.

'이슬람 = 이민자 문화 = 2등 문화 = 난민 문화'식으로 이슬람에 대해 부정적이고 깔보는 인식이 박혀 있는 프랑스인들에게 이슬람 극단주의자들이 벌이는 테러는 반이슬람 정서를 부추기고 있습니다. 결국엔 정치나 외교적인 문제와 전혀 별개인 휴양지나 생활공간조차 이슬람문화가 힘을 키우고 도드라지는 걸 차단하는 사회 현상으로 이어진 겁니다.

출처: 『SBS뉴스』 2016년 8월 18일자 「'부르키니'가 이슬람 극단주의 상징이라고?: 겁 먹은 프랑스」에서 발췌.

문화 관련 교육프로그램으로 다문화사회에 대한 인식을 높이고 다문화가족에 대해서 관심과 수용의 자세를 갖도록 하는 데 미디어가 핵심 역할을 할 수 있다. 캠페인을 하고 수시로 문제 사항을 이슈화하여 국민의 관심을 모으고 바른 방향으로 여론형성을 하는 등 방송이 일익을 담당해야 한다. 뉴스나 캠페인 외에 지속적·간접적으로 접근하는 전략도 필요하다. 다문화프로그램으로 성공한 대표적 사례인 미국의 '세사미 스트리트'(Sesame Street)는 전 세계에서 방영되고 있다. 1969년 말 시작되어 50년 가까이 롱런하고 있는 어린이 TV프로그램이다. 도심 지역의 소외계층과 다인종 미취학 어린이들에게 양질의 교육을 제고하기 위한 목적으로 기획되었다. 여러 인종의 아이들과 인형들이 뒤섞여 재미있게 놀고 즐기면서 어려서부터 자연스럽게 타 문화를 받아들이게 하는 데 성공한 프로그램으로 평가된다. 우리나라 방송도 다문화사회 관련 장기 계획을 수립하고 외국프로그램 사례를 벤치마킹하는 등 전략적으로 접근한다면 다문화사회의 갈등관리에 크게 기여할 수 있을 것이다.

제 5 장
직장갈등

01 한국직장, 근무시간은 길고 노동생산성은 하위권

우리나라 직장인들은 직장에서 보내는 시간이 많다. 아침에 출근해서 저녁에 정시 퇴근한다고 해도 8시간, 하루의 1/3을 근무하고, 여기에 출퇴근에 소요되는 이동시간과 준비시간을 더하면 10시간은 기본이다. 게다가 정시 퇴근하는 직장인이 얼마나 될까. 소위 칼퇴근은 일주일에 평균 1.5일 정도, 야근과 회식이 많고 주말 근무까지 하는 경우도 허다하다. 잠자는 시간을 빼고 나면 나머지 시간 대부분은 직장에서 보내는 셈이다. 직장은 생활의 전부이고 삶 자체이다.

법정근로시간은 주당 40시간, 일일 8시간으로 규정되어 있고, 고용주와 합의하면 12시간 연장근로를 포함하여 주당 52시간까지 근무할 수 있다. 그러나 현실은 다르다. 통계청 조사를 보면, 2017년

직장인의 하루

- 일일평균 근무시간: 10시간 46분
- 출근준비시간: 39분
- 출근소요시간: 55분
- 퇴근시간: 오후 7시 8분
- 수면시간: 6시간 12분
- 칼퇴근: 주당 평균 1.5일

*직장인 1461명(남성 643명, 여성 818명) 조사결과

출처: '잡코리아' 좋은일연구소(2015.12.11).

기준으로 36시간 미만 근로자는 16.5%, 36~53시간이 62.2%, 54시간 이상이 19.9%로 나타났다. 2015년에도 각각 15.4%, 61.2%, 21.9%로 큰 차이가 없다.[1] 법정근로시간을 초과한 근무비율은 높게 유지되고 있음을 알 수 있다.

우리나라 직장인의 노동시간이 긴 것은 OECD(경제협력개발기구) 가입국과 비교해 보면 알 수 있다. OECD 자료에 의하면 2017년 기준 1인당 연평균 노동시간은 2,034시간이다. 예년보다는 줄었지만 OECD 36개국 평균 1,746시간에 비해 278시간 더 많다. 2,000시간이 넘는 국가는 멕시코와 한국 두 나라뿐으로 멕시코가 1위, 한국이 2위로 나타났다. 일일 법정 노동시간 8시간을 기준으

---

1 통계청(2019). 『2019년 12월 및 연간고용동향』.

| OECD 국가 시간당 노동생산성
(USD/2017년 비교)

| OECD 국가 연평균 노동시간
(2017년)

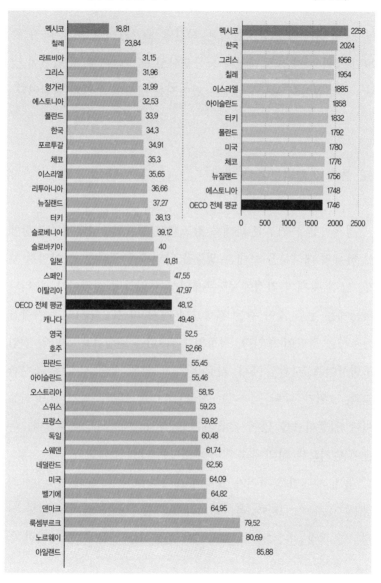

국가	시간당 노동생산성
멕시코	18.81
칠레	23.84
라트비아	31.15
그리스	31.96
헝가리	31.99
에스토니아	32.53
폴란드	33.9
한국	34.3
포르투갈	34.91
체코	35.3
이스라엘	35.65
리투아니아	36.66
뉴질랜드	37.27
터키	38.13
슬로베니아	39.12
슬로바키아	40
일본	41.81
스페인	47.55
이탈리아	47.97
OECD 전체 평균	48.12
캐나다	49.48
영국	52.5
호주	52.66
핀란드	55.45
아이슬란드	55.46
오스트리아	58.15
스위스	59.23
프랑스	59.82
독일	60.48
스웨덴	61.74
네덜란드	62.56
미국	64.09
벨기에	64.82
덴마크	64.95
룩셈부르크	79.52
노르웨이	80.69
아일랜드	85.88

국가	연평균 노동시간
멕시코	2258
한국	2024
그리스	1956
칠레	1954
이스라엘	1885
아이슬란드	1858
터키	1832
폴란드	1792
미국	1780
체코	1776
뉴질랜드	1756
에스토니아	1748
OECD 전체 평균	1746

출처: 『KBS뉴스』, 고영태 기자(2019.4.30).

로 볼 때 OECD 회원국에 비해 우리나라 직장인이 약 35일 정도 더 일한 셈이다. 그러나 근무시간은 길지만 노동생산성은 하위권이다. 우리나라 노동생산성은 시간당 34.3달러로 36개 국가 중 29위, 1위 국가 노르웨이의 노동생산성 86달러에 비해 턱없이 낮다. 오래 일하고 노동생산성은 떨어지는 상황이 우리의 현실이다.

02 돈보다 칼퇴근이 더 좋아

경제발전을 최우선 과제로 강조했던 성장위주시대에는 직장에서 하루의 대부분을 보내는 생활을 당연하게 생각했다. 아버지 부재, 남편 부재의 가정에 큰 문제의식이 없었던 시절이다. 그러나 최근에는 돈을 많이 주는 직장보다 정시 퇴근(칼퇴근)하는 직장을 선호하는 경향이 보인다. 직장인 1,519명을 대상으로 온라인 취업 포털사이트 '사람인'에서 '가장 다니고 싶은 꿈의 직장'을 조사한 결과,[2] 1위가 '칼퇴근 시키는 직장'(17.3%), 2위가 '업계 최고 연봉이나 인센티브를 많이 지급하는 직장'(14.7%)으로 나타났다. 돈 많이 벌기보다 삶의 질을 추구하겠다는 답변이 많았다.

특히 세대별로 차이가 있어서 20대와 30대는 '칼퇴근시키는 직장'(각각 20.1%, 18.5%)을, 40대와 50대는 '정년보장이 확실한 안정적인 직장'(각각 23.2%, 30.6%)을 선호하는 것을 보면 이러한 추

---

2 '사람인'(2015.9.1).

세가 앞으로 계속 강화될 것임을 짐작할 수 있다. 재직 중인 직장의 만족도는 상당히 낮아서 현재 직장이 꿈의 직장이 될 가능성이 0%라는 응답이 40%가 넘었다.

직장에 대한 생각은 공무원 조직도 다르지 않다. 『조선비즈』가 세종시 공무원 203명을 대상으로 조사한 결과, '승진이 늦어도 저녁이 있는 삶'을 택하겠다고 응답한 비율이 87.7%(178명)로 나타났다. 반대로 '저녁보다는 승진이 빠른 삶을 택하겠다'는 비율은 9.9%(20명)에 불과했다. 특히 젊은 층의 선호 비율이 높았다. 5급 공무원의 90% 이상이 저녁 있는 삶을 선택하였다.[3]

┃ 빠른 승진과 저녁에 있는 삶 중 무엇을 택하겠는가?

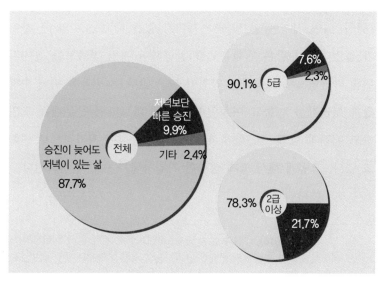

3 『조선비즈』 2015년 8월 18일자 「흔들리는 공무원⑤ "어차피 안 될 장관… 저녁 있는 삶 중요"」.

오늘날의 직장인들은 과거 직장생활이 전부였던 삶과 달리 개인적인 삶(여가, 자기개발, 가족 등)을 위한 시간을 찾는다. 문제는 일과 삶의 균형을 추구하려는 변화된 가치관과 현실과의 충돌로 인해 직장생활에 불만족하고 갈등한다는 점이다.[4] 직장인들에게 일과 삶의 균형은 만족감과 행복을 주고 장기적으로 조직에도 긍정적 기여를 한다. 이 균형이 적절히 유지되지 않을 때 이직 의사도 커진다.[5] 오랜 근무시간으로 인해 직장 이외의 개인적 삶을 가질 수 없을 때 갈등은 높아진다. 이는 회사에 대한 불만족과 생산성 저하도 직결된다.

조사에 의하면 직장생활 만족도를 저해하는 요인으로 '일에 쫓겨 개인적인 생활을 신경 쓰기 힘들 때'가 2위(24.7%)를 차지했다. 1위인 '일이 적성에 안 맞거나 재미가 없을 때'(28.5%)와 큰 차이가 없었다.[6] 이 같은 변화추세를 반영하여 직원 만족도를 높이기 위해 다방면으로 노력하는 기업이 늘고 있다. 직원들을 위해 수영장과 북카페를 만들고 여성인력을 위해 파트타임 근무제를 도입하고 애견과 함께 출근하게 하는 등 근무방식이 획기적으로 변하고 있다. 그렇게 해서 크게 성장한 기업사례가 종종 기사화된다.

---

4 허준영·권향원(2016), 「'일과 삶의 균형' 저해요인에 관한 탐색적 이론화 연구: 세종시 중앙부처 공무원에 대한 근거이론의 적용」, 『행정논총』, 54권 2호, pp. 1~30.

5 서종수·이미영(2016), 「비영리기관 종사자의 일─생활 균형이 이직의도에 미치는 영향」, 『한국가족자원경영학회지』, 20권 2호, pp. 57~74.

6 '사람인'(2014.12.11).

달라진 직장문화 사례 1

'괜찮은 중소기업 어디있나?'…대한상의 '일하기 좋은 중소기업' 선정

점심시간 20분 늘려 개인 여가 시간 확보…조기퇴근제도 확대…
㈜슈피겐코리아

모바일 액세서리 제조회사 ㈜슈피겐코리아는 직원 점심시간을 60분에서 80분으로 20분 늘렸다. 점심시간에 자기계발이나 여가 활동을 할 수 있도록 시간을 늘려달라는 직원들 의견을 적극 반영한 것이다. 월 1회 사용했던 조기퇴근제도 최근 2회로 늘리면서 일과 삶의 균형, 이른바 '워라밸'을 선호하는 젊은 직원들의 호응을 얻고 있다.

대한상의·한국고용정보원 등 '일하기 좋은 중소기업' 639곳 발표

대한상공회의소는 한국고용정보원, 한국기업데이터, 사람인, 잡플래닛과 함께 올해의 '일하기 좋은 중소기업' 639개를 28일 발표했다. 일하기 좋은 중소기업은 근무환경이 우수한 중소기업을 발굴, 소개하는 사업이다. 신용등급 BB이상, 최근 2년간 매출액 증가, 전년도 수익률 순증가 중소기업의 참가신청을 받아 재직자 평점 상위 30% 기업을 선별한다. 청년이 선호하는 CEO 비전·철학, 성장가능성, 직원추천율, 임원 역량, 워라밸, 사내문화, 승진기회·가능성, 복지·급여 등 8개 테마별로 우수기업을 최종 선정한다. 선정된 기업정보는 대한상의 '일하기 좋은 중소기업' (http://goodcompany.korcham.net)사이트에서 확인할 수 있다. 올해부터는 채용중인 기업정보를 실시간으로 확인하여 '원클릭' 지원도 가능하다.

출처: 『팍스경제TV』, 배태호 기자(2019.10.28).

달라진 직장문화 사례 2

통합 인공지능 개발기업 ㈜아크릴에는 직위가 없다. 서로 영문 호칭을 사용하며 격의없이 토론을 벌인다. 주 40시간의 근무시간만 채우면 언제든 퇴근할 수 있다. 언제든지 사내 미니영화관이나 카페테리아 등 편의시설을 이용하며 휴식을 취할 수도 있다. 아크릴은 올해 총 32명의 신입사원을 채용할 예정이다.

휴대전화 케이스 제조기업 디자인스킨은 직원과 가족을 존중하는 사내문화로 유명하다. 매주 수요일에는 10시에 출근해 조기 퇴근하고, 야근과 술 강권 문화를 없애기 위해 '오후 회식' 제도를 정착시켰다. 사옥에는 안마의자, 스타일러, 게임기, 스낵바를 설치해 자유로운 근무환경을 보장한다.

디자인스킨에서 2년째 근무하고 있는 주시은씨는 "지난해 6개월간 휴직을 했다"며 "해외에 이민을 가 있는 가족이 그립다고 털어놨더니 회사에서 '가족을 만나고 오라'며 흔쾌히 휴직을 권했다"고 말했다.

이어 "업계에서 빈번하게 벌어지는 '뒷거래'를 전면 금지하는 회사 가치관이나 직원과 가족을 소중하게 생각하는 인식이 가장 마음에 든다"며 "점심시간도 1시간30분으로 길어서 여유로운 근무환경이 보장된다"고 설명했다.

출처: 『뉴스1』 2019년 7월 22일자 「청년구직자, 좋은 직장 첫번째 조건 "높은 연봉 아닌 칼퇴"」.

이처럼 휴식 있는 삶에 대한 요구를 반영하여 정부는 2018년 7월 1일부터 주 52시간 노동제를 시행하였다. '일·생활 균형 및 1,800시간대 노동시간 실현'을 국정과제로 하여 노동시간을 주 최대 68시간에서 52시간으로 단축하고 특례업종을 축소하는 내용을 담은 「근로기준법」 개정안이 2018년 2월 28일 국회 통과 후 7월 1일부터 단계적으로 시행됐다.[7] 우선 300인 이상 기업이 2018년 7월 1일부터, 50인 이상~300인 미만 사업장은 2020년 1월부터 시행 중이며, 근로시간 축소 문제를 호소하는 사업자 의견을 수용하여 처벌은 일부 유예하고 있다.

주 52시간 근로 정책 시행 결과, 2019년 노동시간은 53시간 이상 근무하는 근로자의 비율이 14.8%로 법 시행 이전인 2017년의 19.9%에 비해 감소했고[8] 향후 확대되면서 상당히 감소할 것이다.

주 52시간 근로제는 도입 초기 단계로 새로운 갈등문제가 드러났다. 퇴근을 일찍하고 취미생활이나 가족과 함께할 수 있는 시간이 많아지면 소위 '저녁이 있는 삶'이 늘어나는 긍정적 효과가 있

Ⅰ「근로기준법」 개정안

기존	법정근로 주 40시간	⊕	연장근로 12시간	⊕	휴일근로 16시간	⊜	68시간
개정 (2018.7.1)	법정근로 주 40시간	⊕	연장·휴일근로 12시간			⊜	52시간

7 『대한민국 정책브리핑』 2018년 3월 6일자 「근로시간 단축입법 개정" 내용 관련」.

8 통계청(2019). 『2019년 12월 및 연간고용동향』.

는 반면 야근수당이 줄어 월급이 줄었다는 불만, 특히 중소기업의 경우 인력을 찾기 어렵고 생산성도 낮아진다는 불만도 있다. 과도기의 문제는 점차 제도적인 보완과 기업과 근로자의 노력으로 해결될 수 있을 것으로 본다. 예를 들어, 선택적 근로시간제(1개월을 기준으로 주당 평균을 52시간 이내로 맞추는 제도), 탄력적 근로시간제[일정기간(2주 단위로 단체협약 시 현재 최대 3개월) 주 64시간까지 근로시간을 늘리되 평균 근로시간은 주 40~52시간으로 맞춤] 등 제도적인 보완, 하지 않아도 되는 일들을 없애는 워크 다이어트(Work Diet), 업무자동화 프로그램을 통해 저부가가치 업무 축소 등이 필요하다.[9]

03 워킹맘이라 미안해

> 나는 워킹맘이다.
> 밥하고 일하고 야근하고 애 보고…
> 밥하고 일하고 남편과 다투고 청소하고 또 애 보고…
> 직장상사에게 혼나고 시어머니, 시누이에게 혼나고
> 혼이 나가고… 혼이 나가고… 혼이 나가고…

어느 보험회사 광고의 내레이션이다. 직장 일을 하면서 아이를 양육하는 워킹맘(working mom)의 마음을 표현한 내용이다. TV드

---

9 조성일(2019. 4.24).「주 52시간 근무제도, 일하는 방식의 패러다임 변화를 위한 촉진제」,『POSRI 이슈리포트』.

라마에도 워킹맘의 어려움이 자주 등장한다. MBC에서 2016년 방송한 '워킹맘 육아대디'는 드라마 주제 자체가 워킹맘의 생활이다. 같은 직장에 근무하는 부부가 육아를 위해 남편이 육아휴직을 신청하고 부인은 직장을 다니는 신(新)가족 풍경을 보여준다.

직장여성이 일과 양육으로 겪는 갈등은 여성 고용률이 지속적으로 늘면서 사회문제로 대두되었다. 2019년 여성 고용률은 57.8%로 50%를 넘어섰다. 남성의 75.7%에 비해서는 낮지만 최근 남녀 고용률 격차는 감소 추세에 있다.[10] 80년대 사회상을 담아 인기를 끈 tvN 드라마 '응답하라 1988'에 등장한 엄마 4명 중 1명만 직장여성이었다. 오늘날은 여성 취업이 선택이 아닌 필수로 바뀌었다. 남성은 맞벌이 배우자를 선호한다.

2019년 통계청의 『2019 사회조사』 결과에 의하면, 여성 취업

| 여성취업 장애요인(%)

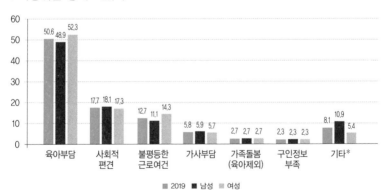

* '모르겠음' 포함
출처: 통계청(2019), 『2019 사회조사』.

---

10 통계청(2019). 『2019년 12월 및 연간고용동향』.

에 긍정적으로 생각하는 비율은 86.4%(남성 82.8%, 여성 90.0%)로 2015년의 85.4%에 비해 증가하였다. 특히, 결혼이나 육아 등 가정일에 관계없이 직업을 가져야 한다는 비율도 61.4%(남성 60.3%, 여성 62.5%)로 2015년도의 51.3%에 비해 10%나 증가하였다. 여성취업의 가장 큰 장애요인으로는 육아부담이 50.6%(남성 48.9%, 여성 52.3%)로 타 요인에 비해 월등히 높았다. 다음으로는 사회적 편견이 17.7%(남성 18.1%, 여성 17.3%), 불평등한 근로여건이 12.7%(남성 11.1%, 여성 14.3%)로 나타났다.

육아부담이 여성취업의 가장 큰 장애요인으로 나타난 이유는 육아에 대한 책임이 전적으로 여성에게 부과되기 때문이다. 한국여성정책연구원의 보고서를 보면 가정 내 육아 불평등의 현실을 잘 알 수 있다. 13세 미만 자녀를 둔 전국의 취업여성 5,209명을 대상으로 조사한 결과, 0~2세 자녀의 육아시간은 아빠는 1.8시간, 엄마는 4.2시간, 3~5세 자녀의 육아시간은 아빠는 1.4시간, 엄마는 3.5시간, 초등학생 자녀의 경우 아빠는 1.2시간, 엄마는 3시간인 것으로 나타났다.[11]

육아휴직 제도가 있지만 제도를 이용하기에는 현실적 어려움이 많다. 여성 직장인을 대상으로 '육아휴직 사용에 대한 부담감'을 주제로 조사한 결과, 응답자의 80%가 육아휴직 사용 시 '부담을 느낀다'고 답했다. 그 이유는(복수응답) '복귀가 어려울 것 같아서'(65.2%)가 가장 큰 이유이고, '회사에서 눈치를 줘서'(44.6%),

---

11 유희정 외(2014), 『취업여성의 직종 및 고용형태에 따른 자녀양육 지원 정책 연구』, 한국여성정책연구원.

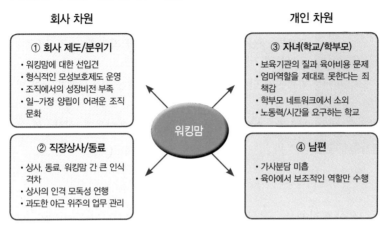

회사 차원

① 회사 제도/분위기
· 워킹맘에 대한 선입견
· 형식적인 모성보호제도 운영
· 조직에서의 성장비전 부족
· 일-가정 양립이 어려운 조직
  문화

② 직장상사/동료
· 상사, 동료, 워킹맘 간 큰 인식
  격차
· 상사의 인격 모독성 언행
· 과도한 야근 위주의 업무 관리

워킹맘

개인 차원

③ 자녀(학교/학부모)
· 보육기관의 질과 육아비용 문제
· 엄마역할을 제대로 못한다는 죄
  책감
· 학부모 네트워크에서 소외
· 노동력/시간을 요구하는 학교

④ 남편
· 가사분담 미흡
· 육아에서 보조적인 역할만 수행

출처: 예지은 외(2010), 『워킹맘의 실태와 기업의 대응방안』, 삼성경제연구소.

'쉬는 동안의 경제적 부담이 커서'(37.7%), '동료들에게 불편을 끼쳐서'(33.8%) 등의 순으로 나타났다.[12]

　위 그림은 워킹맘이 처한 현실을 보여주는 것이다. 회사의 분위기, 직장상사와 동료로부터의 시선, 가정에서 자녀양육 갈등과 가사분담 등으로 인한 남편과의 갈등 등 여러 가지 부담을 동시에 겪는다. 워킹맘의 갈등은 개인의 신체적·정신적 건강 외에 조직의 성과에도 부정적인 영향을 미치고 종종 가정불화의 요인이 된다. 구체적으로 사회적 차원, 조직적 차원, 가정적 차원, 개인적 차원으로 구분해볼 수 있다.[13]

---

12 '사람인'(2015.6.1).

13 오현규 · 김화연 · 박성민(2015), 「공공 및 민간 조직의 가족친화제도가 여성 근
　로자들의 일-가정 갈등에 미치는 영향: 남편의 도구적 지지와 가족의 정서적
　지지의 조절효과를 중심으로」, 『한국행정논집』, 제27권 제2호, pp. 483~511.

제5장 직장갈등　125

사회적 차원	저출산, 여성 근로자의 경력단절로 인한 인력낭비 등
조직적 차원	근로자 생산성·사기 저하, 부적절한 작업태도, 직무만족·조직몰입 저하, 결근, 이직 의사 증가
가정적 차원	가족관계 단절, 가정역할 수행·행복한 결혼생활과 육아 방해요인
개인적 차원	탈진감, 스트레스, 우울증의 증가, 관상동맥·심장질환 등 질병유발

출처: 오현규·김화연·박성민(2015) 재구성.

육아휴직제도, 근무시간유연근무제(육아기근로시간단축제), 가족친화인증제 등이 사회적 문제가 된 워킹맘을 지원하기 위해 고안된 제도이다.[14] 가족친화인증제는 여성가족부장관이 인증하고 한국능률협회 인증원이 운영한다. 저출산을 해소하고 여성인력의 경제활동을 촉진하기 위한 일과 가정을 양립하는 데 필요한 실천 기반을 마련하기 위한 목적으로 2008년 도입되었다. 근로자가 일과 가정생활을 조화롭게 병행할 수 있도록 가족친화적 직장문화 조성을 하고 가족친화경영을 하는 기업과 공공기간에게 인증서를 준다. 구체적인 내용은 다음 그림과 같다.

이러한 가족친화 인증제는 상당한 성과를 보이고 있다. 가족친화 인증기업은 2008년 14개 사에서 2018년 말 기준으로 3328개

---

14 육아휴직제도는 「남녀고용평등과 일·가정 양립 지원에 관한 법률」 제19조에 의해 만 8세 이하 또는 초등학교 2학년 이하의 자녀(입양 자녀 포함)를 양육하기 위하여 남녀 모두 1년 이내 휴직 신청 가능. 근무시간유연근무제는 동일 법률 제19조의 2에 의해 육아휴직을 하지 않고 근로시간을 단축할 수 있음.

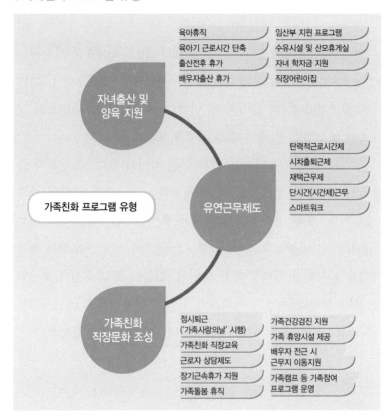

출처: 여성가족부 홈페이지(ffm.mogef.go.kr)의 '가족친화제도의 유형' 재구성.

사(대기업 364개, 중소기업 2028개, 공공기관 936개)로 늘어나 10년간 무려 237배나 증가한 것으로 보고되었다.[15]

---

15 『매일경제』 2019년 5월 16일자 「엄마가 행복한 기업, 일자리 더 만들었다」.

04 육아대디-남성육아휴직

남성 육아휴직이 늘고 있다. 2018년 전체 육아휴직 사용자는 9만 9,199명으로 전년보다 10.1% 증가하였다. 여성은 8만 1,537명으로 전년보다 4.4% 증가한 데 비해, 남자는 1만 7,662명으로 전년보다 46.7%로 큰 폭의 증가 추세를 보였다.

그러나 남녀사용 비율은 여전히 큰 차이가 있다. 육아휴직 사용 가능자 중 여성이 11.9%가 사용하는 데 비해 남성은 불과 1.2%이다. 또한 육아휴직자의 고용 특성을 보면 공기업과 일부 전문직이 큰 비중을 차지한다. 제도는 있으나 눈치가 보여서 육아휴직을 신청하기 어려운 직장 분위기, 월급이 줄고 승진에 불이익을 볼지 모른다는 등의 어려움이 남성 육아휴직에도 마찬가지이다. 남성육아에 대한 사회적 배려와 인식의 개선이 절실하다.

┃ 연도별 육아휴직자 현황

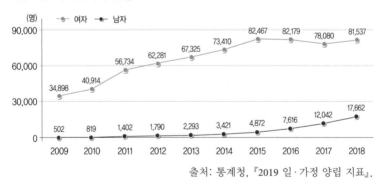

출처: 통계청, 『2019 일·가정 양립 지표』.

육아휴직 사용률

(단위: %, 명)

2018년	육아휴직 사용률	육아휴직자	육아휴직 사용 가능자
전체	4.7	132,893	2,847,721
부(父)	1.2	23,131	1,922,585
모(母)	11.9	109,762	925,136

출처: 통계청, 『2019 일·가정 양립 지표』.

육아휴직자 고용 특성

기업규모별 육아휴직자 비중(%)		상위 5순위 산업대분류 비중(%)	
계	100.0	O(공공행정, 국방 및 사회보장 행정)	14.8
300명 이상	65.0	Q(보건업 및 사회복지 서비스업)	14.2
50~299명	13.7	P(교육서비스업)	13.8
5~49명	19.3	M(전문, 과학 및 기술서비스업)	12.3
4명 이하	1.2	C(제조업)	9.4
결측	0.8		

출처: 통계청, 『2019 일·가정 양립 지표』.

* 고용보험 DB, 건강보험 DB, 통합종사자 DB 등 각종 통계행정자료를 결합하여 시산한 자료로 이용자료에 따라 값이 달라질 수 있으므로 이용에 유의하기를 바람.

가족친화경영 사례 1

현재 아모레퍼시픽 내에서 운영되는 여성 직원을 위한 복지제도는 출산 전 단계부터 보육에 이르기까지 폭넓게 마련돼 있다. 임신 12주 이내 또는 36주 이후 임신부는 하루 6시간만 근무하는 단축 근무를 할 수 있고, 이들에게는 특별 제작된 임신부 전용 사무실 의자와 다리 부종 방지용 발 받침대, 전자파 차단 담요 등

물품이 지원된다. 또 아모레퍼시픽은 임신부들이 태아 검진을 위한 외출과 조퇴를 폭넓게 활용할 수 있도록 해 구성원 모두가 일하기 좋은 문화를 만들기 위해 힘쓰고 있다.

또 2004년부터 임직원의 자녀 양육과 교육에 대한 부담을 덜어주기 위해 직장 내 보육시설인 '아모레퍼시픽 어린이집'을 운영하고 있다.

출처: 『매일경제』 2019년 11월 20일자 「아모레퍼시픽, 사내 어린이집 정원 늘려 육아부담 덜어」.

▶ 가족친화경영 사례 2

임직원들의 양육지원을 위해 지난 2016년부터 보다 강화된 '출산휴직제도'와 '자동 육아휴직제도'를 운영하고 있다. 특히, 출산 후 별도 신청 절차 없이 최대 2년간 휴직이 되는 '자동 육아휴직제도'는 여직원 대부분이 활용할 만큼 호응이 높다.

최근 남성 육아휴직에 대한 사회적 관심이 높은 가운데 KT&G 남성 육아휴직 이용자 증가세 역시 눈에 띈다. 2015년 3명에 불과했던 이용자 수는 2년 만에 35명으로 늘어 10배 이상 증가한 것으로 나타났다. 또한 육아휴직자 67명 가운데 남성 육아휴직자가 35명으로 61%를 차지하는 등 여성 휴직자 수를 넘어섰다.

KT&G는 자유로운 휴가문화 정착을 위해 '릴리프(Relief) 요원' 제도를 도입했다. 이는 휴가간 영업사원을 대신하는 전담인력인 '릴리프 요원'을 배치하는 것으로, 직원들의 자유로운 휴가를 배려한 것이다. 또한 입사 후 5년마다 3주간의 휴가를 부여하는 '리프레쉬(Refresh) 휴가' 제도도 운영 중이다.

출처: 『한국정경신문』 2019년 6월 25일자 「"워라밸 직장은 성과도 높아요"… KT&G, 가족친화경영 활발」.

05 '갑질'하는 직장상사

2016년 부장검사의 폭언과 폭행을 견디다 못해 자살한 젊은 검사 사건은 우리 사회의 '갑질', 특히 직장상사에 의한 '갑질'에 대해 다시 생각해보는 계기가 되었다. 갑질은 갑을 권리관계에서 상대보다 우월한 지위를 가진 갑이 약자인 을에게 하는 부당 행위를 통칭하는 개념이다. 직장인들이 겪는 갈등의 요인은 다양하지만 여러 조사에서 1위로 언급되고 있는 것이 바로 상사와의 갈등이다. 2015년 한 조사에서 응답자의 90% 이상이 직장생활을 하면서 화병을 앓은 적이 있다고 답하였다. 화병의 원인으로 1위를 차지한 것은 '상사, 동료와의 인간관계에 따른 갈등'(63.80%)이다. 그다음으로 지적된 '과다한 업무, 업무 성과에 대한 스트레스'(24.89%)는 1위와 큰 차이를 보였다. 그 밖에 '인사 등 고과산정에

┃ '갑질'한 사람(복수응답, %)

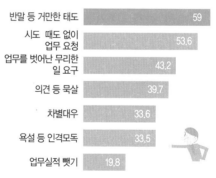

┃ '갑질' 유형(복수응답, %)

자료: 취업포털사이트 '사람인'.

대한 불이익'(3.62%), '이른 출근 및 야근으로 인한 수면 부족' (3.17%), '퇴출, 구조조정에 대한 불안감'(2.71%) 등은 화병의 이유로 미미한 수준이다.[16]

다른 조사결과도 유사했다. 응답자의 90% 가까이가 '직장생활 중 갑질당한 경험'이 있다고 답했고, 갑질을 한 사람으로 '직속상사'가 가장 많았다. 갑질의 유형 중 '반말 등 거만한 태도', '시도 때도 없이 업무 요청'이 가장 빈번한 유형으로 나타났다. '욕설 등 인격모독', '업무실적 뺏기' 등도 지적되었다.[17]

조사내용을 보면 상사 갑질은 언어폭력의 수준이다.[18] 최악의 직장상사 갑질 유형으로 지적된 것은, '묻는 말에는 묻지도 말고 따지지도 말고 시키는 대로 하라고 윽박지르기'와 '나이 차이, 직급 차이 다 무시하고 무조건 반말로 지껄이기'가 각각 비슷한 비율로 절반을 차지했다. 그 밖에 '정해진 업무 외에 개인적인 일까지 다 시키기', '금요일 오후에 대뜸 전화해서는 월요일 오전까지 자료 달라고 하기', '일은 득달같이 시키면서 비용은 마감 기한 지나서 결제해주기', '무슨 날이나 때만 되면 선물이나 접대 요구하기' 등의 순으로 지적되었다.

선진사회 진입 문턱에 있다고 자찬하는 한국사회의 조직문화는 중진급 사회에도 못 미치는 수준이다. 언어폭력이 물리적 폭력

---

16 '커리어'(www.career.co.kr)가 직장인 448명 대상으로 실시한 조사(2015. 1.27).

17 '사람인'(2016.4.19)이 직장인 865명을 대상으로 설문조사.

18 직장인 매거진 『M25』가 홈페이지 방문자 638명을 대상으로 조사. 『이데일리』 2013년 5월 24일자 「직장 내 뛰은? 최악의 '갑질' 묻지도 따지지도 말고…」.

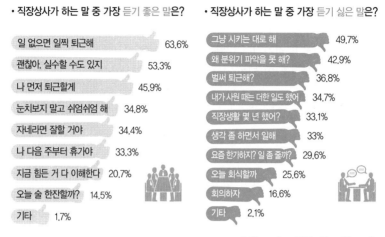

| 직장상사의 듣기 좋은 말, 듣기 싫은 말

• 직장상사가 하는 말 중 가장 듣기 좋은 말은?

일 없으면 일찍 퇴근해	63.6%
괜찮아, 실수할 수도 있지	53.3%
나 먼저 퇴근할게	45.9%
눈치보지 말고 쉬엄쉬엄 해	34.8%
자네라면 잘할 거야	34.4%
나 다음 주부터 휴가야	33.3%
지금 힘든 거 다 이해한다	20.7%
오늘 술 한잔할까?	14.5%
기타	1.7%

• 직장상사가 하는 말 중 가장 듣기 싫은 말은?

그냥 시키는 대로 해	49.7%
왜 분위기 파악을 못 해?	42.9%
벌써 퇴근해?	36.8%
내가 사원 때는 더한 일도 했어	34.7%
직장생활 몇 년 했어?	33.1%
생각 좀 하면서 일해	33%
요즘 한가하지? 일 좀 줄까?	29.6%
오늘 회식할까	25.6%
회의하자	16.6%
기타	2.1%

출처: 고용노동부 워크넷(2013).

못지않은 엄연한 폭력행위임을 모르는 직장인이 많은 것 같다. 윗사람이 무슨 일을 시켜도 어떤 말을 해도 복종하는 상명하복은 권위주의 시대의 것이다. 지금은 권위주의적 리더십이 통하는 그런 시대가 아니다. 언어폭력은 극도의 커뮤니케이션 갈등을 유발한다. 상사와의 갈등은 업무성과를 낮추고 조직 충성도에도 부정적인 영향을 미친다. 좋은 상사와 나쁜 상사는 커뮤니케이션 스타일에서 구분된다. 우리나라 직장인 대상 조사에 따르면 아랫사람이 직장상사에게 듣기 좋은 말은 주로 배려와 따뜻함이 느껴지는 내용의 말이고, 듣기 싫은 말은 비난과 핀잔의 말이다.[19]

좋은 상사는 존중과 배려의 커뮤니케이션을 하는 사람, 나쁜

---

19 고용노동부 취업포털 워크넷이 2013년 직장인 2,242명을 대상 조사결과. 『뉴스한국』 2013년 8월 8일자 「직장인, 상사에게 듣기 좋은 말 1위, "일찍 퇴근해"」.

최악의 직장상사

- 책임을 떠넘기거나 발뺌하는 '오리발형'
- 감정적으로 일 처리, 감정변화 심한 '감정기복형'
- 야근 등 희생강요하는 '열정페이강요형'
- 약자에게 폭언, 성희롱, 갑질하는 '개저씨형'
- 훈계하고 자기기준 강요하는 '꼰대형'
- 업무 기준과 지시사항이 자꾸 바뀌는 '메멘토형'
- 챙겨주기만 바라는 '핑거프린스/프린세스형'
- 후배 공을 가로채는 '월급루팡형'
- 실현불가한 목표나 성과 강요하는 '워커홀릭형'
- 일 못하면서 쓸데없이 부지런한 '멍부형'
- 수시로 메시지 보내는 '메신저감옥형'

이상적인 직장상사의 조건

- 일과 개인생활의 균형 존중
- 칭찬과 격려
- 경청하는 태도
- 공사 구분 명확
- 커뮤니케이션 스킬 우수
- 공평함
- 긍정적인 마인드
- 일에 대한 열정과 자부심

출처: '사람인'(2016.8.23) 재구성.

유형	대처법
선지자형	의욕을 불태우는 또라이다. 힘껏 고개를 끄덕여라.
출세지향형	출세에 눈이 멀었다. 의리는 기대하지 말아라.
관료형	변화를 극도로 싫어한다. 모든 업무를 문서화하라.
가제트형	기술을 중시한다. 전문가가 돼라.
고리타분형	존경받길 원한다. 멘토가 되어달라고 하라.
하룻강아지형	자신감이 부족하다. 뜨거운 반응을 보여 기를 세워줘라.
사회자형	합의식 의사결정을 좋아한다. 그리고 가끔 폭발한다.
독재자형	결정이 빠르다. 그리고 대형사고를 친다.
세일즈형	영업을 좋아한다. 영업 성격의 업무에 끌어들이자.
망나니형	구조조정과 함께 찾아온다. 당장 회사를 뜨고 살길 찾자.
개밥의 도토리형	늘 도움을 바란다. 부하직원에게 짐이 될 수 있다.
영웅형	희귀하다. 곁에 있는 동안 만끽하라.

출처: 제프리 제임스/문수민 역(2014) 재구성.

상사는 무책임과 폭언을 일삼는 사람이다. 우리나라 직장인 대상
조사에서 나타난 최악의 직장상사는 책임을 떠넘기거나 발뺌을
하는 오리발형이다. 감정적으로 일을 처리하는 감정기복형, 희생
을 강요하는 형도 나쁜 상사 상위권에 들어 있다.[20]

상사와의 갈등은 상하관계에서 발생하는 것이기 때문에 대체
로 부하직원들은 일단 참고 넘어가려고 한다. 수직적인 조직문화

---

20 '사람인'이 직장인 2,356명을 대상으로 조사(2016.8.23).

에서 상사에 대한 불만을 표시하기는 쉽지 않다. 앞서 상사 유형과 유형별 대처법을 제시했다.[21]

06 동료 간 갈등도 한몫한다

직장 내 인간관계갈등은 동료와의 갈등도 한몫을 한다. 서로 의지가 되는 동료가 있을 때 직장생활의 어려움을 덜 수 있다. 동료와 생각과 감정을 공유하며 서로 의지하는 친구와 같은 관계를 형성할 수 있다면 그보다 좋은 일이 없을 것이다. 특히 입사동기는 동일한 경험을 공유하면서 끈끈한 유대감으로 조직에서 같이 성장하는 관계로 발전하기 쉽다. 그러나 상사와의 갈등만큼 동료 간 갈등도 자주 발생한다.

우리나라 직장인 대상 조사에 따르면 직장인의 88% 이상이 직장 내 싫어하는 동료가 있다고 답했다.[22] 10명 중 9명은 직장에서 싫어하는 동료가 있다는 것이다. 싫어하는 동료 유형 1위는 '업무를 미루거나 책임을 전가하는 형', '능력보다는 상사에게 아부하며 온갖 이익을 다 챙기는 유형', '입만 열면 회사나 남의 험담을 하는 유형', '편 가르기 좋아하는 정치적인 유형', '매번 아프다며 제대로 일 안 하고 건강관리 못하는 유형', '쉽게 결정을 못내리는

---

21 제프리 제임스/문수민 역(2014), 『왜 회사는 이상한 사람이 승진할까? 험난한 비즈니스 세계에서 걸림돌을 비켜가는 48가지 비법』, 비즈니스북스.

22 '벼룩시장 구인구직'(2016.8.24).

성격 유형	특징	동료들의 불만	갈등해결 포인트
주도형	추진력 강하고, 새로운 도전을 즐기는 스타일	독단적으로 행동하고 앞뒤 계산없이 일을 벌인다.	• 각을 세우기 전에 일단 들어보자. • 일의 우선순위를 정하자.
사교형	웬만한 관계 형성, 소통에 능한 스타일	마치 스스로를 연예인으로 생각하고 언변에만 강하다.	• 칭찬과 관심에 보다 초점을 맞추자. • 세부적인 상황을 정리해 주는 조력이 필요하다.
안정형	무던하고 우직하며, 안정을 중시하는 스타일	무임승차하려 하거나, 지나치게 수동적이다.	• 일을 구분하고 방향을 정해주자. • 집단 지성에 참여하게 만들자.
신중형	세밀하고 완벽을 추구하는 스타일	고집세고, 자존심이 너무 강하다.	• 큰 그림을 놓치지 않게 조언이 필요하다. • 우회적으로 표현하자.

출처: 조범상(2011.7.20), 『LG Business Insight』.

우유부단형' 순으로 나타났다.

　동료와의 갈등을 줄이는 방법으로 동료의 성격을 파악하여 대처하는 방안을 제시한 것도 있다. 직장인을 4가지 성격 유형으로 구분하여 그에 맞게 대처하는 방법이다. 앞장서기 좋아하는 주도형, 분위기 메이커인 사교형, 가늘고 길게 직장생활을 하고자 하는 안정추구형, 원칙주의자인 주도면밀형으로 나누었다. 각각의 유형은 장단점이 있다.[23] 구체적으로 보자.

　주도형은 앞장서기를 좋아하는 저돌적인 타입이다. 일을 계획하고 뚝심 있게 추진하고 나서서 결정을 독촉한다. 불도저라는 별

---

23 조범상(2011.7.20), 「동료의 성격 알면 갈등도 준다」, 『LG Business Insight』.

칭이 붙기도 한다. 최고경영자(CEO) 중 주도형이 많다. 하지만 거침없는 말투나 독단적 행동으로 종종 동료의 불만을 산다. 에너지가 넘쳐서 공격적인 형태로 나타나기도 한다. 리더는 주도형의 적극적인 모습에 좋은 점수를 주지만 동료들에게는 밉상이 되기도 한다. 주도형 동료를 대할 때는 2보 전진을 위한 1보 후퇴 전략을 사용하는 것이 좋다. 우선 충분히 경청하는 모습을 보여준 후 조목조목 자신의 생각을 이야기하는 방식이다.

분위기 주도하는 인간미 있는 사교형은 소통능력이 뛰어나다. 낯선 사람과도 쉽게 어울릴 수 있다. 조직 내 갈등을 중재하는 역할을 자처하고 뛰어난 언변으로 조직의 분위기를 부드럽게 만든다. 팀의 분위기 메이커로 회식 자리를 주도하여 '연예인'이라고 불린다. 동료들에게 인기 있는 유형이지만 일 중심적이고 내성적인 타입의 동료에게 이들은 생각 없이 직장 생활하는 철부지로 여겨지기도 한다. 사교형 동료를 대할 때는 장점을 치켜세워주고 많은 사람들 앞에서 칭찬해주는 것이 좋다. 꼼꼼하지 않아서 시간 관리를 해주거나 업무 세부사항을 점검해주는 것도 좋다.

안정추구형은 가늘고 길게 직장생활을 하겠다는 타입이다. 조직에서 자기주장을 강하게 내세우거나 튀지 않으려 하고 대세를 따른다. 가능하면 조직이 원하는 대로, 상사가 시키는 대로 명령에 따라 움직인다. 눈치 보기에 탁월한 역량을 가졌다. 무던함, 우직함으로 주어진 일에는 책임감을 가지고 마지막까지 최선을 다한다. 한 우물만 파는 유형이어서 한 분야의 전문가로 평가받기도 한다. 하지만 적극성이 부족해 무임승차하는 경향이 있어 눈총을 받는다. 안정추구형 동료 대처방법은 여러 사람들이 참여해 창의성을 발휘할 수 있는 집단지성에 참여하도록 하는 것이 좋다. 조금만 이끌어주면 자기 몫을 할 수 있는 타입이다.

주도면밀형은 신중하고 꼼꼼하고 원칙을 중시하는 완벽주의자에 가깝다. 냉철하고 한번 결정한 것은 고집스럽게 밀고 간다. 그러나 개인이 맡은 업무는 잘 수행하지만 팀 전체의 업무를 이해하고 큰 윤곽을 그리는 통합적 접근능력은 떨어진다. 직급이 올라갈수록 관리자의 역할수행에 취약할 수 있다. 동료로부터 지적당하는 것을 매우 싫어하기 때문에 실수를 발견해서 알려줄 때 세심한 접근이 필요하다. 다른 사람이 없을 때 직접적이 아닌 우회적 방법으로 표현하는 것이 좋다.

짜증 나는 직장동료 유형을 10가지로 구분하여 대처법을 제시한 외국의 사례가 있다.[24] 결정을 못 내리는 형, 경쟁심이 강한 형, 남들의 주목을 바라는 형, 권위에 도전하는 형, 핵심 없는 말만 많은 형, 일을 훼방하는 형, 아첨형, 에너지를 빼앗는 형, 잘한 공을 자기에게 돌리는 형, 실천이 약한 허풍형을 대표적 유형으로 꼽았다. 이들은 일을 방해하고 같이 일하기 힘들고 다른 사람들을 짜증하게 난다. 그러나 피할 수 없다면 적극적으로 대처하는 것이 방법이다. 각 유형별로 대처법을 익혀 실천한다면 직장갈등을 줄일 수 있을 것이다.

핵심 없는 말만 많이 하고 듣기 좋은 말만 골라하고 허풍쟁이

---

24 제프리 제임스/문수민 역(2014), 앞의 책.

짜증 나는 동료 유형	대처법
결정을 내리지 못하는 '우유부단형'	압력을 가한다.
경쟁심만 강한 '정복자형'	팀 리더를 맡긴다.
남의 주목을 바라는 '드라마틱형'	무시한다.
윗사람 권위를 깎아내리는 '권위도전형'	피하는 게 상책이다.
핵심 없이 말만 많은 '고장난 레코드형'	다른 할 일을 찾는다.
뒤에서는 방해하는 '무늬만 친구형'	거리를 둔다.
항상 듣기 좋은 말만 골라하는 '아첨꾼형'	부서를 옮기거나 스스로 아첨꾼이 되거나 선택한다.
긍정에너지를 빨아들이는 '흡혈귀형'	긍정에너지를 지킨다.
때를 노려 아이디어를 훔치는 '기생충형'	누가 한 건지 문서로 기록한다.
허풍치고 실천에 약한 '천재형'	구체적인 결과물 나올 때까지 물고 늘어진다.

출처: 제프리 제임스/문수민 역(2014) 재구성.

화법을 구사하는 것은 커뮤니케이션 능력이 없는 것이다. 갈등을 부추기고 갈등을 해결하지 못한다. 직장에서 갈등을 유발하는 부정적 커뮤니케이션을 피해야 한다. 실제로 직장에서 말투 때문에 갈등이 빚어지는 사례가 많다. 다음의 표는 국립국어원이 제시한 갈등 을 만들지 않는 직장 말투이다.[25]

---

25 전은주 외(2015), 『분야별 화법 분석 및 향상 방안 연구: 직장 내 대화법』, 국립국어원.

업무지시	• 구체적인 행동을 담은 명확한 지침을 제공하기 • 고압적인 말투보다 상대를 존중하는 말투 사용하기 • 부하 직원에게 동기를 부여하여 자발적으로 일하고 싶은 마음이 들도록 말하기
회의상황	• 자유롭고 개방적인 분위기 조성하기 • 상하관계를 불문하고 서로 의견을 적극적으로 경청하기 • 자신의 생각과 반대되는 의견도 합리적이고 타당하면 적극 수용하기
업무수행 과정	• 관찰된 행동에 대해 정확하고 구체적으로 조언하기 • 상대방이 조언을 받아들일 수 있을 만한 마음의 여유, 시간, 장소 고려하기 • 원하는 것을 명확하고 구체적으로 업무협조 요청하기 • 요청을 거절하고 싶을 때 거부의사를 확실하게 밝히기
업무보고	• 간결하고 명료하게 표현하여 보고하기 • 결과부터 보고하고 수시로 경과 보고하기 • 상사와 의견이 대립할 경우 예의 갖추어 대화하기
감정조절	• 순간적인 감정표출 전 자기점검 전략 • '나에게 물어보는 여섯 가지 질문' 사용하기 • 공격적인 말 대신 '비폭력 대화의 4단계' 적용하기
남녀 간 의사소통	• 남성 혹은 여성 중심 사고방식에 따른 표현의 문제점 수정하기 • 상대방 오해 없이 업무효율성을 높이는 표현전략 사용하기
언어예절	• 인사에 대한 다양한 입장과 문제점 명료화하기 • 직장에서 적절한 호칭과 전화예절에 대하여 토의하기 • 사무실, 복도, 엘리베이터 안 등 직장 내 공간에서의 언어예절 탐구하기

출처: 전은주 외(2015), 국립국어원.

제6장
공공갈등

01 좋은 것은 우리 갖고 나쁜 것은 남 주자

좋은 것은 가까이에 두고 나쁜 것은 멀리하고 싶은 것이 인간의 본성이다. 그래서 공공갈등이 생긴다. 위험시설은 내가 살고 있는 지역에는 들어오면 안 되고, 땅값 오르고 지역 발전에 기여할 수 있는 시설은 경쟁적으로 유치하려 한다. 지역이기주의로 첨예한 갈등상황이 전개되기 십상이다. 이러한 현상을 님비(NIMBY: Not In My Back Yard)와 핌피(PIMFY: Please In My Front Yard)라고 부른다. '내 뒷마당에는 절대 안 돼', '제발 내 앞마당에 해줘'이다.

님비는 산업폐기물 처리시설, 쓰레기처리장, 원자력 관련 시설(발전소, 폐기물처리장), 장례식장, 교도소 등의 위험시설이나 혐오시설이 자신의 주거지역에 들어서는 것을 강력히 반대하는 현상을 가리키는 용어이다.[1] 님비현상은 대표적인 공공갈등의 유형이고 공공갈등 연구사례로도 다수를 차지한다. 예를 들어, 부안 방사성 폐기물 처리장 유치 등이 있다. 위험시설이 들어서는 것을 반대하다 보니 격렬한 시위와 저항, 공권력에 의한 제압, 법적인 투쟁 등이 함께 일어나는 일이 빈번하다. 제주 해군기지 건설과 관련하여서는 현재도 해군이 지역주민들에게 공사 지연에 따른 손해배상인 구상권 청구 소송을 진행하고 있다.

2016년 가장 큰 이슈인 '사드(THAAD: Terminal High Altitude Area Defense) 배치' 논란도 님비현상이다. 사드는 고고도 미사일 방어체계로, 정부가 2016년 7월 사드를 경상북도 성주군 성산포대에 설치한다고 전격 발표하였다. 북한의 미사일 발사로 인해 기존의 미사일 방어 체계로는 대응이 어렵다는 주장이 일면서 사드 배치 가능성이 제기되었고, 기존에 거론된 지역이 아닌 성주가 사드 배치 지역으로 발표되자 성주 지역민들이 거세게 반발하는 사건이 발생했다. 주민설득을 위해 성주를 방문한 국무총리가 분노한 시민들에 의해 수모를 겪는 등 갈등이 거셌다. 결국 인구밀집지역이 아닌 제3후보지에 대한 논의가 재개되었다. 새로운 후보지로 골프장이 거론되자 이번에는 골프장에서 김천시와 원불교 성지가 가깝다는 이유로 원불교의 반대운동이 전개되었다. 사드 배치 문제, 사드 배치 지역에 관한 논란은 상당 기간 이어질 대표적 공공갈등 사례이다.

---

1 매경시사용어사전.

구분	경기도 평택시	대구 광역시	전라북도 군산시	강원도 원주시
한반도 사드배치 찬성	70.2%	74.0%	50.0%	71.3%
거주지역 사드배치 찬성	49.9%	48.9%	25.1%	44.8%

출처: 『미디어오늘』 2016년 2월 18일자 「"사드 배치 찬성", 당신 동네에 한다면? 물었더니…」 재구성.

초기 사드 배치에 대한 논의가 시작되면서 후보지역으로 대구, 평택, 군산, 원주 등이 거론되자 이 지역주민들을 대상으로 여론조사가 실시되었다. 사드 배치의 필요성과 거주지역에 사드가 배치되는 것에 대한 의견을 조사했다.[2] 조사결과에서 전형적인 님비현상을 볼 수 있다. 군산을 제외한 나머지 세 지역의 경우, 사드 배치의 필요성에 70% 이상이 지지했으나 자기 지역에 사드를 배치하는 안에 대해서는 찬성한다는 의견이 모두 50% 미만으로 나타났다. 사드 배치라는 국가적 사안에는 찬성한다, 하지만 내 지역 아닌 다른 지역에 설치하라는 의견이 절반 이상 차지했다. 네 지역 모두 전자파 피해를 가장 우려하고 있었다.

님비와 달리 핌피는 자신의 지역에 이익이 되는 시설을 가져오려는 것을 말한다. 핌피현상은 혐오시설을 피하려는 님비와는 반대이지만, 지역이기주의라는 점에서 공통점이 있다. 지방자치시

---

2 2016년 2월 『미디어오늘』과 여론조사기관 ㈜에스티아이가 공동으로 평택, 대구, 군산, 원주 거주 19세 이상 성인(평택, 군산, 원주 각 500명/대구 800명) 2,300명을 대상으로 한 설문조사.

대가 열리면서 새롭게 등장한 공공갈등의 유형이다.[3] 세종시 건설 논쟁, 지역 간 고속철도 노선 경쟁, 국제과학비즈니스 벨트 거점 도시 유치, 동남권 신공항 건설 유치 등이 대표적이다.

동남권 신공항 유치를 둘러싼 갈등은 2007년도부터 시작되어 핌피현상으로 부각된 지역갈등이다. 이명박 대통령의 대선공약이 었으나 부산과 대구/경북/울산 지역의 갈등이 심화되자 2011년 대통령의 대국민사과와 함께 사업이 중단되었다. 정권이 바뀌고 저비용항공사(LCC)의 빠른 성장으로 김해공항의 이용객 수요가 예상을 넘어 증가하자 조만간 활주로가 부족해질 것이라는 문제 가 제기되면서 결국 국토부가 신공항 건설을 재검토한다. 2015년 중반 파리공항공단엔지니어링(ADPi)이 신공항 사전 타당성 검토 용역을 맡아 입지 선정심사를 하는 가운데 후보지로 밀양을 지지 하는 대구·경북·울산과 가덕도를 지지하는 부산의 갈등이 시작 된다. 정치권으로 확산된 과도한 유치경쟁으로 갈등은 수위를 넘 어선다. 결국에는 김해공항을 확장하는 안으로 결정되었고, 동남 권 신공항 건설은 백지화되었다.[4] 신공항을 유치하려고 치열하게 갈등한 두 지역은 실익 없이 상처와 후유증만 남긴 셈이다.

신공항 유치에 두 지역의 지역민, 정치인들이 적극 공세를 펼 친 가장 큰 이유는 경제적인 이익 때문이다. 막대한 예산이 투입 되는 공항건설 사업을 유치하면 건설 관련 산업의 활성화, 고용창

---

3 매경시사용어사전.

4 『연합뉴스』 2016년 6월 21일자 「밀양·가덕 아닌 '김해신공항'… 2026년 확장
   개항」.

1992~2002년		부산 도시기본계획에 김해공항 대안으로 신공항 필요성 제기
2005년		영남권 지방자치단체, 정부의 신공항 건설 건의
2006년	11월	'제3차 공항개발중장기 종합계획'에 신공항 필요성 반영
	12월 27일	노무현 대통령, 부산롯데호텔에서 열린 부산 북항 재개발 종합계획 보고회 간담회에서 신공항 공식검토 지시
2007년	3월	국토연구원, 신공항 건설여건 검토용역 착수
	7월 5일	이명박 전 서울시장. 대구 기자간담회에서 신공항 공약 제시
	11월 15일	건설교통부, '적극 검토 필요' 1단계 용역 결과 발표
2008년	3월	국토연구원, 타당성 및 입지조사 연구 2차 용역 착수
	9월 11일	정부, 영남권 신공항을 30대 국책 선도프로젝트 선정
2009년 12월		신공항 후보지로 경남 밀양과 부산 가덕도 압축. 두 곳 모두 경제적 타당성 점수가 1을 넘지 못했으나 계속 검토 결정
2010년	3월	입지평가 추진방안 마련
	3월 24~29일	입지평가위원회, 평가단 후보지 현장 답사·지자체 의견 수렴
	3월 30일	후보지 2곳 모두 부적합 판정받아 신공항 건설 백지화
2012년 8월		박근혜 대통령 후보가 신공항 건설 공약
2013년 8월		영남권 항공수요 재조사 착수
2014년 8월 25일		국토교통부, 영남권 항공수요 조사 연구 결과 발표. 항공수요 증가, 김해공항의 포화 등이 예상됨에 따라 사전타당성 조사 실시 결정
2015년	1월 19일	영남권 시도지사협의회 때 신공항 유치 경쟁 않기로 합의
	8월	국토부, ADPi에 신공항 사전타당성 연구용역 의뢰
	8월 7일	5개 시도 자료 국토부와 용역기관에 제출
2016년	2월 12일	신공항 사전타당성 검토 중간보고회
	6월 21일	정부, 신공항 건설 백지화

출, 관광객 유치 등 지역 경제발전에 긍정적 효과가 크다. 정치적인 이점도 있다. 지역민을 결속시켜 내부 지지를 이끌어낼 수 있는 좋은 기회이기 때문이다.[5] 2011년 당시 두 지역 모두 환경문제와 건설비용으로 인해 공항부지로 부적절하다는 판정을 받았음에도 불구하고 다시 유치경쟁에 나서고 극한 갈등을 빚었다. 전형적인 핌피현상 사례이다.

02 환경갈등, 개발이냐 보전이냐

님비와 핌피 같은 입지선정 갈등과 다른 유형이 있다. 환경오염을 유발할 수 있는 다양한 국책사업을 둘러싼 환경갈등이다. 환경갈등은 환경오염과 환경파괴로 인한 피해에 사후적 구제와 보상을 하는 차원의 것이었다. 그러나 근래에는 지구온난화, 지방화, 민주화 흐름 속에서 '자연개발과 이용에 대한 계획, 정책, 사업들의 결정 및 집행과정'으로 변화하고 있다.[6]

환경갈등은 다음과 같은 특징에서 여타 갈등과 차이가 있다.[7] 갈등의 주 요인인 환경악화의 피해가 광역적이고 지속적이고, 그

---

5 이진수 외(2015), 「갈등의 공간적 구성: 동남권 신공항을 둘러싼 스케일의 정치」, 『한국지역지리학회지』, 21권 3호, pp. 474~488.

6 김도희(2014), 「제3자 조정을 통한 갈등해결의 정책적 함의: 환경갈등사례를 중심으로」, 『지방정부연구』, 17권 2호, pp. 1~23.

7 김종호·이창훈·신창현(2004), 『환경분야 갈등 유형 및 해결방안 연구』, 한국환경정책 평가연구원.

국책사업	갈등지속 기간	갈등원인 (쟁점)	갈등구조 (참여주체)
4대강 살리기	2007.12~ 2011.4 (3년 5개월)	• 사업의 타당성 • 절차적 정당성 • 자연생태계 파괴	• 정치권(여/야) • 중앙－지방(국토해양부/경 남·충남) • 민－관(정부/환경·종교단체) • 민－민(지역사회단체/환경 단체)
한탄강댐 건설	2001.6~ 2009.5 (8년)	• 사업의 타당성 • 자연생태계 파괴	• 중앙－지방(건교부·환경부/철 원·연천·포천군) • 민－관(정부/공동대책위)
경부고속 철도 (천성산구간)	2001.11~ 2006.6 (4년 8개월)	• 사업의 타당성 • 자연생태계 파괴	• 중앙－지방(건교부/환경부) • 민－관(건교부·고속도로건설 공단/환경·종교단체
서울외곽 순환도로 (사패산터널)	2001.11~ 2003.12 (2년 2개월)	• 자연생태계파괴 • 사찰수행권 침해	• 민－관(건교부·도로공사·환 경부·문광부/종교단체·환경 단체)
시화호 개발	1993.1~ 2007.8 (14년 8개월)	• 사업의 타당성 • 생태계 파괴/수 질오염	• 민－관(건교부·해수부·경기 도/지역환경단체)
새만금 간척사업	1998.1~ 2006.3 (8년 3개월)	• 사업의 타당성 • 자연생태계 파괴	• 민－관(농림부·환경부/환경 단체) • 민－민(도민총연대/생명평화 연대)
경인운하 건설	1996.1~ 2011.9 (15년 9개월)	• 사업의 타당성 • 생태계 파괴/수 질오염	• 중앙－중앙(건교부/환경부) • 민－관(건교부·수자원공사/환 경단체)
영월 동강댐	1997.9~ 2000.6 (2년 10개월)	• 사업의 타당성 • 자연생태계 파괴 • 댐의 타당성	• 중앙－중앙(건교부/환경부) • 민－관(정부/지역주민·환경 단체)

출처: 정정화(2011), 『한국사회와 행정연구』, 22권 3호.

결과로 다양한 직간접 피해자들이 다수 발생하게 된다. 또한 환경갈등은 개발로 인해 발생한 환경오염이 공공재적 성격을 갖고 있기 때문에 비용과 편익의 부담주체가 다르고 불특정 다수의 이해관계자들이 포함된다. 명확한 재산권을 정의하기 어려운 점도 문제다. 환경갈등은 환경문제의 파급효과가 광범위하고, 기술적으로 복잡하고, 미래를 예측하기 어려운 불확실성에 의해 발생한다. 또한 주로 개발과 보전이라는 가치 충돌에 의해 발생하여 가치갈등의 측면이 강하다는 점도 타 갈등 유형과 다른 특징이다.

한국사회의 환경갈등은 1990~2014년 기간에 매년 0.24건씩 증가했다는 분석자료가 있다.[8] 특히 민관갈등의 성격이 강하고, 행정집행에 의해 종료되는 비율이 높고, 시민단체의 참여비율이 다른 공공갈등보다 높다. 오랜 시간 지속되는 특징도 있다.

앞에서 대표적인 환경갈등의 사례와 특징을 제시했다.[9]

03 전기료 누진제, 소송으로 갔다

위험시설이나 지역발전 기여시설과 같은 대규모의 국책사업이나 공공시설 건설 관련 환경갈등 이외에도 연말정산이나 담뱃값

---

8 임재형(2016), 「한국사회 환경갈등의 발생원인과 특징에 관한 연구」, 『분쟁해결연구』, 14권 2호, pp. 109~136. 1990년부터 2014년 사이에 발생한 921개의 공공갈등 사례분석.

9 정정화(2011), 「한국사회의 갈등구조와 공공갈등: 국책사업 갈등사례를 중심으로」, 『한국사회와 행정연구』, 22권 3호, pp. 1~27.

인상 등 조세 관련 공공갈등이 있다. 2016년에는 새로운 공공갈등이 등장했다. 전기요금 누진제가 공공갈등을 불러일으켰다. 그간 전기요금제에 대한 논란은 매년 전력사용이 증가하는 여름이 되면 생겼다 날씨가 선선해지면서 다시 잠잠해지기를 반복했다. 그러나 예년과 달리 2016년 여름은 전 가구가 기록적 폭염에 시달렸다. 폭염으로 주택용 에어컨 사용이 급증하면서 전기요금 누진제에 따른 요금 폭탄이 현실화되자 폭염만큼 뜨겁게 전기요금 누진제가 우리 사회의 공공이슈로 부각되었다.

우리나라 주택용 전기요금제도는 1974년 처음으로 도입되었고 2004년에 개정된 6단계 누진제가 2016년까지 적용되었다.[10] 이때, 1구간과 6구간의 요금 누진비율은 11.7배에 이르렀다. OECD국가와 비교해보면 한국만 유독 높았다. 미국은 1.6배, 일본과 캐나다 1.5배, 프랑스와 독일은 아예 없다. 이 때문에 징벌적 요금체계라는 비판을 받으며 언론에서 집중적으로 문제점이 제기되었다. 가정용 전기요금이 산업용에 비해 지나치게 비싸다, 한국전력의 영업이익이 과도하다, 전 직원이 외유성 출장을 갔다는 등의 보도가 이어지면서 전기요금에 대한 국민의 불만이 증가하였다.

전기요금 인하에 강경한 입장을 고수하던 정부는 여론을 의식하여 한시적 할인으로 선회했지만 폭염이 가장 심했던 8월 전기요금 고지서가 발송되면서 '전기요금 폭탄'이 현실화되자 여론은 다시 악화되었다. 300만 가구의 전기료가 2배 급등하고, 24만 가구

---

10 임소영(2013.3), 「주택용 전기요금의 현황과 개편 방향」, 『재정포럼』, pp. 8~26.

는 5배 이상 폭등하여 누진 구간 완화 효과는 미미한 것으로 나타났다.[11]

정부는 TF를 구성하여 전기요금 체계 전반에 대해 대책을 마련하겠다고 밝혔고, 그러다가 다시 주무부서 차관이 누진제 개편 시 신산업 제약요인이 있고 신산업 투자가 위축될 수 있다고 우려를 표시했다. 전력요금에 문제를 제기한 시민단체와 개인들은 전력요금 소송에 들어갔다. 전기료 소송은 2014년 8월 시작되어 2016년 9월 기준 소송 참여자는 서울을 비롯한 전국 각지에서 8,500여 명이고 총 10건이 진행중이다. 부당이득 반환 청구 소송 첫 판결 결과(10.7), 원고 패소 판결이 나왔다.

이후 다른 소송에서 2017년 6월 1심에서 소송인들이 첫 승소하기도 했지만, 2019년 9월 2심에서는 누진제를 무효로 볼 수 없다는 원고 패소 판결이 나왔다.

이처럼 소송에서는 누진제가 법적으로 문제없음으로 나왔지만, 산업부와 한전은 누진제 개편을 위해 2018년 말 소비자 단체, 학계, 국책 연구기관 등 민간 전문가로 구성된 누진제 민관TF를 구성하여 개편방안을 마련했고, 이 권고안을 한전 이사회가 그대로 승인하여, 2019년 7월부터 개편된 누진제가 적용되었다. 개편을 통해 냉방 수요가 많아지는 7~8월에 한해 누진구간이 확대되었다. 구체적으로 누진 1단계 구간을 기존 0~200kwh에서 0~300kwh(100kwh 추가)로, 누진 2단계 구간을 기존 201~400kwh에

---

11 『경향신문』 2016년 9월 20일자 「5만 원 내던 집이 43만 원 '현실된 전기료 폭탄'」.

| 전기요금 '누진제 개편안'

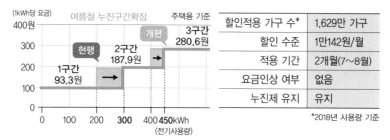

할인적용 가구 수*	1,629만 가구
할인 수준	1만142원/월
적용 기간	2개월(7~8월)
요금인상 여부	없음
누진제 유지	유지

*2018년 사용량 기준

출처: 『연합뉴스』2019년 7월 1일자 「누진제 개편 시행… 여름철 가구당 16~18% 전기요금 부담 던다」.

서 301~450kwh(50kwh 추가)로 조정했다. 전기요금 인하로 인한 적자 부담 등 논란에 대비하여 향후 추가적으로 누진제 개편에 대해 논의하기로 했다.

전기요금 관련 갈등, 조세 관련 갈등은 앞으로 더 증가할 것으로 예상된다. 불합리한 조세 정책이나 제도에 대한 국민의 관심이 증가하고 있다. 우리 사회가 과거와 달리 시민들이 정부의 정책을 그대로 받아들이지 않고 제도 개선을 위해 목소리를 내는 사회로 바뀌고 있기 때문이다.

04 공공갈등이 미디어로 확산되다

공공갈등은 상호 연관된 둘 이상의 이해집단들, 예컨대 정부와 지역주민, 정부와 시민단체 간에 공공정책 관련 쟁점을 둘러싸고 가치, 이해관계, 목표 등에서 서로 평행선을 가는 양립불가능한 상태일 때 발생한다. 「공공기관의 갈등 예방과 해결에 관한 규정」[12]의 제2조에서는 갈등을 "공공정책(법령의 제정·개정, 각종 사업계획의 수립·추진을 포함한다. 이하 같다)을 수립하거나 추진하는 과정에서 발생하는 이해관계의 충돌"이라고 정의하고 있다. 공공갈등은 기본적으로 정부 기관이 추진하는 각종 공공정책이 관련되어 발생하는 갈등 현상이다.

공공갈등은 다른 유형의 갈등과 여러 면에서 차이가 있다. 우선 이해당사자의 범위를 정하기 어렵다는 게 특징이다. 직접적인 이해관계 집단뿐만 아니라 간접적인 이해관계에 있는 집단까지 다양한 집단이 관여한다. 때로는 전 국민이 당사자가 되는 경우도 발생한다. 전기요금 누진제의 경우 대다수 국민이 관련된다. 국경을 넘어 외국에까지 이해당사자가 있을 수 있다. 사드 배치 문제는 중국과 미국도 이해당사자이다. 또한 갈등의 원인이 복합적이라는 점도 특성이다. 공공갈등은 이해관계, 가치관, 구조적인 요소 등 다양한 요소가 복합적으로 관여하여 발생하는 경우가 많다. 그래서 해결이 어렵다. 공공시설 입지에 관한 갈등은 지역민 사이에서도 찬성과 반대가 대립하고, 전문가들의 의견도 개발이 옳다, 보전이 옳다로 갈린다.[13] 여수시는 해상케이블카 설치 찬반으로 오랜 기간을 끌었다. 최근 설치 이후 관광객이 급증해서 지역경제

---

12 대통령령 제26928호(「도시교통정비 촉진법 시행령」) 일부 개정(2016.1.22).

13 은재호·채종헌·임동진(2011), 『공공갈등에 있어서 원원협상 방안에 관한 연구』, 한국행정연구원; 대통령자문 지속가능발전위원회 편(2005), 『공공갈등관리의 이론과 기법』, 논형.

공공시설 유치 찬반대립

여수시가 해상케이블카를 구상한 건 2009년, 해상 80~90미터 높이의 케이블카에서 바라보는 여수와 남해안의 경치가 그만일 것이라는 생각에서였다. 2012년 여수엑스포에 맞춰 개통하면 새로운 명물이 될 것이라는 꿈도 부풀었다. 하지만 순탄치 않았다. 환경단체와 시민단체의 반대가 상당했다. 지역 명물인 오동도를 훼손하면 곤란하다는 반발에 부딪혔다. 케이블카가 수려한 남해안 경관을 오히려 해칠 것이란 반대가 심했다. 보상 문제도 만만치 않았다. 결국 시기를 놓치고 말았다. 시민단체를 설득하고 보상 문제를 매듭지은 뒤에야 착공식을 열 수 있었다. 이때가 2013년 3월 28일. 업무협약을 맺은 지 4년, 여수엑스포가 한참 지난 뒤였다. '버스 떠난 뒤 손 흔드는 꼴'이었다.

그러나 웬걸. 해상케이블카가 입소문을 타면서 관광객이 몰려들기 시작했다. 케이블카가 설치된 돌산공원 방문객은 2013년 68만 3,049명에서 지난해 256만 9,645명으로 늘었다. 지난해 케이블카 이용객은 210만 명을 넘었다. 아시아에서는 홍콩, 싱가포르, 베트남에 이어 네 번째인 해상케이블카의 힘이었다. 빼어난 경관에 해상케이블카라는 부가가치를 얹은 결과였다.

출처: 「한국경제」 2016년 10월 6일자 「여수 118만 명↑ vs 목포 29만 명↓ … 해상케이블카가 가른 관광객 유치」에서 발췌.

활성화에 기여하여 인근 목포시와 대조를 이루고 있다.

과거와 달리 우리나라에서 공공갈등이 사회적인 이슈가 되고 사람들의 관심이 집중되기 시작한 것은 사회의 구조적인 변화, 의식의 변화, 기술의 발전 등의 결과라고 할 수 있다. 권위주의시대에는 공공갈등 사안이 드러나면 주로 공권력에 의해 통제되었다. 당시는 언론도 통제되어 많은 정보가 일반에게 공개되지 않았다. 중앙집권적인 관료체제는 갈등을 누르고 있어 수면 위로 드러나지 않는다.

한국사회는 민주화과정을 거치면서 정부와 사회 전반의 권위주의가 약화되었다. 일반 시민들은 자신의 권리를 주장할 수 있고 부당한 권리침해에 대해 목소리를 내고 법에 의해 보호받을 수 있다는 사실을 경험을 통해 배웠고 의식화할 수 있었다. 지방자치제가 실시되면서 과거처럼 중앙정부의 요구사항을 다 받아들이지 않고 지역의 이익을 위해 맞서는 지역사회의 시민의식도 형성되었다. 특히 참여정부가 들어서면서 시민단체와 비정부조직 등이 정부 정책과정에 적극적인 관심과 참여를 보였다. 많은 관련 정보가 언론을 통해 공개되었다.

최근의 첨단 정보통신기술은 공공갈등에 대한 일반 시민의 관심을 높이는 데 큰 역할을 하고 있다. 웬만한 정보는 삽시간에 퍼져나가, 과거처럼 꽁꽁 숨기고 있다가 지나가는 식의 통제는 더이상 불가능하다. 빠르게 대응하지 않을 경우 오히려 의심만 키워 역풍을 맞는 경우도 많았다. 미디어환경의 변화로 정부의 언론통제가 구조적으로 불가능해졌기 때문이다. 인터넷과 소셜미디어로 조그만 정보도 순식간에 퍼져버린다. 텔레비전 종편채널에서는 갈등사안이 대두되면 며칠을 두고 하루 온종일 그 얘기만 다루면서 공명효과를 낸다. 광우병 파동 때 유모차부대가 결성되어 촛불시위를 하러 거리로 나오게 된 것도 인터넷과 소셜미디어의 힘이었다. 또한 스마트미디어가 삽시간에 대중화되어 전 국민이 손 안에 방송과 통신을 쥐고 산다. 누구나 쉽게 사진이나 동영상, 뉴스 등을 공유할 수 있다. 공공이슈에 대한 관심과 논쟁이 순식간에 이루어진다. 예컨대 2016년 9월 발생한 경주지역 지진 발생은 소셜미디어를 통해 가장 먼저 알려졌다.

05 공공갈등관리의 핵심은 커뮤니케이션

공공갈등 해결의 열쇠는 갈등당사자 간의 커뮤니케이션에 있다. 갈등에 관련된 개인이나 집단은 서로 추구하는 이익과 가치가 다르기 때문에 쉽게 감정적으로 대응하고 다툼으로 발전하여 문제를 더 복잡하게 만드는 경우가 많다. 기본적으로 다른 유형의 갈등과 비슷하더라도 커뮤니케이션 참여자가 개인이 아닌 집단의 대표이고 다양한 이해관계자가 개입하는 등 공공갈등 상황에서는 차이가 있다. 때문에 갈등관리에서 영향을 미치는 요인도 다른 갈등유형의 경우와 다르다.

갈등관리 과정에는 다양한 요인이 작용한다. 요구하는 보상수준과 제시한 보상수준이 크게 차이날 때, 집단대표자의 대표성이 문제될 때, 정부의 진정성이나 태도, 주민에 대한 이해 등이 부족할 때 갈등이 커질 수 있다. 갈등상황에 감정적으로 대응하면 이성

---

14 김희은 · 박태순(2005), 「공공갈등과 의사소통」, 대통령자문 지속가능발전위원회 편, 『공공갈등관리의 이론과 기법 下』, pp. 6~171에서 요약.

공공갈등 커뮤니케이션 특징

- 개인갈등과 달리 공공갈등은 집단의 대표자가 참여하여 소속 집단의 입장과 이해를 반영하여 커뮤니케이션한다. 그러나 대표 개인과 집단의 의견이 항상 일치하지 않는다. 의견이 다른 경우 갈등해결의 방해요인으로 작용할 수 있다.
- 공공갈등은 공식적인 기구를 만들어 논의하는 경우가 많다. 이 해당사자들 간에 사전에 규칙을 정하여 커뮤니케이션한다.
- 공공갈등에는 다양한 이해관계자가 존재한다. 이해관계에 따라 커뮤니케이션 방식과 수단이 달라진다. 입장 차이가 작을 경우에는 비공개 커뮤니케이션이 선호되고 입장 차이가 클 경우 공개 방식을 택한다.
- 공공갈등은 집단적인 이해갈등을 수반하는 경우가 많다. 자신들의 주장을 관철시키기 위해 집회나 시위 같은 집단적인 의사표현을 한다.
- 공공갈등은 실익보다는 집단적 명분에 집착하는 경우가 많다. 합의 형성에 상당한 기간이 소요될 수 있다.

출처: 김희은 · 박태순(2005), 『공공갈등과 의사소통』.

적이고 합리적인 협의와 조정이 어려워진다. 아울러 지역문제에 외부세력이 개입하거나 가세하여 이념화, 정치쟁점화되면 갈등은 필요 이상으로 커져서 해결이 아닌 악화의 방향으로 가기 쉽다.[15]

공공갈등을 해결하는 방식은 다양하나 크게 네 가지로 구분된

---

15 박정호(2015), 『갈등과정에서의 의사소통의 유형화에 관한 연구』, 한국행정연구원.

다. 당사자 간 문제를 해결하는 방식(회피, 비공식논의, 협상, 조정),
제3자가 문제해결하는 방식(행정결정, 중재), 법적으로 문제해결하
는 방식(사법적 판결, 투표), 초법적 · 강제적으로 문제해결하는 방
식(비폭력 · 폭력 행동)이다.[16] 전통적으로 공공갈등은 법적인 해결
방식이 선호되었다. 사법부의 판결에 의존하는 공식적이고 강제
적인 방식이다. 그러나 법에 의존하는 방법은 현실적인 한계가 있
다. 판결에 걸리는 시간이 길어서 갈등이 장기화될 수 있고 무엇
보다 승자와 패자가 명확하게 나뉘어 근본적인 해결책이 아니라
는 점에서 최선이 아니다.

사법적 판단이 아닌 갈등당사자 간 커뮤니케이션으로 해결책
을 모색하는 것이 대안적 갈등해결방식(ADR: Alternative Dispute
Resolution)이다. 이 방식은 주로 대화를 중시하는 협상(negotiation),
조정(mediation), 중재(arbitration)와 같은 방식을 활용해 문제를 해
결한다. 대안적 갈등해결방식은 갈등당사자 간의 대화와 협의가
기본이기 때문에 결정된 내용에 따르기 쉽고 불만이 발생할 가능
성이 적다는 장점이 있다. 반면 시간과 비용이 많이 들고, 결정된
내용에 구속력이 없다는 점 등의 단점이 있다.[17] 그럼에도 불구하
고 공공갈등관리의 성공요인은 법률적 소송과 같은 전통적인 방
식보다는 주민참여와 협상, 조정, 중재를 강조하는 민주적 · 대체

---

[16] Moore, C.(2003), *The Mediation Process: Practical Strategies for Resolving Conflict*, 3rd edition, Jossey-Bass.

[17] 임동진(2012), 『대안적 갈등해결방식(ADR)제도의 운영실태 및 개선방안 연구』, 한국행정연구원.

> ### 협상 · 조정 · 중재
>
> - 협상: 갈등당사자들이 상호 간 이해 불일치를 해결하기 위해 토론을 하는 것
> - 조정: 중립적인 제3자가 개입, 제3자인 조정자는 공식적인 의사결정권이 없거나 있어도 제한적임
> - 중재: 개입한 제3자가 의사결정권이 있음

적 방법이 더 효과적인 것으로 나타났다.[18]

조정방식을 택할 때는 원칙과 규칙에 기반하여 조정 절차 설계와 운영을 하는 것이 중요하고 보상과 인센티브를 제공할 때는 지역주민의 요구와 소유 가치 등에 대하여 세밀하게 검토하고 보상제도를 마련해야 한다. 충분하고 정확한 정보를 제공하고 교육을 통해 올바른 판단을 하도록 돕는 일도 필요하다. 또한 인간관계를 잘 유지하는 것이 무엇보다 중요하다. 지역에 밀착하여 한국인의 정과 감성 문화에 접근하는 등 갈등당사자들 간 신뢰 구축이 선행되어야 한다. 이 점은 한국적 상황에서 특히 중요하다. 한국적 문화 특징은 많은 장점에도 불구하고 실제 협상 시에는 협상에 방해가 되는 장애요인으로 작용하기 때문이다.[19]

한국인은 감정적 정서가 강하여 문제 발생 시 상대방의 한마디

---

18 김찬석(2011), 「공공갈등 관리의 성공 요인과 커뮤니케이션 메시지 특성」, 『홍보학연구』, 15권 4호, pp. 5~35.

19 김희은 · 박태순(2005), 앞의 책.

▼ 갈등관리 외국사례

프랑스는 2002년 샤를 드골 국제공항에 공항고속철도를 건설하는 계획을 둘러싸고 진통을 겪었다. 지역주민과 환경단체 등의 반발로 사업이 무산될 위기에 몰린 것이다. 대안을 찾아내 사업을 살려낸 것은 프랑스의 갈등관리 전담기구인 '국가공공토론위원회'(CNDP)였다. 1997년 설립돼 2002년 독립기관으로 승격한 CNDP는 원자력발전, 고속도로, 철도, 항만, 공항, 댐 등 대규모 국책사업을 추진하는 과정에서 사회적 합의를 이끌어내기 위한 공공토론 절차를 진행한다.

CNDP는 2003년 1월 갈등 해결을 위한 개입을 결정하고 8월부터 넉 달간 23번의 공공토론회를 열었다. 지역주민과 환경단체, 전문가, 사업 시행자가 모두 참여해 사업의 부작용을 해결하기 위한 다양한 대안을 논의했다.

논의 결과 사업을 백지화하기보다 논란이 된 일부 구간의 기존 철로를 손질해 사용하는 식의 대안을 찾아내 2005년부터 고속철도 사업을 추진하기로 했다. 이렇게 해서 갈등도 풀고 예산도 당초 6억 6,000만 유로(약 8600억 원)에서 2억 유로(약 2600억 원)로 줄일 수 있었다. 네덜란드에서도 국가 도로사업, 토지이용, 주택건설 등과 같은 사업을 결정할 때 국가개발보고서(PKB) 작성을 의무화하고, 이 과정에서 시민들을 참여시키고 있다.

출처: 『동아일보』 2016년 6월 24일자 「佛 독립기구서 갈등조정 주도… 막혔던 공항고속철 길 뚫어」.

말이나 행동 하나 때문에 문제의 본질에서 벗어나 감정만 악화되는 경우가 종종 있다. 협상은 실질적인 내용에 대해 커뮤니케이션

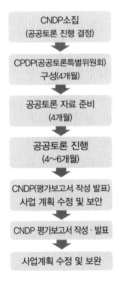

| 프랑스 국가공공토론위원회 (CNDP) 운영 절차

CNDP소집
(공공토론 진행 결정)

CPDP(공공토론특별위원회)
구성(4개월)

공공토론 자료 준비
(4개월)

공공토론 진행
(4~6개월)

CNDP(평가보고서 작성 발표)
사업 계획 수정 및 보안

CNDP 평가보고서 작성 · 발표

사업계획 수정 및 보완

| 세계 주요국 갈등조정제도

	제도	내용
미국	행정분쟁해결법	대안적 분쟁해결(ADR)제도
	협상에 의한 규칙제정법	정부기관이 이해당사자로 참여
	정부기관 간 ADR 실무그룹	ADR 활용한 행정담당
독일	행정절차제도	계획확정절차 규정, 정보 공개
	갈등중재인 제도	제3자 개입에 의한 분쟁 해결
	교통포럼	자치단체 차원 분쟁 해결
프랑스	국가계획위원회	협상에 의한 규칙 제정, 국가 장기정책 수립
	국가공공토론위원회 (CNDP)	정책 초안 마련 뒤 주민 참여
	민의조사	공공사업에 대한 의견 수렴
	계획계약	대형 개발사업 중앙 · 지방 사업비분담협약
	공화국조정치	조정 통한 공공분쟁 해결
네덜란드	간척지모델	당사자 간 협상 통한 해결
	국가개발보고서(PKB)	국가 주요 사업에 시민 참여 필수적 포함

ADR은 법원 외의 공정하고 중립적인 제3의 조정자가 분쟁을 해결하도록 하는 방안

출처:『동아일보』2016년 6월 24일자「佛 독립기구서 갈등조정 주도… 막혔던 공항 고속철 길 뚫어」재구성.

하는 것인데 내용보다 형식에 얽매이는 경우도 많다. 우리의 체면 문화는 협상의 필요성은 인정하면서도 나이, 사회적 관계 등을 중시하여 협상에 나서기를 주저한다. 떼쓰기, 밀어붙이기 문화도 있다. 개인 차원에서는 불합리하고 불가능하다는 것을 알지만 집단의 힘을 빌려서 밀어붙이면 될 수도 있다는 생각으로 집단시위를 한다. 객관적인 기준이나 원칙보다 학연, 지연, 혈연을 중시하는 연줄문화도 한국적 문화의 특징이다. 때문에 비공식적 접촉에 의존하는 등 합리적인 협상문화를 방해하는 요인으로 작용한다. 2016년 대표적 사회 이슈가 된 '김영란법' 시행의 배경에는 이 같은 한국적인 연줄문화로 인해 벌어지는 청탁문화를 없애자는 취지가 담겨 있다.

공공갈등은 피할 수 없고 정부와 국민은 언제든지 갈등당사자가 될 수 있다. 공공갈등관리가 잘되지 않고 폭력적으로 변질하고 장시간을 소요할 때 국가적 낭비가 크다. 결국 손해는 납세자인 국민에게 돌아온다. 국민과 정부는 갈등상황이 발생하면 한국적 문화 특성의 부정적 측면을 최소화할 수 있는 방향에서 협상능력을 지닌 선진화된 갈등당사자로 참여할 수 있어야 한다.

06 코로나19 시기 공공갈등

2020년 1월 중국 후베이성 우한시에서 발생한 신종 코로나 바이러스 사태는 전 세계를 공포에 떨게 하였다. 중국 당국의 초기 대응 실패와 급격한 확산으로 2020년 4월 세계 각국의 사망자는 20만 명을 넘어섰고 한국 내에서도 감염자가 발생하기 시작하면서 감염에 대한 공포 수위가 급상승하였다.

우리나라와 교역도 활발하고 교민과 유학생이 많은 중국 우한시에서 발병했기 때문에 지금까지 겪은 감염질병 사태 때와 다른 양상이 나타났다. 우한시 폐쇄로 교민과 유학생이 고립되자 정부는 이들을 전세기로 국내 이송하여 바이러스 잠복기 동안 국내시설에 격리시킨다는 발표를 했다. 이에 해당 지역 일부 시민들이 트랙터와 농기계를 몰고 나와서 '우한 교민 수용불가' 시위를 하는

코로나 19로 인한 공공갈등 사례

우한 교민들의 수용지가 아산과 진천으로 확정되자 이날 오후 두 시설 인근 주민 수백명이 트랙터 등 농기계를 몰고 나와 도로 진출입로를 막고 거리 농성에 들어갔다. 집회는 밤늦게까지 이어졌고 주민들은 촛불을 들고 나와 "수용 절대 불가"를 외쳤다. 시위에 나선 주민들은 "정부가 지자체, 주민과 사전 협의는커녕 기본적인 안내조차 하지 않고 일방적으로 우한 교민 수용지를 결정해 절대 받아들일 수 없다"라고 외치며 지정 철회를 요구했다. 신종 코로나 유행지를 간신히 벗어나는 교민들을 거부하기는 지자체들도 마찬가지였다. 지방의회와 시민단체들도 잇따라 성명을 내며 '님비'에 힘을 실었다.

출처: 『한국일보』 2020년 1월 30일자 「정부 우왕좌왕 정책이 '코로나 님비' 불렀다」.

등 일종의 님비현상을 보였다. 질병 전파에 대한 두려움과 지역민 고려 없는 정부의 일방적 결정이란 인식에 부정적 여론이 형성된 것이다. 보건복지부 차관이 주민들에게 봉변을 당하자 경찰 인력이 투입되어 주변을 봉쇄하고, 장관과 도지사 등도 주민설득에 나섰다 계란 세례를 받는 등 우한 교민 수용 반대 시위가 격화되는 양상을 보였다.[20]

상황은 곧 반전되어 SNS를 중심으로 우한 주민을 받아들이자는

---

20 『중도일보』 2020년 1월 31일자 「격리시설' 아산 · 진천 주민반발 지속… 진영장관 달걀 세례도」.

▎우한 교민 환영 사례

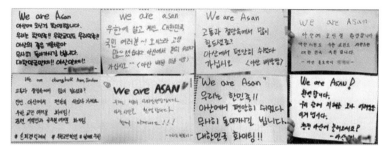

출처: 『한국일보』 2020년 1월 31일자 「'우리가 아산이다.' 우한 교민 환영 캠페인 눈길」.

출처: 『경향신문』 2020년 1월 31일자 「진천 주민 "우한 형제님들, 환영합니다"… 우한 교민 버스 인재개발원 도착」.

움직임이 일어났다. '우리가 아산이다'(#We_are_Asan)라는 해시태 그를 붙이며 우한 교민을 환영한다는 손 글씨 인증사진과 응원댓 글도 잇따랐다. 해외 교민의 어려움을 외면하지 말고 함께 이겨나 가자는 시민의식이 퍼져나갔고 진천에도 우한 교민 환영 현수막 이 등장하며 분위기가 바뀌었다. 반대 주민들이 자진 철거하면서 우한 교민 격리시설 입소는 순조롭게 진행되었다.

초기의 반대는 정부의 지역 주민 설득 노력이 부족했기 때문이 나 이후 행정안전부 주관으로 주민 간담회를 개최하여 설득하고

우한 교민 수용 지역사회

3차 우한 교민 수송을 하루 앞둔 11일 오후 임시 생활시설인 경기 이천시 합동군사대학교 부속기관인 국방어학원 인근엔 지역민들이 붙인 환영 현수막들이 붙어 있었다. 음식점은 현수막에 "우한 교민 여러분 환영합니다"라고 썼고, 교회에선 "환영. 편히 쉬시다가 건강하게 돌아가시기 바랍니다"란 뜻을 전했다.

국방어학원 앞에서 항의나 시위를 하는 주민도 없었다. 국방어학원 출입을 통제하는 해병대 간부는 "병력이 다른 곳으로 이동해야 한다는 말을 들어 놀라긴 했지만 (신종 코로나 바이러스 감염증과 관련해) 무섭지 않다"며 담담하게 말했다. 이번 격리 수용 결정에 따라 국방어학원에는 시설 및 상황관리를 위해 병력 일부만 남는다.

진영 행정안전부 장관이 이날 오후 장호원읍사무소에서 가진 주민과 간담회도 마찰 없이 진행됐다. 앞서 진 장관이 지난달 30일 아산 경찰인재개발원을 방문했을 당시 주민들이 계란, 과자를 투척하는 등 격앙된 반응을 보인 것과 사뭇 달라진 분위기다. 수용 반대 의견이 나오진 않았지만 안전 대책을 철저하게 해달라는 당부와 지역 상권을 살리기 위한 대책이 필요하단 의견이 제기됐다.

지역사회가 격리 수용에 찬성한 것은 지방자치단체의 소통 노력과 발빠른 대응 덕분이다. 엄태준 이천시장은 지난 9일 오후 행안부로부터 '장호원 국방어학원이 유력 후보지 가운데 하나'란 설명을 듣고 읍 이장단, 기관단체장 등과 관련 사실을 설명하고 협조를 요청했으며, 지역사회도 격리 수용의 모범 사례를 만들기로 의기투합했다.

출처: 『머니투데이』 2020년 2월 11일자 「발빠른 소통에 화답한 이천주민⋯ "우한교민 환영, 상권대책 세워달라"」.

출처: 『연합뉴스』 2020년 2월 10일자 「우한 교민 전세기 송환 일지」.

의견을 듣는 존중과 신뢰의 소통과정을 통해 갈등이 해결되었다.

전 국민도 우한 교민을 수용한 충북 진천, 아산, 경기 이천 주민들에게 도움과 응원을 보냈다. SNS 등을 통해 3개 지역 주민에 대한 응원글과, '이천쌀을 소비하자', '진천의 딸기를 팔아주자' 등 특산품 구매 운동, 성금과 구호물품 등이 전달되었다.[21]

우한 지역 교민의 수용 과정에서 초기 잠깐 나타난 님비현상은 주민들의 포용력과 자정 노력, 정부의 주민 설득 노력, 전 국민적 위기 대응 인식 개선 등을 통해 해결되었다. 공공갈등을 지혜롭게 대처한 사례이다.

초기에 바이러스 확진자가 통제되며 수습되는 듯했으나 2월

---

21 『연합뉴스』 2020년 2월 12일자 "우한교민 품은 진천·아산·이천 돕자"… 각계 응원·후원 쇄도」.

코로나 19 제주여행자 손해배상 소송

신종 코로나바이러스 감염증(코로나19) 의심증상 중 제주를 여행한 '강남 모녀'를 상대로 제주도가 대표로 소송을 걸었다. 원고는 제주도청과 자가격리자 2명, 업체 2곳 등이다.

제주도 보건당국은 30일 "제주여행 첫날부터 증상이 있었음에도 4박5일간 수많은 관광지와 업소를 방문하는 바람에 도내 업소와 도민들에게 큰 피해를 입힌 A씨(19) 등 모녀를 대상으로 제주지법에 소장을 접수했다"고 밝혔다.

제주도는 A씨 모녀의 행동이 제주도와 도민들이 입은 손해 사이에 인과관계가 인정된다고 보고 있다. 원희룡 제주지사는 "도민을 대신해 유증상 입도객들에게 강력히 경고하는 차원"이라고 말했다. 손해배상 청구 금액은 제주도가 1억1000만원 등 모두 1억3202만 3500원이다. A씨 모녀의 접촉자 45명이 격리됐고, 방문장소 20곳에 방역이 이뤄지고 일부는 휴업에 들어간 점 등을 고려했다.

미국 유학생 A씨는 지난 20일 어머니 등 일행 3명과 함께 제주에 와 24일까지 4박 5일간 제주 관광을 한 후 확진 판정을 받았다. 특히 A씨는 제주에 온 지난 20일 저녁부터 오한과 근육통, 인후통 등 코로나19 관련 증상을 보였다.

정순균 서울시 강남구청장은 지난 27일 입장문을 통해 "이들은 선의의 피해자"라고 글을 올렸다 비난이 거세지자 이틀 뒤(29일) "제주도민을 비롯한 국민과 강남구민 여러분께 진심으로 사과드린다"고 발표했다.

출처: 『중앙일보』 2020년 3월 31일자 「제주도, 코로나 확진 강남 모녀에 1억 3000여 만원 손해배상 소송」.

중순 대구 신천지교회와 청도 대남병원 등에서 집단 감염이 발하면서 고강도 방역에 들어갔고 3월 중순부터 미국과 유럽 등 전 세계로 급속히 확산되면서 코로나19 사태는 새로운 국면으로 들어섰다. 유학생들이 대거 국내로 돌아오면서 감염자가 늘기도 했다. 이 기간에 확진 판정을 받고 제주도를 여행한 유학생 모녀 사건이 불거졌다. 제주도가 손해배상을 청구하고 강남구청장이 사과문을 올리는 등 한동안 이슈화되었다. 새로운 형태로 나타난 공공갈등 사례이다.

제 7 장

디지털 시대갈등

01 디지털기술이 새로운 사회갈등을 만들다

20세기 후반 디지털 정보기술은 개인·집단 간 시공간의 제약 없이 상호 소통하고 필요한 정보를 손쉽게 입수할 수 있는 정보사회를 열었다. 그러나 짧은 기간 정보사회가 고도화되면서 디지털기술이 사람들 간 이해관계의 대립이나 의견 차이로 인한 갈등을 증폭시키자 디지털갈등이란 새로운 사회갈등이 부상했다.

온라인·오프라인이 적당히 균형 잡고 있던 디지털갈등은 주로 인터넷이나 SNS상에서 개인 간, 집단 간 이해관계의 대립이나 의견 차이로 발생하는 사이버갈등을 의미했다. 구체적으로 게시판 댓글 논쟁, 정치적 입장을 달리하는 개인이나 집단의 온라인 갈등, 온라인상에서 특정 기업과 소비자 간 갈등, 익명의 공간에서 벌어지는 막말논쟁 등이다. 그러나 디지털 영역이 일상에 급속도로 확산되면서부터 정치·경제·지역·세대·젠더갈등 등 여러 유형의 사회적 갈등이 디지털공간을 매개로 재생산되거나 증폭되어 현실의 갈등으로 이어졌다. 디지털 미디어 기술은 사회와 어떻게 연계되어 갈등을 만들고 증폭시키며 심각한 사회문제로 이어지는 걸까.

디지털기술이 주도하는 사회는 시공간의 제약 없이 다수와 소통할 수 있는 개방구조다. 그래서 갈등을 일으키는 요소들이 서로 얽혀서 복합적이고 다원적인 갈등을 유발한다. 또한 무수한 연결망을 통해 관계가 복제되고 재생산되기 때문에 당사자의 노력만으로 갈등이 해소되지 않는다. 상호관계가 잠재적 갈등을 만든다. 개인 차원의 갈등이 쉽게 집단갈등으로 비화되고, 경제갈등이 정치갈등이나 이념갈등으로 쉽게 넘어간다. 이해관계 갈등이 가치갈등으로 전환되기도 하고 그 반대도 빈번하다. 따라서 갈등관리는 전체 사회 차원에서 갈등의 불가피성을 인식한 후 개별 갈등의 성격에 맞추는 접근이 필요하다.

현실에서 사람들이 주목하는 이슈와 사이버공간의 이슈는 다르다. 현실에서는 일상적 삶에 직접적 영향을 주는 이슈에 주목한다. 하지만 사이버공간에서는 추상적·보편적·이념지향적 이슈에 더 관심을 보인다. 사이버공간은 실체가 없고 편리한 커뮤니케이션 구조만 있어서 의견 동조를 구하기 쉽다. 예컨대 누군가 이슈가 될 사진을 SNS에 올리고 비판의 목소리를 내면 사실 여부를 확인하지 않은 채 순식간에 비슷한 성향의 사람들이 모인다.

사이버공간은 동질화를 쉽게 조장한다. 누군가 선동적으로 집

단의 이해관계를 자극하고 가치를 건드리면 순식간에 동조세력
이 생겨나고 집단의지가 만들어져 극단적으로 대립하는 구조다.
처음에는 익명성을 바탕으로 한 표현의 자유에 대한 기대가 있었
다. 그러나 활발하고 자유로운 의견교환이 가능하여 공론장 기능
을 할 것이라는 기대와 달리 이념과 이해관계를 바탕으로 한 대립
구도와 갈등구조를 심화시키는 등 사이버공간은 사회갈등의 진원
지가 되었다.[1]

02 온라인 공간, 현실참여의 장

2007년 아이폰 출시 이후 스마트 미디어, 모바일 미디어 시대
가 되었다. 컴퓨터 기능이 탑재된 휴대전화와 태블릿 PC 등 스마
트 미디어가 일상생활 속으로 파고들면서 빠르게 대중에게 확산
되었다. 언제 어디서나 접속이 가능한 유비쿼터스 환경 구축, 온
라인과 오프라인 간 상호연계 가속화 등 디지털기술 진화에 따른
사회변화가 뒤따랐다. 이메일, 채팅, 커뮤니티 활동 등 컴퓨터에
서 하던 활동을 인터넷에 연결된 스마트폰으로 그대로 할 수 있게
되었고, 트위터나 페이스북과 같은 소셜미디어 이용자가 급증하
면서 융합미디어 시대가 열렸다.

융합미디어 시대 사회갈등은 새로운 양상으로 드러났다. 매스

---

1 이원태 외(2012), 「디지털 사회갈등의 새로운 양상과 사회통합의 정책 방향」,
『방송통신정책연구』 12-14, 정보통신정책연구원.

미디어가 담당한 의제설정기능이 개인이나 대안언론의 영역으로 확대되었다. 트위터, 페이스북, 유튜브가 정치적·사회적 이슈를 만들었다. 개인들이 SNS를 통해 다대다 방향의 촘촘한 망으로 연결되자 하고 싶은 말을 쉽게 표출하고 쟁점화시킬 수 있었다. 특정 사안에 대한 정보 입수 창구로 매스미디어가 유일했던 종래와

한진중공업사태와 SNS

2011년 1월 부산 영도구의 한진중공업 경영진은 경영악화를 이유로 94명의 조선소 노동자들에게 해고를 통보했고, 이에 반발한 노동자들은 정리해고철회를 외치며 파업농성에 참여했다. 생계문제로 중간에 이탈하는 노동자가 늘어나자 민노총 지도위원인 김○○ 씨는 영도조선소 크레인이 올라 고공농성을 시작했다.

여기까지는 기존의 노사갈등의 하나였으나, 김○○ 씨가 목숨을 걸고 고공 크레인 위에서 트위터를 통해 전달한 "함께 살자!"는 메시지에 노동자들뿐만 아니라 취업전선에서 절망을 안고 있는 청년 세대와 사회의 양극화로 인한 박탈감을 가진 시민들이 공감과 응원을 보내면서 새로운 국면을 맞았다.

김○○의 크레인 농성이 SNS를 통해 전파되기 시작하면서 그를 격려하기 위해 부산을 방문하는 희망버스가 등장했다. 사람들이 SNS를 통해 자발적으로 참여했으며, 정치인과 연예인도 참여했다. 해외에도 알려져 국제 엠네스티와 같은 국제기구, 촘스키와 같은 영향력 있는 인사들의 지지 및 격려 메시지가 SNS를 통해 전달되었다. 농성은 사측의 협의를 이끌어냈으며, 희망버스는 파업이 끝날 때까지 총 5차례 운행되었다.

출처: 네이버 시사상식사전.

달리 개인들이 다양한 시각에서 대안적 관점을 제시할 수 있게 되면서 현실정치에서도 무시할 수 없는 영향력을 갖게 되었다. 예컨대 2011년 한진중공업 파업사태 당시 희망버스가 등장하여 세계적 관심을 끌어낸 데는 SNS 역할이 컸다. 디지털공간에서 형성된 정치 담론은 시민 참여로 현실에서 확산되었다. 노무현 대통령 탄핵사건(2004), 한미 쇠고기 협상으로 인한 촛불정국(2008), 반값 등록금 시위(2011), 서울시장 보궐선거(2011) 관련 논쟁이 사이버공간에서 급격히 확산되면서 시민의 정치참여로 이어졌다. 2016년 헌정사상 초유의 국정농단 사건이 드러나자 엄청난 수의 시민이 촛불을 들고 광화문 광장을 메웠다. 대통령 탄핵과 정권교체라는 전례 없는 정치 변화를 이끌어낸 촛불시민의 원동력은 디지털 미디어를 매개로 한 소통과 결집이었다. 중앙조직이나 리더가 없이 사람들이 자발적으로 참여했고 모바일 통신으로 실시간 메시지를 공유하며 강한 결집력을 보였다.

2016년 정권에 분노한 시민들이 디지털 미디어를 매개로 결집하여 대통령 탄핵을 이끌어낸 반면 정권유지 지지파는 같은 방식으로 결집하지 못했고 대립 세력이 되지 못했다. 그러나 2019년 이른바 '조국사태'에서는 양상이 달라졌다. 보수층도 유튜브를 비롯한 SNS를 통해 메시지를 공유하고 확산시키면서 광화문 태극기 시위대로 결집했다. 상대파는 '조국지키기' 포스팅으로 SNS를 도배한 후 서초동에 결집하여 검찰개혁을 요구하며 시위했다. 이처럼 온라인공간에서 두 세력이 전쟁터와 다름없이 치열하게 대립했고, 현실에서 다양한 형태의 사회갈등으로 이어졌다.

03 온라인 공간, 비판과 논쟁의 장

2005년 이후 웹2.0 기술을 통해 데이터가 생성, 공유, 저장, 출판되고 비즈니스까지 가능하게 되었다. 플랫폼에서 참여, 공유, 개방의 장이 마련되자 인터넷 이용자는 더 적극적이고 능동적이 되었다. 일반인들이 콘텐츠 생산에 참여하여 이를 공동의 자원으로 활용하는 집단 지성의 기반을 마련했다. 이 시기 인터넷과 모바일 통신기술이 일상적이고 보편적인 기술로 일반인의 생활 깊숙이 자리 잡게 되었다. 포털업체의 블로그 서비스가 시작되었고 온라인 카페 커뮤니티를 통한 이용자의 온라인 활동이 활발해졌다. 모바일 통신과 무선인터넷 Wi-Fi 서비스 보편화로 유비쿼터스 환경이 구축되어 이용자들은 언제, 어디서나, 어떤 기기로든 접속할 수 있고 새로운 콘텐츠를 생산할 수 있게 되었다. 플랫폼은 디지털 이미지와 텍스트 중심에서 동영상 중심으로 계속 발전했다.

이러한 과정에서 온라인 공간이 참여와 비판의 장이 되는 변화가 나타났다. 그리고 디지털갈등이 급부상하는 역기능이 수반되었다.

온라인이 참여 플랫폼이 되면서 악성 게시글이나 폭력적인 댓글이 디지털갈등의 쟁점이 되었다. 2005년 지하철에서 애완견 배설물을 치우지 않아 발생한 '개똥녀' 사건은 인터넷 공간의 마녀사냥식 처벌이라는 비판을 받았다. 비록 잘못은 저질렀지만 얼굴 사진과 신상명세를 공개하여 망신을 주는 것이 올바른가에 대해 네티즌끼리 논쟁이 벌어졌다.

2011년 MBC 'PD수첩'의 연구윤리 문제 제기로 시작된 황우석 교수팀의 논문조작사건은 황교수의 대국민 사과로 마무리되었지만 네티즌은 시끄러웠다. 황우석 교수 팬커뮤니티인 '아이러브 황우석' 카페를 중심으로 MBC가 편파보도를 했다는 공격적 글들이 실리며 논쟁이 점점 과격해졌다. 'PD수첩' 광고중단 운동을 하거나 MBC 사옥 앞에서 공식사과를 요구하는 촛불집회가 열렸다.[2] 서울대학교 진상조사위원회의 논문 고의조작 발표가 나오기까지 네티즌은 근거가 불확실한 의혹을 제기하며 공격적인 언행을 일삼았다. 자신의 생각을 자유롭게 표현하는 것과 근거 없는 소문을 만들고 퍼뜨리는 책임감 없는 행동은 다르다. 이처럼 네티즌의 과도한 표현의 자유로 인해 작은 이슈가 부풀려져 심각한 사회갈등으로 번지는 경우가 종종 발생했다.

또 다른 변화는 온라인과 오프라인의 연결이다. 온라인공간에서 특정 사안에 대해 의혹을 제기하고 찬반 의사로 논쟁하는 단계를 넘어서서 현실에서 실제 행동으로 옮기는 일이 생겨났다. 이는 온라인 공간과 오프라인 공간 구분이 명확했던 이전과 다른 새로운 현상이다. 논쟁의 단계에서 행동하는 단계로 넘어가는 것은 갈등의 양상이 달라질 것을 예고하는 의미심장한 변화이다. 네티즌은 언론매체 정보를 그대로 수용하지 않고 자발적으로 팩트 체크에 나서기도 하고 격렬한 논쟁도 유도하면서 집단지성 활동을 시작했다.

---

2 황용석 · 오경수(2007), 「포털뉴스와 사회갈등 담론」, 한국방송학회 세미나 발제문.

그간 사회갈등은 계층 간, 지역 간 갈등이 주류였다. 이제 세대, 남녀, 특정 이슈를 기반으로 결속한 익명의 집단이 주요 갈등 주체로 나타났고, 온라인 미디어에는 이슈 중심으로 즉흥적으로 모이고 해체되는 이슈공중(issue public)이 등장했다. 갈등상황에서 소통하는 방식도 변화하여 온라인 커뮤니티, 카페 게시판 게시글과 댓글이 중심이 되었다. 개인이 게시글로 문제를 제기하면 다른 사람들이 댓글로 반응하는 식이다. 이런 과정에서 개인의 문제제기가 사회 쟁점이 되기도 하고 단발성 화젯거리로 사라지기도 한다. 스마트 미디어 시대는 진화한 이용자 네트워크 덕에 이전보다 훨씬 빠른 속도로 갈등이 형성되고 확산도 빠르다. 쟁점 사안의 진위 여부를 떠나 일단 퍼져나간 내용은 회수할 수 없기에 심각한 갈등으로 번질 가능성이 높다. 트위터는 리트윗을 통해 페이스북은 공유기능을 통해 쟁점이 순식간에 확산된다. 2011년 뷔페식당 한복사건이 그 사례이다.

이 사건은 종래와 달리 조직이나 이념으로 연결된 것이 아니다. 개인이 일상생활에서 일어난 일에 불만을 토로한 것에 시민들이 동조하면서 쟁점화된 새로운 형태이다. 개인이 네트워크로 연결된 정보사회에서의 갈등은 더 이상 거대 담론에만 국한되지 않고, 누구나 손쉽게 문제제기를 할 수 있고 사소한 일상의 문제도 공론화될 수 있음을 보여준 점에서 의미가 크다. SNS의 기술적 특성으로 시민의 매체 접근과 활용이 용이해져 개인적 사안이 쉽게 사회적 사안으로 쟁점화될 수 있다. 2017년 '240번 버스 사건'은 사실 확인을 거치지 않은 내용이 네티즌에 의해 순식간에 퍼지

뷔페식당 한복사건

국내 최고급 호텔 뷔페식당에 한복을 입은 손님이 입장을 거부당하자 이에 불만하여 당사자 가족이 개인 SNS에 올리자 소식이 퍼져나갔다. 호텔 측은 뷔페식당에서 긴 한복 자락이 밟혔을 경우 음식접시를 든 손님들의 안전사고를 우려하여 만든 규정이라고 밝혔다. 그러나 한국의 고유의상을 입었다고 식당출입이 제지당하는 것에 대한 비난 여론이 커졌다. 사건의 본질과 무관하게 한복의 폄하와 천대라는 쪽으로 비난이 가해졌다.

면서 운전기사와 그 가족에게 큰 정신적 피해를 주었다.

SNS는 누군가 고의로 가짜 뉴스를 퍼트려도 수습이 어려운 구조다. 일단 이슈가 되면 편향된 시각에서 무차별적으로 특정인을 모욕한다. 이는 개인의 갈등이 불필요하게 확대되는 부작용을 낳는다. 반대로 공공의제로 떠오른 갈등 사안을 온라인 집단에서 직접 해결하려 하거나 처벌을 시도하기도 한다. 가장 흔한 방식이 갈등 당사자의 개인신상정보를 추적하여 공개하는 신상털기, 인격 모독적 항의, 비방적인 악성 댓글을 수차례 올리는 등 사이버 테러 행위 등이다. 이는 개인의 사생활 침해, 명예훼손, 심각한 정신적 피해 등을 불러일으킬 소지가 크다.

익명이 아닌 실명 논쟁도 나타났다. 2012년 서울시장 아들의 병역면제 논란은 실명의 국회의원이 개인 블로그를 통해 문제제기를 하자 또 다른 교수가 실명으로 대응하면서 논란이 확산되었다. 이는 익명성을 기반으로 벌어지던 이전의 갈등 양상과 다르다.[3]

240번 버스 사건

2017년 9월 11일 240번 버스기사가 정류장에서 아이가 혼자 내렸으니 세워달라는 엄마의 요청을 무시한 운전기사를 비판하는 글이 버스운송조합 홈페이지 게시판에 올랐다. 목격자라며 글을 올린 송씨는 기사가 버스를 세워달라고 호소하는 엄마에게 욕설을 퍼부었다고 덧붙였다. 이 글은 순식간에 SNS를 통해 퍼져 모정을 짓밟은 기사라는 비난의 댓글이 이어졌다. 다음 날 청와대 국민청원 게시판에 기사에 대한 고발 글을 올렸고, 언론들은 사실 확인 없이 네티즌의 고발 글을 보도하기도 했다.

경찰은 CCTV 확인 결과 버스가 이미 출발해서 2차선으로 들어선 상태였기 때문에 도로 한가운데에서 버스를 세울 수 없었고, 따라서 기사의 과실이라 할 수 없다고 밝혔다. 또한 CCTV에는 출발 이후 기사가 말을 하는 영상은 없었기 때문에 욕설을 했다고 볼 수 없다고 밝혔다. 사건 발생 이틀 후인 13일 YTN이 CCTV영상의 일부를 공개하면서 여론이 바뀌었고, A씨는 자신이 상황을 잘못 알고 올린 글이었다고 사과하면서 사건은 종료되었다. 그러나 이틀 간 수많은 악플들로 기사를 매도했고, 기사와 그 가족들은 만신창이가 되었다.

---

3 이원태·민희(2015), 「소셜미디어 시대 사회갈등의 재탐색」, 『21세기정치학회보』, 25(1), pp. 265~281.

04 공유경제, 기존 시장과 충돌하다

이처럼 디지털 미디어가 매개한 우리 사회 주요 갈등은 정치사회적 특성이 강했다. 그러나 최근 나타난 디지털갈등은 디지털 기술이 매개한 경제 패러다임 변화에서 비롯된 것이다. 아직은 생소한 용어인 플랫폼 노동이 등장하면서 기존의 노동시장에 변화가 왔고 심각한 갈등으로 이어졌다. 플랫폼 노동자란 오프라인 회사에 고용되는 것이 아니라 온라인의 플랫폼에서 고용되어 필요한 장소로 이동하여 일하는 노동자를 말한다. 타다 드라이버, 카카오T택시, 배민 라이더스, 쿠팡 플렉스 같은 택시 기사나 배달 노동자가 해당한다. 플랫폼 노동은 스마트폰에서 대부분의 일상 업무를 처리할 수 있는 디지털 라이프 패러다임이 낳은 새로운 노동형태로, 기존의 노동시장을 대체하는 과정에서 갈등을 빚는다. 최근의 예로는 모바일 플랫폼 기술 혁신으로 등장한 '타다'와 기존 택시 간의 갈등이다.

디지털 미디어 기술을 기반으로 한 공유경제는 기득권 시장과 갈등을 겪으면서 확산될 공산이 크다. 모바일 기술을 기반으로 한 플랫폼 기업의 증가는 단순히 기존의 직장에서 일자리를 잃는 것에 그치지 않고 자영업자나 소상공인은 물론 대기업의 생산체계와도 마찰을 빚으며 기존의 경제 구조에 변화를 줄 것이다. 생존이 걸린 경제갈등은 정치갈등이나 사회갈등과는 비교할 수 없는 심각한 갈등으로 비화될 위험이 크다. 시장변화에 대한 국가 차원의 준비와 대책이 필요하다.

'타다'와 택시의 갈등

'타다'는 해외에서 영업 중인 개인 콜택시 '우버'와 유사한 서비스로서, '우버'가 택시운행 면허가 없는 개인의 콜택시 운행을 금지하는 국내법에 부딪혀 운행이 금지되자, 공유차량 업체 쏘카는 기사를 고용한 단기 렌터카 형태로 우회하여 지난 2018년 10월 운행을 시작했다. '타다'는 택시보다 10~20% 비싼 요금을 책정했으나 승차거부나 운전자에 대한 불신 등으로 택시에 불안감을 가진 승객들이 이용을 선호했다. '타다'의 시장 호응에 택시노동조합은 극렬하게 저항했다. 택시기사 분신 시도, 파업 등으로 생존권을 주장하며 시위했고, '타다'를 택시 면허 없이 운행하는 불법 콜택시로 고발했다.

검찰은 2020년 1월 여객운수사업법 위반 혐의로 쏘카 대표에게 1년형을 구형했으나, 법원은 택시요금보다 비싸도 타는 건 시장의 선택으로 보아 무죄를 선고했다. 15인승 이하 승합자동차를 빌리는 사람은 운전자 알선이 가능하다는 여객법 34조 2항에 따라 운행이 법적으로 문제되지 않는다고 보았다.[4] 그러나 19대 국회가 일명 '타다금지법'인 운송여객자동차운수사업법 개정안을 1년 6개월 유예기간을 두고 통과시킴으로서 '타다'는 사업부의 판결과 상관없이 운행 금지되었다.

---

4 이수정 외 2인, 「타다, 비싸도 타는 건 시장의 선택, 건설적 해법 찾아야」, 『중앙일보』(2020.2.20).

05 디지털갈등 주요 쟁점들

표현의 자유 vs 사이버 명예훼손

사이버공간에서 표현의 자유를 전면적으로 옹호하자는 쪽과 규제의 필요성을 주장하는 쪽 간의 갈등이 첨예하게 대립했다. 가상공간에 현실의 규범을 그대로 적용할 것인지 아니면 자율규제와 같은 별도 규범을 정할 것인가에 대한 논쟁이다. 세계 각국은 공통적으로 청소년 보호논리를 앞세워 표현의 자유를 제한하고 내용을 규제하려는 경향이 있다. 우리 정부도 불온하거나 유해한 정보에 대해 통제권을 가지려 하고 신속한 통제를 위해 준사법적 권한 행사가 필요하다는 입장을 보였다. 인터넷 내용등급제, 인터넷 실명제 등을 둘러싸고 학부모 단체, 종교단체 들은 강력 규제 주장을, 반면 시민단체와 젊은 네티즌은 규제 중심 정책이 표현의 자유를 훼손하고 사이버공간을 검열과 통제의 대상으로 전락시킬 것이라는 반대 주장을 한다.

강력한 규제 대상인 방송과 비교해볼 때 인터넷은 상당한 자유를 누린다. 온라인 게시판의 글이 지나치게 폭력적이고 혐오발언이 넘쳐나자 일부에서 표현의 자유에 대한 피로감을 호소하며 규제를 주장한다. 2016년 강남역 살인사건 이후 온라인에서 여자혐오, 남자혐오 논란이 커지자 이 같은 주장이 설득력을 갖기 시작했다. 유럽과 미국은 혐오발언을 막기 위한 헤이트(hate) 스피치 방지법이 통과되었다. 다인종사회에서 혐오발언으로 인해 종교갈등이나 인종갈등이 발생하면 폭동이나 유혈사태로 이어질 위험이 있기 때문이다. 한국사회에서는 정부 규제에 앞서 민간 차원의 절제와 자정 노력이 우선되어야 할 것이다.[5]

표현의 자유를 빙자한 혐오발언과 함께 심각한 문제로 대두된 것이 연예인에 대한 네티즌의 악플이다. 대중의 인기에 매달리는 연예인의 속성을 악용하여 악의적인 비하발언, 성적모욕을 서슴지 않는 악플로 고통받는 연예인들이 많다. 2019년 악플로 인한 고통을 호소하던 연예인이 연이어 극단적 선택을 하자, 포털사이트 다음카카오에서는 연예 섹션의 뉴스 댓글을 잠정 폐지하고, 인물 키워드에 대한 관련 검색어도 제공하지 않는 정책을 내놓았다. 혐오성 악플 피해의 심각성을 인지한 법원은 2019년 연예인에게 악플을 단 피의자에게 징역 5개월의 실형을 선고했다. 대법원 양형위원회는 허위사실을 퍼뜨려 피해를 줄 경우 징역 6개월에서 1년 4개월까지 판결을 권고하는 등 처벌 수위를 높이는 추세이다.

SNS가 특히 젊은 세대의 주요 소통 채널이 되면서 채팅방에서의 모욕이나 명예훼손 등도 법적 처벌을 받았다. 2016년 30여 명이 활동하는 단체 채팅방에서 한 남성이 다른 사람의 발언에 "무식이 하늘을 찌르네!"라고 반응한 데 대해 명예훼손으로 고소한 사건이 있다. 법원은 공개적인 인격모독을 인정하여 벌금형 100만 원 판결을 내렸다. 표현의 자유를 훼손하지 않는 범위 내에서 규제가 필요하다는 주장이 설득력을 갖게 된 사례이다.[6]

---

5 『중앙일보』 2016년 8월 24일자 「양선희의 시시각각: '표현의 자유' 피로감?」.
6 『KBS 9시 뉴스』, 오현태 기자(2016. 9.4).

인터넷 실명제

2002년 공공기관이나 인터넷 포털사이트 등의 게시판에 글을 올릴 때는 본인 확인을 거치도록 하는 인터넷 실명제를 의무화하였다. 그러나 헌법재판소는 인터넷 실명제가 헌법이 보장하는 개인표현의 자유를 침해할 뿐 아니라 공익의 효과도 미미하다고 보아 재판관 만장일치로 위헌결정을 내려 폐지되었다.

출처: 두산백과.

개인정보 유출과 프라이버시 침해 갈등

인터넷 검색 엔진의 진화로 개인정보 유출 통로가 넓어지자 수차례 대형사고가 터졌다. 해킹기술 없이도 개인의 신상정보 검색이 무제한 가능한 구조이다. 또한 사이버 감시가 늘면서 개인의 사생활 보호가 쟁점으로 떠올라 감시하는 쪽과 감시받는 쪽 간의 대립과 갈등이 늘어났다. 불가피하게 사업자 측에 신상정보를 제공하는 과정에서 자동 생성되는 쿠키정보, 작업장과 공공장소에 설치된 감시 카메라의 시선, 신용카드 거래내역, 장소 이동을 기록하는 위치기반 서비스 등 각종 전자 감시체제에 의해 일상적 데이터 감시(data surveillance)가 이루어지고 있다.

개인정보에 대한 접근이 손쉬워지면서 특정인에 대한 '신상털기'가 심각한 문제가 되었다. 사실 확인 없이 떠도는 루머에 휩싸이고 누군가 악의적으로 퍼뜨린 가짜 정보에 정신적 신체적 피해를 입는 사례가 늘었다. 인터넷 실명제 도입으로 명예훼손으로 고

소되어 실형도 받지만 그 과정에서 피해자는 상당한 정신적 상처
를 받게 된다.

소셜미디어 시대에 접어들어 프라이버시 문제는 더 심각해졌
다. 페이스북은 개인의 일상사와 관심사를 총체적으로 기록하는
라이프 로그(life log)나 자기소개서 같은 성격을 띤다. 따라서 누군
가에 의해 의도하지 않은 신상노출이 쉽게 일어날 수 있다. 개인
정보 유출 방지와 부정행위 적발을 목적으로 이메일을 검사하거
나 인터넷 사용 감시시스템을 운영하는 기업이 늘었다.[7] SNS를
통해 직원의 조직 충성도나 평소 생각과 언행 등을 쉽게 알아내고
신입사원 채용 시 이런 자료들을 수집해 이용할 수 있다. 표현의
자유와 프라이버시 침해의 경계를 둘러싸고 긴장과 갈등이 고조
될 수 밖에 없다.

저작권 갈등

디지털기술은 원본과 동일한 복제본을 무한대로 만들 수 있다.
디지털 저작권 갈등은 2003년 미국 냅스터가 P2P 방식으로 음원
을 유통한 이용자 261명을 무작위로 고소하자, 한국음반산업협회
도 '소리바다'를 통해 음원파일을 교환한 이용자 50명을 저작권 위
반 혐의로 고소하면서 본격화되었다. 책임은 기본적으로 저작권
을 위반한 개인에게 있으나 이를 방조한 포털사이트도 책임이 있
다는 법원 판결이 나오는 등 디지털 저작권에 대한 강력한 규제

---

7 김종길(2005). 「접속시대 사회갈등과 사회통합」, 『21세기 한국메가트랜드시리
   즈 II』, 정보통신정책연구원.

분위기가 조성되었다. 이 문제에는 저작권자, 디지털 기기나 매체 제작자, 산업 관계자, 소비자 등 많은 이해관계자가 얽혀 있다. 저작권자는 디지털기술이 창작의욕을 완전히 꺾고 문화 관련 산업을 침체시킬 것이라는 주장하는 반면 업계는 저작권이 발목을 잡아 국가의 신성장동력인 디지털기술 발전을 저해할 것이라고 주장한다. 또 음원 서비스업체는 음원요금이 비싸게 부과되면 고객이 대거 이탈할 것을 우려하여 낮은 가격을 주장한다. 각자 이해관계가 대립하는 갈등양상의 전형적 모습이다.

컴퓨터 프로그램보호법, 부정경쟁 방지 및 영업비밀 보호에 관한 법률, 디지털 콘텐츠 육성법 등 최근 디지털 지적 재산권을 보호하기 위한 일련의 조치가 취해졌다. 법적 규제가 강화되자 정보 상품화의 독점을 반대하고 지식과 정보의 공유정신을 강조하는 카피레프트 운동이 일어났다. 강력한 지식체계를 소유한 소수에 의해 정보 생산이 이루어진 과거와 달리 정보사회는 정보공유를 통한 집단지성과 자발적 협업에 의해 정보가 생산되는 새로운 지식 패러다임을 구축해야 한다는 논리이다.

저작권 갈등은 카피라이트, 카피레프트 어느 한쪽의 주장에 치우쳐 판단할 수 없는 예민한 사안이다. 디지털 시대에 맞는 저작권 보호법이 필요한 시점이다. '공유'는 디지털 사회의 중요한 덕목이다. 궁금하면 스마트폰을 꺼내 즉시 확인할 수 있는 편리성은 디지털 지식의 공유 덕분이다. 창작물 무단 복제는 당연히 금지되어야 하지만 소유개념에서 접속과 공유개념으로 바뀐 21세기에 맞는 저작권 개념이 필요하다.

정보격차 갈등

신기술의 혜택이 모든 사람들에게 골고루 돌아가는 것은 아니다. 첨단 제품이 시장에 나오면 빨리 받아들여 생활의 변화를 추구하는 초기사용자(early adapter)와 옛것을 고집하거나 변화를 따라가지 못하는 지체자로 나뉘면서 잠재적인 사회갈등이 시작된다. 이런 현상은 산업사회를 거치면서 이미 경험했다. 하지만 빠른 속도로 진행된 정보통신기술의 발전은 기술에 의한 격차를 더 키워서 급속도로 벌어지고 결국 새로운 시대에 적응하지 못해 낙오하는 집단을 만들고 그로 인해 사회갈등이 증가하는 구조이다.

스마트 미디어 보급이 확산되면서 정보격차는 접근성의 문제를 넘어 활용능력 문제로 범위를 넓혔다. 스마트폰을 이용하지만 뱅킹, 쇼핑, 여행, 이사와 같이 생활과 밀접한 기능을 능숙하게 다루는 사람과 메신저나 이메일 체크 정도만 활용하는 사람 간의 차이이다. 특정 집단이나 계층이 활용능력의 차이로 인해 사회에서 단절되고 고립될 수 있음을 암시하는 것이다. 젊은 네티즌 집단의 정치참여 기회는 확대되고 노년층과 저소득층, 교육 소외나 디지털 소외계층은 상대적으로 축소된다. 과거 문맹계층처럼 중장년층에 소셜미디어 문맹이 생기면서 세대갈등은 새로운 국면으로 접어들었다.

정보격차로 인해 SNS 활용능력이 뛰어난 소수가 편향된 여론형성을 주도하기도 한다. 중장년 보수층과 주요 일간지와 지상파방송이 여론을 주도하던 예전과 달리 SNS나 팟캐스트 등 뉴미디어가 가세하여 여론을 형성하고 확산시킨다. 젊은 층과 진보 세력은 온라인을 중심으로 여론을 주도하며 때로 자신들만의 편향된 시각을 확산시켜 문제가 되기도 한다.

온라인 매체와 보수언론의 갈등

2011년 서울시장은 재보선 선거에서 '나는 꼼수다'라는 팟캐스트의 부상과 활약에 힘입어 당선되었다는 평가가 있다. 진행자는 '88만 원 세대'로 불리는 절망한 젊은이들에게 희망은 정치에 있다는 메시지를 통해 정치참여를 독려하여 정치에 냉소적이던 젊은 세대를 투표장으로 끌어들이는 데 성공했다.[8] 새로운 미디어와 기존 보수언론 간의 갈등을 암시한 사건이다. 스마트한 군중은 더 이상 단순 소비자의 역할에 머물지 않으며 정치권력에 휘둘리기를 거부한다. 기존 언론의 시각을 무조건 수용하지 않고 다양한

> ### ▌팟캐스트 '나는 꼼수다'
>
> 온라인 매체 『딴지일보』에서 제작한 '나는 꼼수다'는 이명박 정권을 겨냥한 정치풍자 팟캐스트로 2011년 당시 회당 200만 건 이상 다운로드를 기록하면서 한국 전체 1위를 넘어 세계 1위를 기록했다. 『뉴욕타임즈』, 『로이터통신』, 『월스트리트저널』 등이 한국의 열풍을 소개하기도 했다. '나는 꼼수다'의 대중적 영향력이 급속히 커지자 방송통신심의위원회는 새로운 미디어에 대한 심의와 규제를 엄격하게 하기 위해 SNS 심의법을 신설하였다.

---

8 김달중 기자, 『아시아경제』(2011.10.27).

유형의 사이버 저널리즘을 적극 좇는다. 시민사회가 온오프라인 영역에서 '조 · 중 · 동'으로 대표되는 제도권 언론과 대립하면서, 특히 『허핑턴포스트』와 같은 온라인 매체가 등장하면서 기존의 보수언론이 다양한 이해관계를 고려해 다루지 않던 사건이 공개되는 등 언론의 지형이 변화하였다.[910]

신경숙 작가의 표절논란은 주요 언론에서 다루지 않던 사건이 온라인 매체를 통해 알려져 사회적 파장을 일으킨 대표적인 사건

신경숙 작가 표절 사건

소설가 이응준은 지난 2015년 6월 16일 『허핑턴포스트』[11] 지면을 통해 베스트셀러 작가 신경숙의 소설 『오래전 집을 떠날 때』는 일본 작가 미시마 유키오의 『우국』에 나온 문장 일부를 그대로 가져온 표절작품이라 주장했다. 표절시비에 대해 신경숙은 자신은 『우국』을 읽은 기억은 없지만 자신의 기억을 믿을 수 없다고 모호하게 대답한 후, 독자들에게 사과한다고 밝혔다. 표절시비는 '창작과 비평'을 비롯한 국내 굴지의 출판사에 대한 비판으로 이어졌다. 특히 표절을 충분히 의심할 수 있는 상황에서도 독자에게 사과하는 태도를 보이지 않고 작가를 감싼 출판사에 비판여론이 거셌다. 대형 출판사들이 일종의 카르텔을 만들어 일부 작가를 양성하고 마케팅을 통해 수익을 올리고 있는 관행에 대한 거센 비판이 일었다.

출처 : 『뉴시스』, 홍우람 기자(2015.10.7).

9　이명진 · 박현주(2011), 「미디어 발전과 사회갈등구조의 변화」, 『정보사회와 미디어』 21.

10　이응준 작가, 『허핑턴포스트』(2015. 6.16).

이다. 표절의혹을 제기한 작가는 10년 전부터 의혹을 제기했으나 어떤 매체도 지면을 주지 않았다고 했다. 『허핑턴포스트』를 통해 제기된 표절의혹은 페이스북을 통해 기사링크가 공유되면서 한 작가의 표절의혹을 넘어 한국 출판계의 권력구도와 비리에 대한 논쟁으로 이어졌다. 주류언론이 외면하면 대중이 알 수 없는 독점 시대가 끝났다. 1인 미디어도 등장했다.

인간과 기술의 갈등

인간과 기술의 갈등은 예측 불가능하다. 미국 IBM이 개발한 인공지능 로봇 왓슨은 체스게임에서 인간의 두뇌를 넘어섰고, 구글의 '딥마인드'가 개발한 '알파고'는 무한한 경우의 수를 조합하는 바둑에서 이세돌 9단을 4 대 1로 이겨 인류를 충격에 몰아넣었다. 이후 중국의 커제 9단과의 대국에서 알파고는 3전 3승으로 완승했다. 2019년 이세돌 9단은 은퇴대국에서 AI 한돌을 첫판에 불계승으로 이기는 이변도 보였으나 앞으로 바둑에서의 승부는 인간의 직관보다 인공지능의 데이터가 우세할 것으로 판명되었다.

로봇과 인공지능의 첨단기술이 완성되는 특이점(singularity)[11]이 오면 현존하는 직업의 90%가 사라져 인류는 모두 실업자가 될 것이라는 미래학자들의 우려가 현실로 다가온 것 같다. 실제로 우리 주변에서 기계가 사람이 하던 일을 대신하는 경우를 어렵지 않게 볼 수 있다. 아파트 경비실은 물론 건물 주차장 입출구가 거의 무

---

11 레이 커즈와일(2016), 『특이점이 온다』(The Singularity is near), 김영사.

인화 시스템으로 바뀌었다. 주유소, 마트의 계산대, 패스트푸드점 주문대도 무인화가 진행 중이다. 기술발전으로 인한 대량실업이 사회의 첨예한 경제갈등으로 이어지고 있다.

한편 기술발달로 인한 가치체계의 변화, 삶의 방식의 변화 역시 머지않아 심각한 사회갈등으로 이어질 것이다. 가상공간의 체험이 현실과 다르지 않고 인간의 감각기관이 신경계 조작을 통해 통제 가능한 상태가 된다는 것은 진짜와 가짜를 구분할 수 없는 세상이 된다는 것을 의미한다. 가상세계의 여자친구 '사만다'를 사랑하게 된 영화 〈그녀〉(스파이크 존스 감독, 2013)의 주인공이 머잖아 주위에 많이 생길지 모르는 일이다.

인간과 기계 간의 갈등은 이제까지 인류가 경험하지 못한 새로운 것일 수 있다. 산업혁명 초기 기계가 인간의 노동을 대신하자 기계를 때려 부쉈지만 시간이 지나면서 기계는 인간의 노동을 효율적으로 만들어 생산성을 높였다. 로봇이나 인공지능 역시 인간의 발명품이니만큼 인간의 통제 범위에 있을 확률이 높다. 그러나 미래학자들은 막연한 낙관론을 경계한다. 20세기 패러다임으로 교육받고 성장하여 21세기를 살고 있는 인류의 예측대로 21세기가 펼쳐질 것이라 단언할 수 없기 때문이다.

"

제8장
디지털 세대갈등

"

01 신세대의 등장

기성세대와 젊은 세대는 가치관과 사고방식이 다르고 생활양식도 다르다. 그래서 충돌한다. 기성세대는 신세대가 예의 없고 불성실하고 이기적이라 비판하고, 신세대는 기성세대가 고루하고 보수적이라며 저항한다. 나이 요인은 차이를 만드는 가장 기본으로 세대 차이는 당연한 현상이다.

'새로이 출현하다'(genos)라는 뜻의 희랍어를 어원으로 하는 세대(generation)는 상황에 따라 다양하게 사용된다. 부모세대, 자식세대로 구분하는 것처럼 가계계승 원리에 따라 부르거나, 동시 출생 집단을 가리킬 때 세대라고 한다. 혹은 청소년세대, 대학생세대와 같이 생애주기의 어느 단계에 있는 사람들을 통칭하기도 하고, 전후세대나 4·19세대 등과 같이 특정한 역사적 경험을 공유한 사람들을 가리키기도 한다. 특정한 역사 공유는 아니더라도 미디어를 공유한 사람들도 하나의 세대가 된다. 70년대 컬러TV, 80년대 워크맨, 90년대는 MP3 세대 등으로 부른다. 신매체와 함께 청소년기를 보낸 세대는 개인주의, 감성적 사고 등 그 전 세대와 확연히 구별된다.

근래 우리 사회에서 갈등의 주체로 세대를 말할 때 종래와 같이 부모와 자식, 기성과 신진 등으로 구분되는 세대보다는 사회적·역사적 맥락에서 같은 경험을 하여 공감대를 갖고 있는 집단을 지칭하여 구분하는 경우가 많다.[1]

한국에는 정치민주화와 경제발전으로 사회가 급속히 변화한 1990년대 초반 신세대 담론이 등장했다. 당시 연구자들은 신세대라는 용어를 대략 70년대 출생한 10대 후반부터 20대 초반까지의 젊은이 특유의 특성과 관련지어 지칭하는 고유명사로 보았다. 이들은 사고방식이나 행동양식에서 기성세대와 차이를 보였고 단절된 속성이 두드러지게 나타나기 시작했다. 이때부터는 기성세대와 신세대로 대별하지 않고 X세대, Y세대, N세대, R세대, W세대 등으로 세분한 명칭이 등장했다. 물론 이런 식의 명칭은 오래전에도 있었다. 멀게는 1960년대 4·19세대, 1970년대 통기타세대, 비교적 근래에는 386세대 등이다.

X세대, Y세대 등으로 불린 1990년대 신세대와 기성세대 간 세대갈등은 이전의 것과 본질적으로 달랐다. 삶을 구성하는 요소 자

---

1 정성호(2006), 『20대의 정체성』(살림지식총서 235), 살림.

체가 다른 세대와의 단절을 보이기 시작했다. 종래 세대갈등은 나이와 경험의 차이에서 비롯된 가치나 태도가 부딪쳐 충돌하는 모습이었으나 이때부터는 이질적인 집단 단절이 나타났다. 이전 세대와 완전히 달라지는 과정에 가장 영향을 미친 요인은 디지털기술이다. 사회문화적 패러다임을 바꾸면서 세대 간 단절현상을 보였다. 디지털기술은 접근성이나 활용성 면에서 우월한 신세대와 그렇지 못한 기성세대 간의 간격을 점점 벌려놓았고 이것이 자연스럽게 세대갈등으로 이어졌다.

1990년대 신세대는 한국사회의 압축적 경제성장, 전통적 가족제도의 붕괴, 교육 평준화 등의 시대적 배경 속에서 성장한 세대이다. 또한 정보화시대로 진입하는 과도기를 거친 세대이기도 하다. 이들은 공동체를 중시하던 기성세대와 달리 감성적 사고와 개성을 중요하게 생각했다. 당시 신세대는 자신들을 "어려움을 겪지 않고 자랐으며 물려받은 풍요를 누리는 철부지"로 규정하는 기성세대의 시각을 거부하면서 새로운 사회적·문화적 감성으로 사회개혁을 이끌 것이라 주장했다.

민주주의나 임금인상에 집중한 구세대가 사회에 저항한 방식이 파업, 시위 등이 전부였던 것에 비해 신세대의 사회저항은 훨씬 복잡하고 근본적인 요구, 즉 자유와 풍요로운 삶의 추구를 주장했다. 90년대 한국 신세대는 전통적인 입신양명 사상이나 출세주의를 앞세우지 않으며, 사회문화에 이성주의가 아니라 감성주의로 대응하는 세대였다. 소비 지향성, 개인 지향성, 탈권위 지향성을 공식적인 신세대 특징으로 보았다.

90년대 신세대는 시각세대라고 불릴 만큼 보는 것, 보이는 것
이 중요하고, 따라서 외모를 가꾸고 치장하는 것을 좋아해 '얼짱',
'몸짱'이란 단어가 유행했다. 이들은 물질적으로 과거 어느 때보다
풍요로운 환경에서 성장한 세대로 소비문화를 주도했고, 개인주
의가 강해 일과 직장만큼이나 개인의 사생활을 중요하게 여긴다.
과학기술이 낳은 각종 문명의 이기를 소유하고 자유자재로 이용
하면서 자란 세대로 특히 일상생활이 디지털기술과 밀접한 세대
이다.

이때 중고등학교를 다닌 이들을 '서태지 세대'라 부른다. 이들
은 제도권의 권위주의, 주입식 교육, 획일적 교육 등에 대한 저항
문화를 공유했다. 자신의 개성, 정신보다는 신체, 이성보다는 감
성을 중시했다. '서태지와 아이들'을 우상 삼아 랩을 따라 부르고
기성세대와 사회를 향해 어떤 상황에서든 눈치 보지 않고 '난 알
아요', '싫어', '왜?', '그냥' 등 분절음으로 자신의 생각과 감정을
표현했다. 기성세대가 요구하는 논리와 설명을 거절하고 당당한
태도를 취한 세대이다.[2]

1970년대 청년문화가 억압적 정치상황에 대한 일탈과 저항의
산물이라면, 1990년대 신세대 문화는 혼란을 거듭한 교육제도에
대한 저항의 산물이다. 80년대 후반의 교복·두발 자율화와 함께
획일적 통제에서 벗어나긴 했으나 갈팡질팡한 대학입시제도 때문
에 어려운 청소년기를 보낸 세대다. '서태지와 아이들'이 부른 '교

---

2 『경향신문』 2013년 8월 9일자 「X세대가 말하는 1990년대」.

신세대 명칭

- X세대: 1970년대 출생. 한국경제가 3저(저환율 · 저유가 · 저금리) 호황을 누린 1980년대에 10대, 대중문화가 폭발적 성장을 한 1990년대에 20대를 보낸 세대. 새로운, 정체를 알 수 없는 규정하기 힘든 세대라는 의미에서 'X세대'라 불림. PC통신부터 인터넷까지 정보기술(IT)의 초고속 성장을 체험한 첫 세대이고 개인주의 성향이 강함.

- Y세대: 1982년부터 2000년 사이에 출생한 세대. 미국에서 2000년(Year 2000)에 주역이 될 세대라는 의미에서 Y세대, 밀레니엄세대라 불림. 모방심리와 호기심이 많고, 튀는 패션과 쇼핑을 즐기며, 소비력이 왕성하고 유행과 소비를 선도함.

- N세대: N은 net의 약자로, 1998년 미국 사회학자 돈 탭스콧(Don Tapscott)이 『디지털에서 성장한 아이들: N세대』에서 처음 사용. 인터넷을 자유자재로 활용하면서 가상공간을 삶의 주요 무대로 인식하는 디지털세대라고 규정함. 쌍방향의 의사소통, 논쟁을 즐기고 능동적 의사표현에 익숙함.

- R세대: R은 '붉은 악마'(Red Devil)에서 따온 것. 2002년 월드컵에 열광하며 거리 응원전을 벌인 세대. 한국사회의 사회문화적 패러다임을 비관주의에서 화해와 낙관주의로 전환시킨 세대. World Cup 세대라는 의미에서 W세대라고도 함.

- 88만 원 세대: 경제학자 우석훈이 저임금과 불안정한 고용으로 고통받는 젊은 세대를 칭한 용어. 어린 나이에 IMF 금융위기를 접하고, 비정규직으로 낮은 임금과 열악한 근무환경에 시달려 희망을 잃은 젊은 세대를 뜻함.

- G세대: 푸른색을 뜻하는 'Green'과 세계화를 뜻하는 'Global'의 영어 머리글자를 따온 것. 88년 서울올림픽을 전후한 시기에 태어나 해외여행, 유학, 어학연수 등을 통해 글로벌 마인드가 형성됐으며, 개성을 추구하고 개인의 행복을 가장 중요하게 생각하는 유복한 신세대를 칭한다.

출처: 네이버 지식백과.

실 이데아'의 가사는 당시 청소년들의 심정을 대변해서 폭발적 인기를 끌었다. "됐어, 이제 됐어, 이제 그런 가르침은 됐어, 그걸로 족해, (…) 이 시꺼먼 교실에서만 내 젊음을 보내기는 너무 아까워" 등을 따라 부르며 억압적 교육현실에 적극 저항했다. 제도권의 구속을 거부했던 50년대 미국의 비트세대처럼 저항문화를 표방했다는 점에서 한국의 비트세대로 불리기도 했다.

'서태지와 아이들'에 열광한 청소년들은 'H.O.T', '젝스키스', 'god' 등 아이돌 그룹을 추종하면서 대중문화를 선도했다. 이전의 오빠부대와는 차원이 다른 팬덤 현상이 나타났다. 이것이 2000년대 K-Pop으로 이어지며 한류를 탄생시켰다. 신세대는 세계화, 지구촌화라는 새로운 흐름에 합류하여 인터넷으로 연결된 정보사회에서 성장했다. 이들이 디지털 1세대이다. '부팅', '포맷' 등 컴퓨터 용어를 사용하고 '삐삐'로 불린 무선 호출기와 PC통신을 통해 또래와 소통하기 시작한 세대다. 신조어는 신세대의 상징이다. 소리 나는 대로 혹은 일부러 맞춤법에 어긋나게 표기하는 등 기성세대가 이해할 수 없는 언어를 사용했다. 또래끼리만 통하는 기호와

꼰대

사전에는 꼰대는 은어로 '늙은이'를 이르는 말이자, 학생들의 은어로 '선생님'을 이르는 말이라고 정의한다. 즉, 권위를 행사하는 어른이나 선생님을 비하하는 뜻을 담고 있다. 최근에는 기성세대 중 자신의 경험을 일반화해서 자신보다 지위가 낮거나 나이가 어린 사람에게 일방적으로 강요하는, 이른바 꼰대에서 파생된 '꼰대질'을 하는 사람을 가리키는 의미로도 사용되고 있다.

이 단어는 영국 BBC방송에 의해 해외로도 알려진 바 있다. BBC는 2019년 9월 23일 자사 페이스북 페이지에 '오늘의 단어'로 'kkondae'(꼰대)를 소개하며, '자신이 항상 옳다고 믿는 나이 많은 사람'(다른 사람은 늘 잘못됐다고 여김)이라 풀이했다.

출처: 네이버 지식백과.

문화코드를 공유했다.

한편, 밀레니엄세대로 불리는 2000년대 출생 세대가 청년이 되면서 세대갈등은 또 다른 양상을 보였다. 기성문화를 거부하고 자신들의 주장을 표출한 90년대 신세대와 달리, 이들은 저성장 시대의 고달픔을 호소하며 기성세대에 대한 불만을 넘어 분노를 표출했다. "나 젊었을 때, 나 취업할 때"와 같이 기성세대가 자신들의 삶에 빗대어 신세대를 가르치려 하는 태도를 거부했다. "라떼 발언"이라는 이름을 붙여 조언하는 어른들을 '꼰대'라 비하했다. '꼰대'는 해외언론에서 다룰 정도로 세대단절, 세대갈등을 상징하는 단어가 되었다. 이들은 기성세대에게 존중받지 못한다는 피해

의식과 기성세대와 단절하는 방식으로 미래에 대한 불안을 방어하려는 경향을 보인다.

02 디지털 신세대 특징

N세대는 미국의 사회학자 돈 탭스콧이 1997년에 쓴 『디지털에서 성장한 아이들: N세대』라는 책에서 처음 사용했다. 인터넷을 불편 없이 활용하면서 가상공간을 생활의 무대로 자연스럽게 인식하고 디지털적 삶을 영위하는 세대를 N세대로 규정했다. 태어나면서 디지털기술을 경험한 세대라는 의미에서 디지털 원주민(Digital Native)이라고도 했다.[3] 이들은 집, 학교, 사무실 등 모든 공간에서 컴퓨터를 쉽게 접하고 능숙하게 사용하고 최근 유비쿼터스 환경에서 디지털 기기를 통해 일상의 대부분을 해결하는 세대이다.

가족이 함께 모여 TV를 보던 문화는 사라졌다. 디지털 원주민은 컴퓨터와 스마트 기기로 각자의 공간에서 세계 각국에서 쏟아내는 수많은 온라인 콘텐츠를 공유한다. 종이책을 보면서 공부한 기성세대와 달리 인터넷 동영상강의로 학교 공부를 하고 구글과 유튜브를 지식창고로 사용한다. 이어폰을 꽂고 음악을 듣는 세대이고 컴퓨터에 여러 개의 창을 띄워놓고 멀티태스킹을 즐긴다. 조

---

3 돈 탭스콧(2009), 『디지털 네이티브』(*Grown up Digital: How The Net Generation Is Changing Your World*), 비즈니스북스, p. 14.

용한 도서실에서 책을 읽으며 공부했던 부모세대와의 갈등은 불가피하다.

PC방에서 함께 온라인 게임을 하거나 커뮤니티에서 채팅으로 밤새우는 것이 대표적인 놀이문화로 지금까지 이어지고 있다. 이들은 현실보다 가상공간에서 더 많은 시간을 보내는 세대이다. 컴퓨터 게임은 과거 어린이들이 읽던 동화나 애니메이션과 같은 문화콘텐츠인 셈이다. 초등학교 선행학습과 입시 스트레스에 시달리는 청소년들에게 게임은 가장 손쉬운 돌파구가 되었고 급기야 청소년 게임중독이 사회문제로 부상했다. 게임중독으로 인한 세대갈등은 비단 우리 사회만의 문제는 아닌 것이 2019년 세계보건기구(WHO)는 게임중독을 치료가 필요한 질병으로 지정했다. 우리나라 경제발전의 원동력인 부모의 교육열은 학벌주의를 조장하는 등 부정적 사회갈등을 야기했고 과거 방식을 일방적으로 강요하여 자녀와 충돌하는 세대갈등을 만들었다.

스마트폰 세대의 커뮤니케이션은 문자 중심이다. 빠른 손놀림으로 찍은 문자로 생각과 감정을 전달한다고 해서 텍싱세대로 불린다. 소셜미디어 등장 이후는 사진, 동영상으로 확대되었다. 어릴 때부터 컴퓨터와 친숙하기 때문에 대부분 정보를 컴퓨터에서 찾고 쌍방향 통신망을 통해 의견을 개진한다. 소셜미디어 이후 이러한 특성이 더 강화되었다. 세대 간 갈등이 불가피해졌다. 밥상머리 교육이 이루어져야 할 식탁에서 모두 각자의 스마트폰을 들여다본다. 가족 간 대화가 없어지고 모든 커뮤니케이션을 손가락으로 하다 보니 조리 있게 말하는 능력이 떨어졌다. 온라인 대화

중 기분이 상하면 읽지 않은 척하거나 채팅창을 닫아버리는 것이 습관이 되어 타인의 말을 경청하는 능력도 부족하다. 많은 젊은이가 어렵게 취업에 성공하고도 조직생활에 적응하지 못하는 것은 성장과정에서 자연스럽게 소통하는 기술을 배우지 못했기 때문으로 보는 시각도 있다.

디지털세대는 친구를 사귀는 방식도 다르다. 현실의 관계망보다 비슷한 취미나 목적을 가진 사람들끼리 모인 온라인 공동체에서 활발하게 활동한다. 온라인 연결망으로 많은 사람들과 교류하여 폭넓은 인맥을 만들기도 하지만 얼굴을 마주하지 않는 익명성의 문제도 크다. 다른 사람으로 위장하여 거짓 정보를 퍼트려서 한 사람을 궁지로 몰거나, 자신을 과장되게 포장하여 타인의 관심을 끌려는 왜곡된 행동을 한다. 한 사람이 강력하게 여론몰이를 하면 나머지는 감정적으로 동조하면서 의견이 한쪽으로 쏠리는 것도 온라인 커뮤니티의 특성이다. 그 때문에 단체채팅방에서 사이버 왕따나 괴롭힘이 발생한다. 그러나 이러한 부작용에도 불구하고 이들은 온라인 공동체를 기반으로 성장하여 사회성을 키워가는 세대임에 틀림없다. 현실과 다른 삶의 공간, '장소 없는 공간'으로 불리는 가상세계에서 많은 시간을 보내면서 기성세대와는 다른 소통방식을 만들어간다.

짧은 기간에 디지털기술이 사회문화 전반의 변화를 주도했다. 디지털 N세대는 네트워크와 통신을 삶의 일부로, 가장 중요한 부분으로 인식하고 책이나 신문이 아닌 인터넷을 통해 정보를 찾고 이메일이나 소셜미디어를 통해 사람들과 연락을 취한다. 대부분

시간을 네트워크에 연결된 컴퓨터나 모바일 미디어와 함께 보낸다. 정보를 찾고 사람을 만나고 쇼핑하는 것, 집 구하기마저 스마트폰의 앱을 통해서 해결한다. 반면 디지털세대가 아닌 아날로그세대는 기술격차, 정보격차, 미디어격차 등으로 상대적 박탈감을 느낀다.

03 디지털 격차, 세대갈등을 키우다

최근 10여 년 청장년층의 미디어 이용률은 꾸준한 증가 추세이지만 젊은 세대와 비교하면 여전히 격차가 크다. 미디어 이용률 격차는 정보접근성 차이, 정보 활용능력 차이, 문화권력 차이 등으로 이어지면서 세대 간 격차를 만들었다. 미디어 환경에 적응하지 못한 중장년층은 디지털 소외계층이 되어 일상생활에서 좌절감과 박탈감을 경험한다. 세대 간 미디어 활용 차이로 벌어지는 미디어 격차는 곧 세대갈등으로 이어진다. 이는 오랫동안 한국사회를 지배한 지역갈등보다 더 심각한 것일 수 있다.

2019년 과학기술정보통신부 통계에 따르면, 장노년층 78.9%가 인터넷을 사용하지 않는 이유로 '사용 방법을 모르거나 어려워서'라고 응답했다. 스마트폰으로 은행업무, 기차표 예매 등 일상 업무를 볼 수 있고 더 혜택을 받을 수 있지만, 활용 방법에 서툰 장노년층은 직접 은행에 가고 새벽에 기차역으로 가서 예매하는 것으로 나타났다.

유튜브 '막례는 가고 싶어도 못 가는 식당'

70대 인기 유튜버 박막례 할머니는 키오스크(무인단말기)를 통한 주문과정에 대해 "햄버거를 먹고 싶어도 못 먹겠다"라며 분통을 터트렸다. '막례는 가고 싶어도 못 가는 식당' 편에서 할머니는 불고기버거를 주문하려 하지만 번번이 실패한다. 무인판매기에서 원하는 메뉴를 찾지 못한 채 시간이 초과되고 기기는 다시 초기 화면으로 돌아간다. 카드 투입구를 찾는 일도 어렵고, 글씨가 작아 안 보이고, 기기 높이가 안 맞아 의자가 필요하다. 디지털 격차로 인한 갈등은 비단 우리나라만의 문제가 아니다. 2016년 칸 영화제에서 황금종려상을 받은 영국영화 '나, 다니엘 브레이크'는 온라인 복지신청에 어려움을 겪는 주인공의 애로를 보여준다.

출처: 유튜브 '막례는 가고 싶어도 못 가는 식당'

유인 카운터를 대신하는 키오스크 주문대

세대 간 정보격차는 단순한 불편을 넘어 생존 문제로 연결된다. 새로운 디지털기술 접근능력 유무가 경제·사회·문화적 격차로 확산돼 불평등을 야기하기 때문이다. 정보격차 문제는 장노년층을 비롯한 사회 소외계층에게 가중되어 갈등으로 이어진다. 무인점포가 늘면서 패스트푸드점 절반 이상이 키오스크를 도입했다. 이를 쉽게 활용할 수 있는 노년층이 어느 정도나 될까 의문이다.

한국정보화진흥원(NIA)의 『2018 디지털정보격차 실태조사』에 따르면 만 55세 이상 장노년층의 종합적인 '디지털정보화' 수준은 일반 국민의 63.1%이다. 컴퓨터 이용능력과 모바일 기기 이용능력을 따지는 '디지털정보화 역량 수준'은 50%, 인터넷 서비스를 얼마나 다양하고 깊게 활용하는지 측정하는 '디지털정보화 활용 수준'은 62.8%로 조사되었다. 베이비부머 세대로 우리나라 경제발전의 주역임을 자부한 장노년층 세대가 문화지체자가 되어 사회네트워크에서 소외되고, 이는 생존의 문제로까지 이어졌다. 급변한 현실에 자존심 상하고 무시당한다는 분노마저 느끼는 이 같은 현상은 미디어 격차가 정보격차를 파생시키고, 정보격차가 세대격차와 세대갈등을 양산하는 구조를 보여준다.

디지털기술은 지속적으로 커뮤니케이션 불평등 구조를 키운다. 장노년층의 미디어 활용능력은 크게 떨어져 자연스레 사회관계망에서 배제되는 과정을 밟는다. 이는 자유롭게 의견을 개진할 수 있는 소통 통로가 막힘을 의미한다. 반면 젊은 세대는 손쉽게 미디어를 활용하면서 확장된 선택권을 갖는다. 의사표현을 더 많이, 더 잘할 수 있다는 의미이다. 인터넷과 모바일 미디어에 익숙한 세대는 결집하여 하나의 세력으로 부상했고 여론을 이끄는 주도세력이 되었다. 반면 기성세대는 미디어 접근 단계에서부터 격차를 보이면서 박탈감을 경험했다. 시간·공간의 제약 없이 미디어를 자유자재로 사용하는 젊은 세대와 그렇지 못한 기성세대 간의 간극으로 급격하게 소통부재와 문화적 단절이 만들어졌다. 수면 밑에 잠재된 세대갈등이 수면 위로 부상했다.

2002년에는 월드컵, 촛불시위, 대통령선거 등 굵직한 사건이 있었다. 이후 한국사회 세대갈등은 새로운 국면을 맞았다. R세대 혹은 W세대는 2002년 월드컵 길거리 응원축제로 전국을 붉은 물결로 덮었고, 미군 장갑차에 치어 숨진 '미선이 효순이' 사건 규명을 주장하는 촛불시위에 자발적으로 나섰다. 사회참여를 통해 얻은 자신감이 이들의 응집력을 상승시켰다. 해방 이후 계속된 '레드 콤플렉스'의 극복이라는 명분을 내걸고 '붉은 악마'를 자청했다. 젊은 세대에게 붉은색은 좌파의 상징이라기보다는 코카콜라나 산타클로즈를 연상시키는 색이다.[4]

종래 선거는 지역 변수가 절대적이었던 것과 달리 2002년 대선 이후는 세대라는 새로운 변수가 등장했다. 세대가 이처럼 선거에서 독립적 변수로 떠오른 것은 한국 정치사에서 획기적 변화다. 이전 선거에서는 지역 변수만 있었다. 계층, 정책, 이념 등 다른 변수는 큰 영향력이 없었다. 2002년 대선에서 노무현 후보가 이회창 후보를 이기고 대통령에 당선된 것은 예상 밖 사건이었다. 그

---

4 이명진 외(2009), 「미디어발전과 사회갈등구조의 변화」, 『정보통신정책연구원 컨버전스 미래연구』, (1).

동안 정치에 무관심했던 20~30대 젊은 세대가 적극적으로 참여해 정치 지형을 바꾼 결과다. 당시 신세대의 정치참여를 세대혁명이라 부르기도 했다. 이들이 정치적 의사를 표현하고 결집할 수 있었던 것은 인터넷 미디어 덕이다. 미디어가 세대혁명의 원천임을 방증하고 있다. 젊은 세대가 정치 전면에 등장하자 놀란 기성세대는 보수 결집을 통한 기득권 방어에 나섰으나, 미디어로 소통하는 젊은 세대는 정치권의 새로운 물결로 등장했다.

미디어 격차에 따른 세대갈등은 정치영역에서 계속 이어졌다. 2011년 서울시장 보궐선거는 투표율이 승패를 가르는 선거였다. 젊은 세대가 SNS를 통해 투표를 격려하는 인증샷 올리기를 이어 갔고, 스마트폰을 이용해 실시간 투표현황을 파악해 직장인에게 출퇴근 시 투표 참여를 촉구했다. 젊은 세대가 대거 투표에 참여한 결과, 정치활동이 미미했던 박원순 후보가 강력한 여당 후보를 이기고 서울시장에 당선되는 이변을 낳았다. 미디어 기술이 신세대의 결집을 가능하게 했고 그 결집이 사회 변화로 이어진 대표적 사례이다. 2016년 총선 결과 역시 선거에서 변수는 지역이 아닌 세대로 바뀌었다는 사실을 반증하였다. 예상을 깨고 당시 여당이 수도권에서 참패하고 분열을 거듭했던 야당이 제1당으로 올라섰다. 여당의 공천파동으로 인한 국민의 실망감도 작용했으나, 장기간의 청년실업, 금수저 갑질에 대한 저항, 고령화 사회에 대한 반감 등이 반영된 젊은 세대의 의사표현이었다고 할 수 있다.

최근 미디어 접근성과 활용능력이 상대적으로 떨어진 장노년층이 변화가 보였다. 2017년 대통령 탄핵과 정권교체를 경험하면서 자신들의 의사를 관철하려면 미디어 리터러시가 필수적임을 인지한 것이다. 그 결과 보수 성향의 팟캐스트나 유튜브 채널을 통해 집권여당에 비판적 소리를 쏟아내고, 진보집단에 대응하는 대규모 시위집회를 이어갔다. 특히 2019년 소위 '조국사태'를 둘러싼 논쟁에서 보수집단은 미디어를 활용한 정치참여에 주력하는 모습을 보였다. 이제 진보·보수를 막론하고 정치인들은 유튜브, 페이스북, 트위터 등 SNS를 통해 대중과 직접 소통하는 정치를 한다. 이 과정에서 지지자들은 상대를 비하하고 막말을 일삼는 등 미디어를 매개로 한 갈등을 키우고 있다.

04 세대갈등관리, 다름을 인정하고 소통하기

젊은 세대는 베이비붐 세대와 386세대가 이룩한, 물질적으로 풍요로운 사회에서 성장했다. 그러나 정작 자신들이 사회로 진입해야 할 시점에서 성장이 멈춘 정체된 사회를 맞닥뜨렸다. 오랜 불황의 늪에 빠진 한국사회에서 일자리를 구하지 못하는 젊은이들은 '삼포세대', 'N포세대', '헬조선'과 같은 자조적이고 비관적인 단어를 만들었다.[5]

세대갈등은 우리 사회만의 문제가 아니다. 저출산 고령화 사회

---

[5] 연애, 결혼, 출산 등 젊은이들이 가져야 할 3가지를 포기했다 하여 삼포세대, 직장, 집, 자동차 등 경제적 어려움에 더 많은 숫자를 포기해야 한다는 의미에서 자조적으로 N포세대라 부른다.

로 진입하는 모든 선진국에서 겪고 있는 갈등이다. 2016년 영국의 브렉시트 결정은 세대갈등의 결과라 할 수 있다. 브렉시트 투표결과를 살펴보면 연령이 낮을수록 잔류가, 연령이 높을수록 탈퇴가 많다. 영국 젊은이들은 "다음 세대의 미래를 결정하는데 왜 80대가 투표하는지 모르겠다"며, "우리의 미래를 빼앗겼다"고 흥분했다. 탈퇴 결정 이후 10대들은 런던 국회의사당 앞에 모여 "나는 영국인이 아니라 유럽인이다"라고 쓴 피켓을 들고 시위했다. 젊은이들은 잔류하여 EU의 교육지원과 유럽으로 진출할 기회를 원했던 반면 중장년층은 이민자들에게 자신의 세금을 쓴다는 반감에 탈퇴를 주장했다.[6]

브렉시트 결과에 영국 젊은층이 분노하는 모습을 보고 우리나라 진보 성향의 젊은 논객들은 '우리와 같다'며 동병상련을 표시했다. 정도의 차이가 있을 뿐 어느 사회나 기득권을 지키려는 기성세대와 진입하려는 신세대 간의 갈등은 상존한다. 나이가 들면 자연스럽게 보수화되는 것이 인류적 현상이듯이, 일정 주기마다 세대가 교체되는 것도 오래된 삶의 방식 중 하나이다. 의학이 발달하고 건강수명이 길어졌다 해도 나이가 들면 체력이 약해지고 사고도 경직되기 쉽다. 따라서 자연스럽게 다음 세대에게 자리를 물려주고, '경험'과 '연륜'을 활용해 '조언자' 역할을 자처하는 태도가 바람직하다. 세대 차이를 배려와 화합으로 봉합하는 내용의 영화 「인턴」(2015)은 세대갈등에 대한 혜안을 보여준다. 은퇴한 인생선

---

6 『중앙일보』 2016년 6월 27일자 「브렉시트는 칠면조 같은 선택?… '먹힐 줄 알면서도 좋아해'」.

배가 젊은 사장을 응원하고 위로하고, 대기업 부사장이던 자신을
내세워 절대 훈수두지 않는 세대 간 화합의 지혜가 담겨 있다.

정보사회로 진입하면서 발생한 세대갈등은 세대 간의 미디어
격차를 인정하는 것에서부터 해법을 찾아야 한다. 현대사회는 한
사회 안에 농경시대 사고를 가진 세대, 공장체제에 길들여진 세
대, 정보화시대에 익숙한 세대 등 서로 다른 산업구조에서 성장한
세대가 공존한다는 점에서 갈등의 용광로인 셈이다. 사회의 변화
속도가 너무 빠른 데서 생겨난 것으로, 특히 압축적 고도성장을
겪은 한국사회에서 더욱 심각하다. 정보사회는 모든 영역이 융합
되어 정보 접근성이나 활용능력으로 인한 불평등구조가 심화될
수밖에 없다. 이는 고령화사회로 진입하면서 공고해질 것이고 세
대갈등의 골도 더 깊어질 것이다.

일차적으로 미디어 격차의 현실을 수용하는 것이 격차를 줄이
려는 노력에 선행되어야 한다. 섣부른 격차 줄이기는 오히려 갈등
을 키울 위험이 있다. 기성세대가 애써 따라가려 해도 격차는 쉽
게 좁혀지지 않을 것이다. 가상현실, 증강현실, 인공지능, 무인자
동차, 공유경제 등 빠른 속도로 변화하는 사회는 첨단정보기술과
뉴미디어와 밀접히 연결되어 있다. 디지털 이민자로 불리는 베이
비붐 세대와 386세대는 디지털 원주민 N세대와의 격차를 좁히려
해도 따라잡지 못할 것이다. 따라서 다른 세대의 사고방식, 행동
양식, 가치체계는 근본적으로 나와 다르다는 사실 인정이 필요하
다. 기성의 가치관으로 신세대의 행동을 비판한다면 세대갈등은
불 보듯 뻔하다. 공감하기 어렵다면 간섭이나 훈수보다 일단 다름

을 인정하는 것이 좋다.

　미디어 격차로 인한 세대갈등을 디지털기술이 야기한 일반적 사회현상으로 보는 시각도 있다. 미디어 활용능력은 현대인이 갖추어야 할 필수 능력이기 때문이 세대 차이에 초점을 맞출 필요가 없다는 것이다. 같은 세대라도 교육수준이나 경제적 여건에 따라 미디어 활용능력에는 편차가 있다. 미디어 격차 문제는 사회 전반에 상존하는 미디어 격차를 해소하는 방향에서 포괄적 분배정책이 필요하다는 것이다. 이를 위해 디지털 소외계층을 위한 정부 부서, 지방자치단체, 대학, 예술단체와 같은 공공 및 민간 파트너들이 협력하여 교육 프로그램을 개발하고 운영해야 한다. 키오스크 사용, 모바일 예매, 디지털 금융 등 일상에서 겪는 디지털 소외 현상을 해결하기 위한 방법을 모색할 필요가 있다. 예컨대 모바일 예매분의 일정량은 오프라인에서 판매하도록 규제하고, 키오스크 도움 인력 배치 의무화나 유인 카운터 운영 의무화 등 구체적인 대책이 필요하다.

제9장
디지털 젠더갈등

01 더 이상, 남성지배사회가 아니다

유교 전통이 이어져 내려온 우리 사회에 여성이 목소리를 낼 수 있게 된 것은 그리 오래된 일이 아니다. 1960년대는 여성단체들이 '혼인신고를 하고 호적에 이름을 올리자'는 캠페인을 통해 여성의 법적 지위를 주장하던 시절이었다. 당시 혼인신고를 하지 않고 사실혼 부부로 살다가 남성에게 버림받는 여성들이 많아 이들을 법적으로 지키기 위한 계몽운동이었다. 1970년대 '아들 딸 구별 말고 둘만 낳아 잘 기르자'는 인구정책 구호는 당시의 남존여비 정서를 은연중에 드러난다. 그러나 요즘 젊은 세대에게 남존여비와 가부장제로 상징되는 권위주의 시대의 모습을 설명하면 쉽게 이해하지 못한다.

오늘날은 여성의 사회진출이 늘어난 정도를 넘어서 남성이 지배하던 법조계, 의료계까지 여초 현상이 나타나는 등 더 이상 여성을 소수자로 보지 않는다. 2019년 9급과 5급 공무원 공채 필기시험에서 여성 합격자가 각각 56.5%, 38.1% 비중을, 외교관 후보선발시험에서 여성 합격자는 47.6%를 차지했다. 시험을 치르는 경쟁에서는 남성들이 여성을 이기지 못한다는 속설이 생길 정도다. 양성평등은 여성의 차별을 막기 위한 것이 아니라 오히려 남성을 보호하기 위한 제도로 착각할 수준이다.

1980년대 진행된 정치민주화와 경제성장과 함께 우리 사회에 뿌리내린 남존여비 정서에도 변화가 왔다. 베이비붐 이후 지속된 인구증가 억제정책으로 인해 각 가정에 한두 자녀만 두게 두면서 교육의 기회가 남녀에게 평등하게 주어졌고, 그 결과 경쟁력을 갖춘 여성들이 배출되기 시작했다. 여성의 사회진출이 늘면서 정치세력도 갖게 되었다. 1990년대 이후 직군별 여성 할당제가 생기고 여성부가 발족하는 등 여성의 권익을 보호하기 위한 국가정책이 생겼다. 이후 여성들의 사회진출은 급속도로 늘었다.

2000년대로 들어서 여성의 영향력이 상당히 커졌다는 체감과 사회적 공감대가 형성되어 지금까지와는 다른 양상의 젠더갈등 긴장이 생기게 된다. '알파걸', '골드미스' 등 여성을 가리키는 새로운 호칭이 등장하였다. 남성은 여성이 더 이상 이 사회의 소수자가 아니고 자신들의 버거운 경쟁자가 되었음을 인지했고, 기존의 가부장제에서 누렸던 권위를 가정을 물론 사회에서 더 이상 갖지 못할 것 같은 불안감으로 일부는 여성에 대한 반감을 키우기 시작했다.

여성의 사회진출에 대한 반감은 비단 우리나라만의 문제는 아니다. 전 세계적으로 여성의 사회진출이 점점 확대되면서 불안감도 커졌다. 정치분야를 보면 독일의 4선 총리 메르켈, 영국의 전 총리 메이 등 여성 총리가 유럽 정세를 주도했고, 2017년에 뉴질랜드 아던 총리, 2019년 핀란드 마린 총리 등 젊은 여성 총리가 등장했다. 2014년 프랑스 파리 시장에 안 이달고의 당선으로 최초의 여성 시장이 탄생했고, 이어서 로마, 마드리드, 바르셀로나 등 유럽 주요 도시 시장으로 모두 여성이 당선되었다. 보수성이 강한 일본 도쿄에도 최초의 여성 도지사가 탄생했다. 사회 전 분야와 비교해 여성의 진출이 가장 더뎠던 정치권에 여성들이 대거 진출함에 따라 남성 주도의 정치문화에 큰 변화가 일어났다. 변화는 분명 긍정적인 것이나 변화의 과정에서 나타날 갈등에 대한 우려도 적지 않다. 예컨대 갑작스러운 변화에 적응하지 못하는 남성들의 반감은 젠더갈등과 직결된다.

2016년 미국 대선에서 도널드 트럼프가 예상을 깨고 공화당 후보가 된 이변에는 여성에 대한 미국 백인 남성들의 불안과 반감이 작용했다는 시각이 있다. 미국 대선은 인종문제, 이민자와 소수자 문제 등 복잡한 사회갈등이 맞물려 있기 때문에 예단하기 어렵지만, 백인 남성들의 정서에는 흑인 대통령 에 이어서 여성 대통령 탄생을 수용하기 싫다는 속내가 있기 때문에 트럼프를 지지한다는 분석도 있다.

한국사회에서 젠더갈등은 새로운 현상은 아니다. 그러나 최근의 젠더갈등은 디지털기술로 인해 나타난 사회갈등 중에서도 특히 집단 간 극단적인 대립관계를 드러냈다. 시간이 흐르면서 자연스럽게 해결되거나 정책보완으로 해결할 수 있는 성질의 것이 아니라는 데 문제의 심각성이 있다. 앞서 언급한 바와 같이 여성에 대한 반감이 팽배한 것은 전 세계적인 현상으로 우리나라의 젠더갈등도 이러한 추세에서 크게 벗어난 것은 아니나 여기에 더해서 디지털기술과 밀접하게 연관되어 나타난 현상이라는 특징이 있다.

우리나라 젠더 갈등의 발화점은 디지털 온라인 매체이다. 온라인공간을 매개로 일어난 최초의 젠더갈등은 1999년 군 가산점 폐지 논란이다. 이 사건은 5명의 대학생이 공직이나 민간기업 채용 시 군필자에게 주어지는 가산점이 위헌이라는 헌법소원을 내면서 시작되었다. 공무원 채용시험에서 5%의 가산점이 부여되는 것이 위헌이라는 헌법재판소의 판결 직후 당시 인터넷과 PC통신 게시판은 엄청난 사이버폭력으로 도배되다시피 했다.[1] 주 타깃은 이화여대와 여성단체였다. 논란의 여파가 채 가시기 전인 2001년에는 부산대 여학생 소모임에서 만든 웹진 『월장』 게시판을 남성들이 욕설과 위협으로 초토화시킨 '월장사건'이 발생했다.[2]

---

[1] 권김현영(2000), 「군가산점 소동과 사이버테러」, 『여성과 사회』, 11(1), pp. 133~145.

문제는 군가산점 논란이 끊임없이 이어지면서 비슷한 담론 프레임을 반복 재생산한다는 데 있었다. 헌재가 위헌판결을 내린 배경은 여성뿐 아니라 장애인 등 사회적 약자에 대한 불평등을 고려했기 때문이다. 그러나 '군대 가서 고생한 남자'와 '필요할 때만 평등권을 주장하는 여자'라는 이분법적 구도에서 격렬한 대립을 거듭했다. IMF 직후 불안한 한국사회의 좌절과 분노의 에너지가 남녀 간의 대립으로 전이되면서 발생한 젠더갈등으로 볼 수 있다. 구조적 차별에 대한 사회적 논의는 사라지고 젠더갈등만이 부각되었다. 자극적이며 선동적인 의견이 주도권을 잡기 시작하면 순식간에 집단성을 갖는 온라인 커뮤니케이션의 구조적 특징이 군가산점 논란을 극단적인 젠더갈등으로 증폭시켰다.

여성에 대한 비하, 차별을 당연시하고 여성을 혐오하는 정서가 특히 온라인을 중심으로 뚜렷하게 드러났다. 온라인 매체는 TV나 잡지 같은 전통 매체와 달리 누구나 의사표현을 손쉽게 할 수 있고 같은 의견을 가진 사람들끼리 쉽게 모일 수 있는 특성 때문에 편향적이고 극단적인 대립 구도가 되기 쉽다. 익명의 상황에서 집단 정체성이 분명해지면서 특정 집단을 무조건 옹호하거나 무조건 비난하는 사이버 훌리건과 같은 양상도 보인다.[3] 사람들은 자

---

2 창간호에 실린 「도마 위의 예비역」이라는 글에 반발한 남성들에게 의해 웹진 회원들의 신상정보가 유출되면서 구체적 협박이 가해지기도 했다. 부산대 총여학생회는 부산성폭력상담소와 함께 사이버폭력 대책위원회를 구성했고 대립상황이 100여 일간 계속되었다.

3 오미영(2011), 「인터넷 여론과 소통의 집단 극화」, 『현상과 인식』, 35(3), pp. 39~58.

신이 원하는 정보나 내용만을 선택적으로 습득하기 때문에 이러한 경향이 가속화될 수 있다.

온라인공간에서는 어느 한쪽을 지지하는 의견이 더 많이 게시되면 그 의견을 다수인 것으로 인지하여 자신의 의견을 다수 쪽으로 편입시키려는 심리가 작용한다. 또한 온라인공간은 얼굴을 마주하지 않는 익명의 공간이기 때문에 눈치나 체면에 얽매이지 않고 현실에서는 할 수 없는 표현을 쏟아내는 데도 수치심이나 윤리의식이 취약해진다. 이러한 온라인의 기술적 특성과 맞물려서 여성혐오 정서는 점점 온라인공간에서 확산되고 동조되는 경향이 있다.

03 개똥녀 사건, 여성혐오로 번지다

2005년 6월 발생한 '개똥녀' 사건은 한국사회에 처음 등장한 마녀사냥의 원형이자, 여성혐오의 표적 집단에 일반 여성을 포함시킨 사건이다. 해당 여성에게 온라인과 오프라인을 가리지 않고 무차별 공격이 이어졌다. 얼마나 시끄러웠는지 해외언론에서도 주목하여 『워싱턴포스트』에 기사화되었고 『위키피디아』에도 등재되었다. 한 여성이 지하철에서 개똥을 치우지 않은 몰염치한 행위를 전 세계가 중계했다.

전문가들은 이 현상을 단순히 공중도덕을 지키지 않은 여성에 대한 비난으로 보지 않았다. 남성들과의 경쟁에서 이겨 성공한 젊은 여성들이 당당하게 자신의 성적 욕망을 드러내는 데는 주저함이 없으면서, 결혼이나 출산은 유예하는 당당함을 보인 것에 대한 분노와 굴욕감이 개똥녀 사건의 기저에 깔려 있다는 것이다. 또다른 사례로 '된장녀' 혐오도 있다. 된장녀란 말은 2006년 야후코리아가 조사한 인터넷 신조어와 유행어 1위에 오른 단어다. 명품을 좋아하고 고급 레스토랑을 찾는 여성들을 비하한 '된장녀' 담론으로 여성들의 소비와 사치를 비난했다. 전문가들은 이 현상을 남성들이 여성들의 소비욕망을 통제할 수 없는 현실의 불안과 공포를 해소하기 위한 것이었다고 분석했다.

개별 여성의 행동을 여론몰이를 통해 '○○녀'라고 낙인찍는 방식으로 우리 사회는 젠더갈등을 극단으로 몰아갔다. 사실 여부와 무관하게 일단 찍히면 오명에서 벗어날 수 없다. 손쉽게 동조를 얻어낼 수 있는 인터넷 소통구조가 낙인찍기와 몰아가기를 만들었다. 한 개인의 행동이 누군가의 선동에 의해 먹잇감이 될 수 있는 구조는 선의의 피해자를 양산할 수밖에 없다. 2013년 '엠엘비파크'[4]라는 남성 커뮤니티에서 벌어진 '카디건 사건'을 보면 익명의 온라인공간이 어떻게 젠더갈등을 유발하는지 알 수 있다.

인터넷상에서 허구와 실제를 적절히 섞어 자극적인 이야기를 만드는 일명 '관심종자'[5]들의 자작 사례는 어느 커뮤니티에서나 흔

---

4 동아일보 동아닷컴 산하의 스포츠커뮤니티. 야구 동호인 커뮤니티지만 자유게시판에는 주제와 상관없는 이야기가 올라온다.

5 남의 주목을 끌기 위해 자극적이거나 문제의 소지가 있는 글을 올리는 사람을 뜻한다. '관심'과 '종자'의 합성어로 온라인 공간에서 '관종'으로 줄여 사용한다.

온라인 커뮤니티 엠엘비파크(MLBPARK)

엠엘비파크라는 남성 중심 커뮤니티 게시판에 한 남성회원이 '그 여자는 사람 치료보다 옷이 더 소중한가 보네요'라는 제목을 글을 올렸다. 누군가 자전거를 타다 크게 다친 상황에서 응급처치를 하던 행인이 지혈을 위해 주변에 있던 여성이 들고 있는 겉옷을 빌려달라고 했으나 빌려주지 않고 사라졌다는 내용이다. 많은 동호회원들이 이 여성을 비난하는 댓글을 달았다.

그러나 사건의 정황은 그가 올린 글과 전혀 달랐다. 디씨인사이드에 뺑소니 사고의 목격자를 찾기 위한 목적으로 앞서 올린 글이 있었다. 남성 바이크 운전자가 자전거를 탄 노인을 치고 달아나자 주위에 있는 여성 라이더가 벗어준 겉옷으로 무사히 지혈을 했고, 지혈하느라 피가 묻은 카디건의 사진도 함께 올렸다.

한 여성 의인을, 위기에 처한 타인을 돕지 않는 양심 없는 사람 이야기로 둔갑시킨 것이었다. 해당 글은 물론 그동안 그가 올린 여자친구, 동료 여직원을 부정적으로 묘사한 상당수의 글들까지 조작의심을 받자 그 회원은 커뮤니티를 탈퇴했다.

출처: 윤보라(2013), 「일베와 여성혐오」, 『진보평론』, 57, pp. 33~56.

히 있는 일이다. 문제는 이들이 거짓을 꾸며낼 때 사용하는 이야기 소재가 상당 부분 여성혐오 담론이라는 데 있다. 나쁜 여성에 대한 이야기는 확실하게 많은 남성들의 동조를 구할 수 있다. 욕 먹어 마땅한 여성의 행동이 온라인 글로 옮겨지면 '○○녀'가 탄생하는 것이다.

남성의 분노를 유도했던 2012년도 트위터 사건도 있다. 어느 카드회사 대표가 트위터에 "식당이나 카페에서의 카드 사용 통계를 보면 남성들의 사용이 압도적으로 많다"면서 "불쌍한 남자들, 언제까지 이러고들 사실 건지"라고 썼고 많은 남성들이 그의 글을 리트윗하면서 벌어진 사건이다. 남자들이 데이트 비용을 착취당하고 있다며 분노를 토해냈다. 남성 주머니를 터는 '나쁜 여자'에 대한 비난과 혐오는 한국여성 전체에 대한 혐오로 확장되었다.

여성혐오와 여성비하는 공중도덕이 부족한 '개똥녀'나 명품만 찾는 '된장녀'처럼 잘못을 지적하는 차원에만 있는 것이 아니다. 외모지상주의를 비판하면서도 못생겼다, 매력이 없다 등으로 비하하며 '김치녀'라고 부른다. 그러면서 성형수술로 얼굴을 고친 여성들도 비난했다. 성형괴물을 줄인 단어 '성괴', 중년 여성을 지칭하여 상장폐기여성을 줄인 단어 '상폐녀' 등 여성혐오와 비하 단어를 거침없이 사용했다. 전통적인 성차별적 관념이 온라인이라는 새로운 미디어 환경에서 저급한 대중문화와 결합한 것이다. 이러한 혐오표현, 비하표현들은 온라인공간 어디서나 쉽게 발견할 수 있다. 온라인 여성혐오와 비하가 일상적인 현상으로 고착되었다.

04 사회불안정서가 여성혐오를 부른다

혐오발언은 무차별적이다. 특히 국내 최대 인터넷 커뮤니티 포탈인 디씨인사이드(이하 'DC'로 약칭)의 일간베스트(이하 '일베'로 약칭)를 중심으로 시작된 막무가내식 여성혐오의 위협성은 가공할 수준이다. '여성들은 공중도덕관념과 책임감이 없고, 이기적이며 무조건 돈 많은 남자와 명품을 밝히는 속물이며, 성적으로 방종한 걸레들'이라고 규정한 것을 보면 수준을 짐작할 수 있다. 이들의 여성혐오 담론은 여성에 대한 폭력을 부추기고 정당화하는 발언으로 확장되어 모방범죄가 양산되기도 했다. 2013년 발생한 '일산 엘리베이터 성추행범 사건'은 일베가 게시물에서 언급한, 강간하는 방법을 모방한 것으로 드러나 큰 충격을 주었다.[6]

일베와 같은 극단적 여성혐오자들은 2000년대 들어서면서 여성의 역할이 커지고 일정한 지위를 차지하게 된 것은 김대중 정부가 여성의 표를 얻기 위해 만든 각종 정책 때문이라고 주장한다. 여성할당제를 주장하더니 여성부를 만들어 남성들을 역차별한다고 분노를 터뜨린다. 조·중·동과 같은 보수언론에도 여기자들이 대거 진출해 여자 편만 드는 소리를 앵무새처럼 되풀이한다고 비난한다.

이처럼 여성혐오 글을 올리는 사람들은 경쟁에서 탈락한 일종의 루저들이라는 지적도 있다.[7] 자신이 꿈꾸는 강자를 자기 자신과 동일시하지만 현실에서는 조용한 편의점 점원, 소규모 자영업자, 배달원, 학생 혹은 무직자가 다수였다. 이들이 현재 우리 사회를 구성하고 있는 다수라는 점에 문제의 심각성이 있다. 대단히

---

6 『한겨레』 2013년 5월 31일자 「일산 엘리베이터 성추행범 '일베'에서 범죄수법 배웠나」.

7 안상욱(2011), 「한국사회에서 루저문화의 등장과 남성성의 재구성」, 서울대학교대학원 여성학협동과정 석사학위논문.

잘나거나 남보다 잘사는 것도 아니며, 방학이면 점원이나 배달직을 전전하면서 학자금 대출을 갚아야 하는 것이 대부분 젊은이들의 현실이다. 지금 당장은 아니더라도 언제 어떻게 추락할지 모른다는 불안감을 가지고 산다. 나라 전체가 청년실업 문제로 어려움을 겪고 있으니 쉽게 해결될 문제가 아닌 것 같다.

역차별을 주장하는 남성들의 이야기가 2015년 MBC 'PD수첩'에서 소개되었다.[8] 남성들은 데이트 비용과 결혼비용을 둘러싸고 자신들이 당하고 있다면서 불만을 터뜨렸다. 전문가들은 금융위기 이후 계속되는 경제침체와 실업으로 인한 패배감, 결혼하여 가정을 이루고 싶으나 그럴 수 없는 현실이 특히 젊은 여성들에 대한 분노와 혐오를 만들었다고 분석했다. '김치녀', '된장녀'는 나와 함께 가정을 이루려 하지 않는 여성들에 대한 비난이고, 가정을 이루지 못하는 현실에 대한 책임을 여성에게 돌리고 싶은 일종의 회피담론이라는 것이다.

2016년 대학가 SNS 성희롱 사건은 여성에 대한 열등감을 저변에 깔고 있는 루저 남성들의 여성혐오였다. K대학 남학생 단체대화방에서 동급생이나 후배 여학생을 대상으로 저급한 성희롱을 하거나 성폭력을 부추기는 대화가 있었다는 사실이 공개되었다. 그 사건 이후 타 대학에서도 비슷한 성희롱 대화가 있었다는 사실이 대학의 대자보를 통해 알려지면서 사회적으로 큰 충격을 주었다. 이런 범죄행위가 지성의 상징이라는 명문대의 남학생들이 저

---

8 『MBC』 'PD수첩'(2015.8.4).

SNS 단체채팅방 성희롱 사건

2016년 6월 K대 카카오톡 대화방에서 여학생들을 대상으로 저급한 성적 농담이 오갔다는 사실이 공개되었다. 단체대화방 언어 성폭력 사건 피해자 대책위원회는 "술집 가서 X나 먹이고 자취방 데려와라" 등 이 학교 남학생들의 성희롱 발언을 담은 카톡방 대화를 대자보를 통해 공개했다. 여기에는 "지하철에서 도촬 성공함" 등 범죄 관련한 내용도 있었다.

2016년 7월 G대에 익명의 대자보가 붙었다. 작년 10월 이 학교 국제캠퍼스의 한 동아리 소속 남학생들이 대화방에 없는 여학생들에게 성적 모멸감을 주는 대화를 해 1~3개월 정학 등의 징계를 받았다는 내용이다. 같은 달 S대 인문대 남학생들의 SNS 성희롱 사건도 이 학교 소수자인권위원회를 통해 알려졌다. 누군가 "배고픈데 먹을 게 없냐"는 질문하자 "○○○(동기 여학생 이름) 먹어"라고 대답하는 등 저급한 성적 표현을 일삼았다. 2016년 9월 Y대 총여학생회는 이 학교 남학생들 카카오톡 단체대화방 내용의 일부를 공개했다. 총여학생회는 모 학과의 실제 대화를 각색 없이 발췌한 것이라며 중앙도서관 정문 앞 기둥에 단체대화 내용을 담은 대자보를 붙였다. 대화의 내용은 "맞선 여자 첫 만남에서 XX해버려", "여자 주문할 게 배달 좀" 등 지성의 요람이라는 대학에서 벌어진 일이라고 믿을 수 없는 수준의 저질 성희롱이었다.

출처: 『중앙일보』 2016년 9월 3일자 「"여자 주문할게 배달 좀…" 연세대서도 단톡방 성희롱」 발췌.

지른 일이라는 사실에 놀라움이 더 컸다. 전문가들은 대학생들이 청소년기에 입시경쟁만을 강조하는 사회적 분위기 속에서 집, 학교 어느 곳에서도 인성교육을 제대로 받을 기회가 없었기 때문이라고 지적했다. 또한 여성의 사회진출 급증에 대한 불안감과 열등감의 왜곡된 표출로 볼 수 있다고 했다.

온라인에 숨어서 자기들끼리 낄낄거리는 행위는 경쟁자로 급부상한 여성들에 대한 경계와 공포의 다른 표현이다. 여성은 더 이상 차별받는 소수가 아닌 버거운 경쟁상대가 되었다. 여성비하, 여성혐오는 남성들이 삶의 위험과 사회적 불안 때문에 만들어진 분노를 쏟아 붓기 위한 일종의 도피처와 같다.

05 여성혐오가 대중문화로 파고들다

인터넷상에서 차별·혐오 표현이 계속 증가하는 추세이다. 방송통신심의위원회의 인터넷 혐오·차별 표현 시정요구 건수는 2013년 622건에서 2015년 891건으로 20% 이상 증가했다. 대상 역시 '국제 ×녀', '발정난 ×××' 등 특정 성(性)이나 '×××는 미개한 바퀴벌레 종족'처럼 외국인은 물론이고 장애인, 일본군 위안부, 독립운동가, 특정 지역까지 광범위하다.[9] 문제는 인터넷의 이런 차

---

9 방송통신심의위원회가 19대 국회에 제출한 '2016 인터넷상의 차별 비하 표현에 대한 시정요구 건수' 중 발췌 인용.

| 논란이 된 『맥심』 표지

별·비하 표현이 파급력이 큰 대중문화로 파고들었다는 점이다.[10]

2015년 남성독자를 대상으로 하는 잡지 『맥심』이 '나쁜 남자'를 주제로 삼은 표지를 출판하면서 여성혐오를 다룬 대중문화에 대한 비판이 일었다. 표지는 영화에서 주로 악역을 담당하는 배우가 담배를 피우는 모습과 그가 기대고 있는 자동차 트렁크에 여자의 발이 청테이프에 묶인 채 나와 있는 사진이다. 도덕이나 윤리적인 문제를 떠나 명백한 범죄행위를 표지에 싣고 여성혐오 정서를 자극한 노이즈 마케팅 사례이다. 표지에 대한 비판이 계속 쏟아지자 잡지사 측은 공식적으로 사과했으나, 논란을 이용한 노이즈마케팅의 목적은 이룬 셈이다.

2015년 케이블 채널 Mnet의 프로그램 '쇼미더머니'에 출연한 한 아이돌가수가 성비하 발언을 가사에 담아 물의를 일으켰다. 여성비하 발언은 KBS와 같은 지상파 TV에도 심심치 않게 등장했다. KBS의 '개그콘서트'가 2015년 '사둥이는 아빠 딸' 코너에서 딸이 "나는 김치녀가 될 거야"라고 말하는 장면을 내보내 논란이 되

---

10 『동아일보』 2016년 6월 20일자 「약자 차별·비하 표현 '인터넷→방송→대중' 확대 재생산」.

었다. 인터넷에서만 떠돌던 여성비하 칭호인 '김치녀'가 지상파에 버젓이 등장한 것이다. 2016년에는 '요리하는고야' 코너에서 개그맨이 여성의 성형을 갈아버린 무에 비유하고, 인기 없는 여성의 해법은 성형뿐이라고 외쳐 다시 논란을 일으켰다. 이처럼 비판에도 불구하고 사회풍자일 뿐이라고 변명하면서 여성혐오를 부추기는 대중문화 콘텐츠를 계속 등장시키는 것은 여성혐오에 동조하는 사람이 많거나 혹은 이런 것에 즐거워하는 정서가 있다는 점을 알기 때문일 것이다.

06 여성혐오에 맞서는 남성혐오: 미러링

논란에도 불구하고 특별한 제재 없이 계속된 온라인 공간의 여성혐오 발언들은 2015년 DC의 메르스 갤러리에서 일명 '미러링'이라 부르는 반격을 시작하면서 파장이 일었다. 2015년 5월은 전염성이 강하고 치사율이 높은 메르스가 우리나라를 발칵 뒤집어 놓았던 시기이다. 앞서 언급한 대로 DC는 온라인 갈등의 발화점이었다. 메르스에 대한 토론을 목적으로 메르스 갤러리가 생겼으나 메르스와는 무관한 이야기로 논란이 되었다. 메르스에 감염된 것을 모르고 홍콩에 갔던 우리나라 여성 둘이 홍콩 당국에 의해 격리 조치된 사실이 언론에 보도되자 이 여성들에 대한 비난이 시작된 것이다. 한 남성이 이들이 당국의 격리를 거부하고 도망 다닌 것처럼 글을 올리자, 개념 없는 여성이라는 비난의 댓글이 쏟아졌다. 그러나 사실이 아니었다. 영어소통에 문제가 있었을 뿐 격리를 거부한 일이 없었던 것으로 밝혀졌다. 메르스 갤러리에서 여성들은 이런 남성들과 논쟁을 하다가 독립하여 자신들만의 커뮤니티 '메갈리아'[11]를 만들었다.

'메갈러'로 불린 이 여성들은 같은 수준으로 남성들을 반격했다. 남성들의 혐오발언에 거울반사라는 재현방식을 택한 것이다. 그동안 남성들이 사용한 여성혐오나 여성비하 발언들을 주어만 바꿔서 같은 방식으로 공격했다. 이를 '미러링'이라 불렀다. 이들은 남성들이 만든 '개념녀'[12]의 프레임에서 벗어나 남성들의 여성혐오에 맞설 뿐 아니라 남성들이 사용한 표현을 그대로 노골적이고 과격하게 패러디했다.

맞벌이를 하지 않고 가장에게만 돈을 벌어 오라고 한다는 '김치녀', 명품만 찾는 '된장녀'에 대한 비난을 멀쩡한 컴퓨터를 집에 두고 PC방에 가서 음란물을 보며 자동차와 기계에 미쳐 있는 '김치남'으로 맞받았다. 운전에 미숙한 여성들을 '김여사'라 비웃은 것에 대한 패러디로 남성들을 성매매와 성접대에 돈을 쓰는 '김기사'로 불렀다. 동남아에 현지처를 두고 코피노와 라이따이한 같은 사생아를 남겨두고 온 남성들, 여성들이 만나주지 않는다고 염산

---

11 게르드 브란튼베르그의 소설 제목 「이갈리아의 딸들」과 메르스 갤러리를 결합해서 만든 명칭이다. 「이갈리아의 딸들」은 남성과 여성의 역할이 바뀐 사회를 배경으로 억압받는 여성들의 모습을 풍자적으로 그린 페미니즘 소설이다.

12 '개념 있는 여자'의 줄임말. 남성들이 비하하는 행동을 하지 않은 여성에 대한 호칭. 사치하지 않고, 기가 세지 않고 고분고분한 성격의 소유자를 칭함.

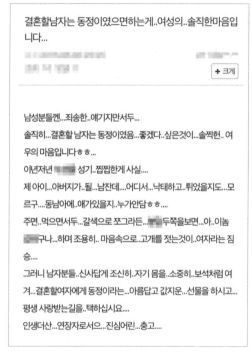

▎여성순결을 주장했던 한 남성의 글을 주어만
바꾸어 패러디한 글

출처: 『슬로우뉴스』 파라독사(2015.6.10).

을 끼얹거나 살인하는 범죄자들을 거론하며 한국 남성들을 조롱
했다. 여성들의 표현은 남성 못지않게 거칠었다. '눈에는 눈, 이에
는 이'로 여성들이 맞장을 뜬 격이었다. DC는 대응에 나서서 '김
치녀'의 사용에는 아무런 제재를 가하지 않다가 며칠 만에 '김치
남'이라는 단어를 금지어로 막았다. 다른 데서는 난무하는 욕설을
그대로 두고 여기서만 경고를 하고 계속해서 글을 삭제했다. 현재
는 이용자들의 반발로 다시 허용했다. 여성 공격수들이 이명박 갤

러리로 옮겨가자 DC는 다시 남성혐오를 담은 글만 골라서 삭제했고 형평성이 문제되자, 결국 2014년 11월 이후의 모든 글을 통째로 삭제하는 유례없는 조치를 취했다. 이후 메갤러들은 '결혼 못 하는 남자' 갤러리를 만들어서 공격을 이어갔다.

메르스 갤러리에서 파생된 이 현상은 10년 넘게 인터넷과 한국사회에 만연해온 여성혐오에 대해 한국남성들이 방관하고 사실상 즐겼다는 비난에서 벗어나기 어렵게 만들었다. 남성혐오라는 새로운 현상이 벌어지자 많은 사람이 그동안의 여성혐오가 잘못된 것이었다고 비판하는 반응을 보였다. 자신들의 남성혐오는 공격이 아니라 여성혐오에 대한 방어라고 주장하는 메갈리안들의 주장이 어느 정도 설득력을 갖기도 했다.

메갈리아 논쟁은 2016년 온라인 게임 성우 교체사건으로 다시 불거졌다. 게임에서 캐릭터 목소리를 맡은 성우가 자신의 트위터에 "Girls Do Not Need a Prince"라고 쓰인 티셔츠 사진을 올리자, 유저들이 성우 교체를 요구했고 회사는 이를 수용해 성우를 교체했다.

여성의 주체적 삶을 상징하는 문장

이 사실을 알게 된 다른 유저들과 각종 웹툰 플랫폼에서 활동하는 웹툰 작가 등이 트위터에서 해시태그를 통해 교체 결정에 반발하거나 메갈리아 지지에 동참했다. 다시, 교체를 지지하는 웹툰 독자와 게임 유저들은 교체결정을 지지하고 메

웹툰 작가 퇴출사건

박달곰이라는 웹툰 작가는 레진코믹스 환불 및 탈퇴 운동을 벌이는 독자들을 자신의 트위터에 '찌질이'로 비하하는 글을 올렸다. 이에 반발한 독자들의 저항으로 연재 중이던 웹툰 '동창모임'이 중단되고, 그가 속한 웹툰 플랫폼 '탑툰'에서 퇴출되었다. 개인은 물론 회사에도 큰 영향을 끼치게 되자 작가는 자신의 블로그를 통해 장문의 사과 글을 올렸다.

갈리아를 지지한 웹툰 작가들의 명단을 만들어 공유한 후 이들에게 낮은 평점을 주고 소속사에 환불 및 탈퇴운동을 벌이는 것으로 맞받았다. 실제 한 웹툰 작가가 퇴출되고 사과문을 올리는 등 곤욕을 치른 사건이 발생했다. 온라인에서 벌어진 충돌이 현실의 행동으로 확장된 것이다.[13]

메갈리아 논쟁은 최근 10년간 한국사회 젊은이들의 하위문화를 주도한 웹툰을 중심으로 논란을 거듭했고, 정의당이 성우 해고의 부당함을 지적하는 논평을 내면서 정치쟁점화까지 되었다. 개인의 정치적 의견으로 인해 직장에서 배제될 수 없다는 한 문예위원의 논평이 메갈리아를 옹호하는 발언으로 알려졌다. 정의당 내부에서도 찬반으로 갈라져 격렬한 논쟁이 벌어졌다.[14] 수그러들지

---

13 『레디앙』, 편집부(2016.8.29).

14 『아이즈』 2016년 9월 19일자 「김자연 성우 교체 논란부터 '시사IN' 절독 운동까지, 무슨 일이 있었나」.

않던 메갈리아 논쟁은 폭염으로 인한 전기 누진세, 북핵 문제 등 새로운 쟁점이 등장하면서 점차 사라졌다. 자유롭게 의견을 개진하고 활발한 토론무대가 될 것으로 기대했던 인터넷 공론장이 편향된 시각으로 가득 찬 패싸움의 무대로 변질된 것이다. 온라인 젠더갈등은 우리 사회가 조속히 풀어야 할 숙제로 남았다.

07 젠더갈등, 사회갈등을 주도하다

한국 온라인에서 표출되는 사회갈등 중 가장 심각한 것으로 젠더갈등이라는 조사결과가 있다. 빅데이터 분석업체 타파크로스가 2016년~2019년 6월 기간에 언론기사, SNS, 인터넷 포털 및 커뮤니티사이트 데이터를 분석한 결과, 젠더갈등이 73.6%로 압도적인 수치를 보였다.[15]

젠더갈등은 특정 사건을 계기로 폭발하는 경우가 많다. 2016년 강남역 살인사건은 그동안 온라인에서 벌어진 여성혐오가 공격성을 띠고 실제 현실로 나타난 것 아니냐는 우려를 불렀다. 경찰은 범인이 평소 여성을 증오했다는 자백을 근거로 범행동기를 여성혐오로 보았지만 범인은 정신분열증이 있었으므로 진짜 범행동기를 여성혐오로 단정하기는 어렵다. 그러나 이 사건은 여성혐오가 가상공간의 문제를 넘어 신체적으로 약한 여성이 현실에서 받게

---

15 『중앙일보』 2019년 8월 12일자 「한국, 일만 터지면 '젠더전쟁'」.

성인지 감수성

성인지 감수성(gender sensitivity)에 대한 합의된 정의는 아직 없지만 대체로 성별 간의 차이로 인한 일상생활 속에서의 차별과 유·불리함 또는 불균형을 인지하는 것을 말한다. 안희정 전 충남지사는 수행비서를 성폭행한 혐의로 1심에서 무죄 판결, 2심에서는 징역 3년 6개월 실형을 받고 상고했으나 대법원에서 확정되어 법정 구속되었다. 대법원은 2심 판결문에 등장한 '성인지 감수성'을 그대로 판결의 근거로 제시했다. 재판부는 판결에서 "법원이 성희롱 관련 소송 심리를 할 때는 그 사건이 발생한 맥락에서 성차별 문제를 이해하고 양성평등을 실현할 수 있도록 '성인지 감수성'을 잃지 않아야 한다"고 밝혔다.

이전까지는 반항이 불가능하거나 현저하게 곤란할 정도로 명백한 폭행·협박이 있을 때만 강간죄를 인정했으나, 현실에선 항거불능까지는 아니지만 중대한 위협을 느끼는 상황하에서의 성관계, 원하진 않지만 불이익이 두려워 마지못해 허락하는 성관계, 원하지 않지만 남성에게 미안하거나 죄의식을 느껴 응하는 성관계 등 다양한 상황이 있음을 인정한 사례다. 피고는 성폭력 이후 피해자가 실의에 빠지지 않고 정상생활을 했기 때문에 합의라 주장했지만, 재판부는 항거불능까지는 아니지만 대선후보라는 가해자의 존재 자체가 피해자의 자유의지를 제압할 위력이었다고 보고 유죄 판결했다. 이 과정에서 사회적으로 요구되는 피해자의 성인지 감수성이 피해자의 태도에 영향을 미쳤다고 본 사건이다.

될 위협임을 알렸다는 점에서 의미가 크다. 온라인 여성커뮤니티는 강남역 살인사건에서 보았듯 많은 여성들이 여성이기 때문에 폭행당하고 살해당하는 심각성이 '일부 정신질환자의 소행', 극단의 경우 '피해자의 잘못'으로 축소된다고 비난했다.

2017년 미국 할리우드 거물 제작자 하비 와인스타인의 성추문 보도로 시작된 미투운동은 우리나라에서도 큰 이슈가 되었다. 영화, 문학, 연극 등 문화계를 중심으로 그동안 자행된 권력에 의한 성추행, 성폭력이 피해 여성들의 고발로 드러났다. 대문호, 연극계의 대부, 인간문화재 등 문화계 거물 다수가 성추문에 휩싸였고 일부는 형사 처벌받았다. 2018년 초 현직 검사가 TV뉴스에서 자신이 겪은 성추행 문제 제기 후 오히려 인사상 불이익을 받았다고 공개하자 법조계, 정치계로 미투 파문이 이어졌고, 같은 해 19대 대통령 경선후보 정치인의 비서가 TV뉴스에 출연해 자신이 성폭력 피해자임을 밝히면서 파문은 거세졌다. 재판과정에서 언급된 '성인지 감수성'은 이후 젠더 논쟁의 화두가 되었다. 오랜 기간 각계각층에서 벌어진 권력형 성추행 피해여성들의 고발이 계속되면서 미투는 한국사회의 대표적 젠더 이슈가 되었다.

2018년 또 다른 사건, 한 여성이 대학 누드 크로키 수업에서 남성 모델의 나체 사진을 찍어 유포한 혐의로 기소되어 징역 10개월을 선고받았다. 이 여성도 누드모델로, 모델들이 함께 쓰는 휴게공간 이용문제로 다툰 후 홧김에 남성 사진을 남성혐오 인터넷 커뮤니티로 알려진 '워마드' 게시판에 올리면서 발생한 사건이다. 여성들은 경찰이 여성 가해자인 경우만 신속하게 수사한다고 편파수사를 주장하면서 혜화역에 모여 수차례 '불법촬영 성 편파 수사 규탄 시위'를 했다. 연예인 설리, 구하라의 극단적 선택을 계기로 2019년 말 다시 혜화역에서 대규모 시위를 하면서 이들의 죽음을 페미사이드[16]라 주장했다. 극단적 선택을 한 여성연예인들은 불법영상 유포의 피해자였으나 협박받았고, 여자라는 이유로 재판부와 대중에게 2차 가해를 당하고 사회적으로 살해당했다는 것이다.

2019년에는 여성경찰 비난사건이 있었다. 주취자를 제압하는 과정이 담긴 동영상이 온라인 커뮤니티에 게시되면서 여성경찰이 제 역할을 하지 못했다는 비난이 일었다. 여경 비난은 2018년에도 한 경찰공무원사이트에 "여경들의 실체입니다"라는 제목으로 "차가 뒤집힌 교통사고 현장에 여경 4명이 출동했지만 아무 일도 하지 못했고, 시민 남성 혼자서 피해자를 구출했다"는 글이 올라오기도 했다. 비판의 초점은 주로 '여성들의 신체 능력 부족'에 맞춰져 심지어 경찰업무에 부적절한 '여경 무용론'으로 이어졌다. 젠더 갈등은 여성이 소수인 경찰, 군인, 소방관 등 특정 직업군으로 파고드는 추세다. '제 역할을 하지 못하는 여경이나 여군을 폐지해야 한다'는 등 비난에 대해, '근거 없는 편견으로 여성을 싸잡아 비난하는 건 전형적인 여성혐오'라며 맞서는 식이다. 반대로 여성들은 온라인에서 남성이 소수인 간호사, 보육교사 등 직업군에 대해서는 '남성에게 믿고 맡길 순 없다'는 식의 반감을 표출했다. 이

---

16 페미사이드는 여성(female)과 살해(homicide)를 합친 단어로, 여성을 대상으로 한 살해 등 강력범죄를 뜻한다.

러한 논란은 능력이 아닌 특정 성에 대한 편견을 바탕으로 개인을 판단하는 잘못된 분위기를 조장할 수 있다는 점에서 바람직하지 않다.

성별과 무관한 사건까지 젠더갈등으로 비화하는 일도 잦다. 전 남편을 살해한 고유정 사건이 뜬금없이 젠더갈등으로 번졌다. 신상 공개 결정 뒤 고유정이 머리카락으로 얼굴을 가리자 "강서구 PC방 살인사건의 범인인 김성수의 얼굴은 공개됐는데 여성인 고유정의 얼굴이 공개되지 않는 건 차별"이란 주장이 제기되면서다. 2019년 온라인에서 떠들썩했던 충주 티팬티남 사건도 마찬가지다. 남성이 노출 상태에서 카페를 돌아다닌 것이 '공연음란'에 해당하느냐는 논의보다는 "여성 노출은 허용하면서 남성 노출만 처벌하는 건 문제다"는 식의 젠더갈등으로 번졌다. 2020년 트랜스젠더 여성이 여대에 입학한 사실이 알려지자 일부 여대생들이 트랜스젠더의 입학을 거세게 반대했다. 성전환수술을 마쳤고 법적으로도 여성임을 인정받았는데 입학을 거부한 것에 대해 온라인 커뮤니티에서는 여성들의 이중 잣대를 비난하는 글이 넘쳐났다.

특정 이슈를 놓고 남녀가 충돌하는 젠더갈등은 OECD 국가 중 유독 한국에서 격렬하다는 평가이다. 미국이나 유럽 선진국의 젠더갈등은 한국처럼 '남성 vs 여성'의 갈등이 아니라 LGBT(성소수자)와 관련된 이슈가 대부분이다. 강남역 살인사건, 미투운동 등을 계기로 피해자로서의 여성이 부각되면서 이 과정에서 젊은 남성들은 '우리에게 어떤 기득권이 있는가?'라고 반발하여 남녀 간 대립과 증오를 표출했다. 해외 젠더갈등이 대부분 여성 권익신장의 방향성을 갖는 것과 달리 우리나라는 젠더혐오로 흘러가서 갈등을 만든 것이다. 젠더갈등을 심화시키는 한국의 특수성으로 병역 문제를 꼽는다.[17] "인정은 없고 의무만 부여하는 군 복무에 대한 남성들의 '억울함' 정서가 성차별주의 의식에 영향을 미친다"고 본다.

남성 지위 하락현상과 페미니즘이라는 세계적 흐름과 충돌하는 한국의 남성성을 사회학적으로 고찰한 연구가 있다.[18] 가부장적 사회에서 성장한 한국남성들이 경쟁사회에서 유능한 여성들에게 역차별당한다는 억울함과 분노가 한국사회의 새로운 젠더갈등을 불렀다는 것이다. 집단적이고 사회적인 환상 속에서 존재하는 여성, 동등한 주체이자 동료 여성이 아니라 성별화되고 육화되고 이념화되고 비하의 대상이 된 여성성에 매몰되었기 때문에 이들은 비이성적으로 분노하고 이로 인해 젠더갈등이 심화된다는 지적이다.

---

17 2018년 한국여성정책연구원이 만 19세 이상 60세 미만 남성 3000명을 대상으로 조사한 결과에 따르면 응답자의 55%가 군복무를 통해 얻는 것보다 잃는 것이 더 많다고 생각했다. 특히 20대 남성에선 82.6%가 '가능하다면 군대에 안 가는 게 좋다'고 답했고, 68.2%가 군복무 자체를 시간 낭비라고 인식했다.

18 최태섭(2018), 『한국, 남자, 귀남이부터 군무새까지 그 곤란함의 사회사』, 은행나무.

한국사회의 젠더갈등은 상대성에 대한 극단적 감정인 '여성혐오', '남성혐오'가 온라인 공간에서 증폭된 특수한 현상이다. 자유롭게 의견을 개진하고 시간·공간의 제약 없이 사람들과 소통하기 위해 만들어진 온라인 게시판은 오히려 갈등의 불씨를 만들고 키워서 남성과 여성을 서로의 적으로 대치시켰다. 온라인에서 벌어진 남녀갈등은 오프라인으로 확장되고 악화되었다. 서로를 향해 혐오발언을 쏟아내며 싸움을 벌였다. 그러나 이 현상을 자세히 들여다보면 젠더 간 갈등이라기보다는 경쟁사회에 지친 '을'들의 왜곡된 싸움이라 할 수 있다. 어릴 적부터 입시경쟁에 시달리다 졸업 후에는 취업경쟁을 치러야 하는 젊은이들이 같은 성끼리 대동단결하여 벌이는 패싸움을 위로 삼아 고단한 생활을 견뎌가는 형상이다. 경쟁을 부추기며 1등만을 강요하는 사회적 분위기에서 남녀 모두 기득권을 지켜야 한다는 절박함과 불안감을 온라인상에서 혐오발언을 쏟아내며 해소하려는 것이다.

따라서 온라인 공간에서 벌어진 젠더갈등은 단지 젠더의 문제가 아니다. 디지털 세대는 어릴 때부터 디지털 공간을 떠돌며 감정을 과장하고 편향되게 몰아가는 왜곡된 소통을 반복했다. 인터넷 채팅과 SNS 소통에만 익숙한 이들은 자기 말만 할 줄만 알고 상대의 말을 들을 줄 모른다. 정체를 숨기고 보이지 않는 공간에 숨어 수군거리고 마녀사냥 하는 잘못된 커뮤니케이션을 반복하는 데 문제의 본질이 있다. 그동안 온라인에서 벌어진 저급한 혐오논쟁은 소통 능력을 키우는 교육을 통해 해결의 실마리를 찾을 수 있을 것이다.

장기간의 경기침체와 청년실업으로 인한 패배주의로 인해 남녀 모두 자신들이 불공정한 사회에서 살고 있다고 믿는다. 서로가 서로에 대한 감시와 불신만을 키우고 단절의 벽을 쌓는다. '네가 가지면 내가 잃는다'는 제로섬 게임의 생존의식 때문에 발톱을 세우고 기득권을 지키겠다고 상대를 공격한다. 남녀 모두 이 사회에서 힘겹게 살고 있는 약자라는 동질감이 필요하다. 삶에 경쟁은 있으나 제로섬 게임이 아니라 공존과 협업이 가능하다는 긍정적 인식을 일깨울 필요가 있다.

온라인 토론 공간이 진정한 의미의 공론장 기능을 하기 위해서는 합리적인 근거를 제시하고 상반된 견해에도 진지하게 귀를 기울이는 열린 자세, 기존 의견을 수정할 줄 아는 유연성이 뒷받침되어야 한다. 다른 의견을 개진한 사람이 공격 대상이 되어선 안 된다. 찬성의 글은 적극적으로 올리고 반대 글은 올리지 못하고 숨게 되는 분위기는 잘못된 것이다. 의견 쏠림 현상은 공론의 장으로 유용한 새로운 소통 공간을 방해한다. 민주주의 소통은 토론과 숙의를 기반으로 유지되고 발전한다. 사이버공간이 견해가 같은 사람들 사이의 동종교배 무대가 돼서는 안 될 것이다. 남성끼리 혹은 여성끼리 한목소리를 내는 싸움은 곤란하다.

제10장
유튜브와 정치갈등

01 유튜브 출현: 1인 미디어 시대를 열다

디지털 혁명은 21세기 사회 전체를 바꾸고 있다. 인터넷 보급, 포털사이트 성장, 스마트폰의 일반화가 빠른 속도로 진행되었다. 신문과 지상파 방송이 정보와 오락을 독과점 생산, 유통하는 시대가 막을 내리고 1인(소수) 미디어 인터넷 방송과 유튜브가 공존하는 시대이다. 페이스북과 트위터 등 SNS를 통해 생산되고 교환되는 정보량의 증가 역시 기하급수적이다. 당연히 수용자 소비 행태도 급변하고 있다.

인터넷과 스마트 미디어의 발전은 뉴스의 생산, 유통, 소비에 큰 영향을 미쳤다. 인터넷 뉴스 포털을 중심으로 등장한 뉴스 큐레이션(news curation)은 뉴스와 큐레이션의 합성어로 사용자 관심에 따라 뉴스를 선택하고, 읽기 쉽게 새롭게 배열하여 제공하는 새로운 뉴스 제공방식을 말한다. 포털사이트 네이버의 '뉴스 스탠드'를 비롯, SNS를 통해 뉴스를 전파하는 파워 유저들까지 포함한다.[1] 또한 유튜브로 대표되는 1인 미디어의 등장은 일반인도 누구나 뉴스를 생산, 유통하여 구독자 중심으로 쉽게 운영할 수 있는 신세계를 의미한다.

최근 가장 주목받은 미디어는 유튜브이다. 2005년 동영상 콘텐츠 전문 웹사이트인 유튜브는 'Broadcast Yourself!'(직접 방송하라!) 슬로건을 내걸고 시작됐다. 누구나 자유롭게 동영상 콘텐츠를 만들어 업로드할 수 있고, 누구나 쉽게 접속하여 이용할 수 있게 만든 것은 미디어 역사에서 전문가의 영역을 비전문가에게 개방한 매우 획기적 사건이었다.

국내 안드로이드 스마트폰 사용자 3만 3천 명을 표본 조사한 결과 유튜브 앱 사용 시간은 총 388억 분(와이즈앱, 2019년 4월)으로 1년 전보다 50% 증가했다. 그다음이 카카오톡(225억 분), 네이버(153억 분), 페이스북(42억 분) 순인데, 전년 대비 각각 19%, 21%, 5% 성장을 보인 것과 비교할 때 유튜브와의 격차는 크다.[2]

유튜브 앱 사용 시간을 연령대별로 분석한 결과 50대 이상이 101억 분(26%)으로 전 연령대 중 가장 많고, 이는 1년 새 두 배로 늘어난 수치다. 다음으로 10대(89억 분), 20대(81억 분), 30대(61억 분),

---

1 『고발뉴스』 2013년 4월 16일자 「"원하는 뉴스를 골라본다"… 성장하는 언론플랫폼 '뉴스큐레이션'」.

2 『연합뉴스』 2019년 5월 14일자 「유튜브 '50대 이상'이 가장 많이 봐… 1년 새 두 배↑」.

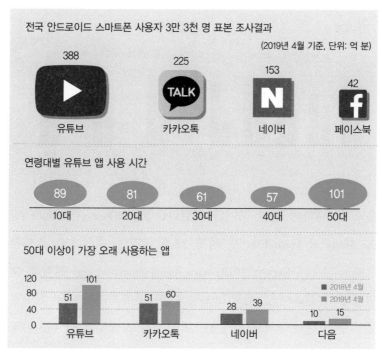

전국 안드로이드 스마트폰 사용자 3만 3천 명 표본 조사결과

(2019년 4월 기준, 단위: 억 분)

388 유튜브

225 카카오톡

153 네이버

42 페이스북

연령대별 유튜브 앱 사용 시간

89	81	61	57	101
10대	20대	30대	40대	50대

50대 이상이 가장 오래 사용하는 앱

- 2018년 4월
- 2019년 4월

	유튜브	카카오톡	네이버	다음
2018년 4월	51	51	28	10
2019년 4월	101	60	39	15

출처: 『연합뉴스』 2019년 5월 14일자 「유튜브 '50대 이상'이 가장 많이 본다」.

40대(57억 분) 순이었다.

유튜브의 위력을 보여준 대표적 예가 2012년 전 세계를 강타한 싸이의 '강남스타일' 뮤직비디오이다. 유튜브 조회수 1위, 미국 빌보드 차트 2위에 올랐다. K-Pop의 세계적인 인기도 유튜브의 영향력 덕분이라고 해도 과언이 아니다. 독과점적 지위를 누린 지상파 방송사들도 유튜브와 제휴를 맺고 프로그램을 방송하는 실정이다.

유튜브가 기존 뉴스 미디어를 대체하는 현상도 나타났다. 영국

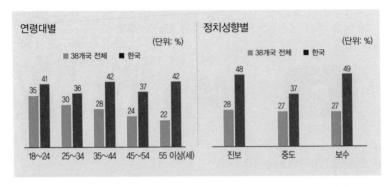

옥스퍼드대학교 부설 로이터 저널리즘연구소(Reuters Institute for the Study of Journalism)가 세계 38개 국가를 대상으로 조사한 『Digital News Report 2019』(www.digitalnewsreport.org) 결과를 보면(응답자 75,000여 명, 한국 2,035명 포함), '유튜브에서 지난 일주일 동안 뉴스 관련 동영상을 시청한 적이 있다'는 응답이 한국은 40%로 평균 대비 14% 높았다. 터키(57%), 대만(47%), 멕시코(41%)에 이어 4위이다. 유튜브 이용자만을 대상으로 '지난 1년 동안 유튜브 이용이 늘었다'에도 한국은 45%로 전체 평균 30% 대비 15% 높은 수치이다(3위).[3]

이 조사에서 뉴스 미디어 유튜브라는 측면에서 한국은 특이한 현상을 드러냈다. 전체적으로 연령대가 높을수록 뉴스 관련 동영상 콘텐츠 이용이 낮은 데 반해 한국은 모든 연령대에서 전체 평균보다 높았고, 특히 55세 이상 연령대의 경우 38개국 전체 이용

---

3 김선호 · 김위근(2019), 「유튜브의 대약진」, 『media Issue』, 5권 3호.

률은 22%인데 한국은 42%로 20%나 상회했다. 또한 정치 성향에 따른 이용 차이도, 한국이 유일하게 진보와 보수 정치 성향일 경우 중도 성향보다 10% 이상 더 이용하는 것으로 나타났다.

02 유튜브가 정쟁의 장으로

현대 사회에서 미디어와 정치는 불가분의 관계이다. 미디어는 일반 국민이 직접 접하기 어려운 정치권 소식을 제공하고 여론을 정치가에게 전달함으로써 정치가와 국민을 연결해주는 통로 역할을 한다. 특히 선거 기간에 미디어는 유권자에게 선거 이슈가 무엇인지, 특정 후보의 입장이 어떤 건지에 대한 정보를 제공하여 합리적 판단을 하도록 도움을 준다. 또한 정부 정책을 국민에게 알리고 국민의 의견을 수렴하여 정부에 전달함으로써 사회체제가 안정될 수 있는 기반을 마련한다.

유튜브의 정치 미디어 가능성을 열어준 것은 2008년 미국 대통령 선거에서 다양한 소셜미디어를 활용한 오바마 대통령이다.[4] 감성과 이미지 중심의 동영상 콘텐츠가 선거와 정치에 적극 이용되는 시대가 열렸다. 오바마 대통령은 2012년 재선 선거운동에서도 유튜브를 통해 공약을 전달하는 등 유튜브를 적극 이용했다.

최근 한국정치에도 유튜브 영향력이 커졌다. 기존 언론사의 유

---

4 『CNN뉴스』(2007.7.18).

오바마와 유튜브

미국의 오바마 대통령은 소셜미디어를 정치영역에 활용한 것으로 평가받는다. 오바마는 '소셜미디어 대통령'이라고도 불렸는데, 유튜브, 트위터, 페이스북 등 동영상 플랫폼과 SNS의 도움을 크게 받아 대통령에 당선되었다는 것을 의미이다. 오바마는 민주당 경선 과정에서부터 유튜브를 적극 활용해 지지 세력을 확장해나갔다. 2007년 7월 유튜브는 CNN과 함께 대통령 후보 토론회를 개최했는데, 유튜브를 통해 민주당 대통령 후보 토론 녹음 방송을 본 사람은 CNN방송을 본 사람보다 많았다.

민주당 전당 대회가 열릴 무렵, 오바마의 선거운동본부가 운영하고 있던 동영상 팀은 2,000시간이 넘는 영상을 촬영해 오바마 유튜브 채널에 동영상 1,100개 이상을 업로드하였고, 인종 문제에 대한 약 40분 길이의 오바마 연설 동영상은 유튜브에 올라온 지 2주 만에 조회 수가 200만 건을 넘었고 '예스 위 캔'(Yes We Can) 동영상은 불과 나흘 만에 조회 수가 400만 건을 넘었다. 미국 유권자들은 유튜브 한 곳에서 오바마의 선거 유세 관련 동영상을 보는 데만 약 1,400만 시간을 사용한 것으로 나타났다. 오바마 선거운동본부가 온라인에 게시한 동영상 자료의 조회 수는 모두 5,000만 건이 넘었다.

출처: 다음백과 '유튜브'.

튜브 뉴스 채널 이외에 정치인과 정당 제공 뉴스 채널, 정치 해설 위주 채널 등 다양하다. 언론사나 언론인이 아닌 개인이 뉴스를 생산하고 유통시키는 '유튜브 저널리즘'(Youtube Journalism) 시대가 온 것이다.[5]

| 뉴스 유형별 Competitive Landscape

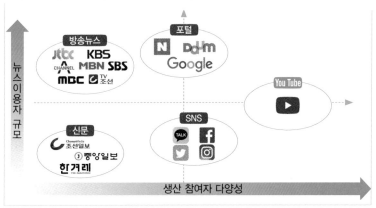

출처: 닐슨미디어. 「2019 뉴스미디어 리포트–유튜브 저널리즘」.

전통 미디어 사업자가 제공하는 뉴스 채널들

- SBS 뉴스(구독자 약 55만 명)
- KBS NEWS(구독자 약 46만 명)
- JTBC NEWS(구독자 약 114만 명) 등

정치인과 정당이 제공하는 뉴스 채널들

- TV홍카콜라(구독자 약 31만 명)
- 이언주TV(구독자 약 50만 명)
- 유시민의 알릴레오(구독자 약 86만 명) 등

개인이 제공하는 뉴스 채널들

- 신의 한수(구독자 약 79만 명)
- 펜앤드마이크TV(구독자 약 50만 명)
- 황장수의 뉴스브리핑(구독자 약 41만 명) 등

출처: 이상우(2019), 「유튜브와 허위정치」.[6]

---

5 『미디어오늘』, 2019년 7월 28일자 「유튜브 저널리즘'의 시대가 오고 있다」.

6 '유튜브와 정치 편향성, 그리고 저널리즘의 위기' 세미나. 2019년 8월 21일. 한국방송학회/한국심리학회.

| 국내 구독자 상위 10위 보수–우파 유튜브 채널(2020년 2월 12일 현재)

순위	채널명	구독자(명)
1위	신의 한수	118만
2위	진성호방송	82만 9천
3위	신인균의 국방TV	64만 7천
4위	펜앤드마이크(정규재)	64만 3천
5위	김태우TV	59만 3천
6위	가로세로연구소	55만 4천
7위	고성국TV	52만 1천
8위	공병호TV	48만 1천
9위	이봉규TV	47만 8천
10위	황장수	47만 3천

| 국내 구독자 상위 10위 진보–좌파 유튜브 채널(2020년 2월 12일 현재)

순위	채널명	구독자(명)
1위	사람사는 세상 노무현재단(알릴레오)	111만
2위	딴지방송국	73만 6천
3위	tbs 시민의 방송(사실상 김어준 뉴스공장)	73만 4천
4위	팩트TV NEWS	50만 6천
5위	서울의 소리	44만 5천
6위	newstapa	43만 7천
7위	MediaVOP	36만 7천
8위	시사타파TV	36만 3천
9위	OhmynewsTV	36만 1천
10위	언론 알아야 바꾼다	33만

정치 뉴스와 해설 전문 채널로 보수-우파 유튜브 채널을 보면 (2020년 2월), 가장 구독자 수가 많은 채널이 '신의 한수'(구독자 118만) 이고, 그다음으로 '진성호 방송'(82만 9천), '신인균의 국방TV'(64만 7천), '펜앤드마이크'(64만 3천) 순이다. 진보-좌파 유튜브 채널의 경우는 가장 구독자 수가 많은 채널이 '사람사는 세상 노무현재단' (111만)이고, 그다음 '딴지방송국'(73만 6천), 'tbs 시민의 방송'(73만 4천), '팩트TV NEWS'(50만 6천) 순이다. 자유한국당 홍준표 전 대표의 'TV홍카콜라'(36만 5천)와 노무현재단 이사장인 유시민의 '알릴레오'('사람사는 세상 노무현재단')가 보수-우파와 진보-좌파의 상징적 대결 구도로 세간의 관심을 끌기도 했다.

국내 유튜브는 보수-우파와 진보-좌파 정치세력이 이슈 선점 경쟁을 벌이면서 정쟁의 장으로 변모했다. 그 이유를 이렇게 정리할 수 있다.

첫째, 유튜브 뉴스 채널은 정파적 목적으로 사건을 보도하고 해설하는 정파채널이다. 해방 이후 우파 신문과 좌파 신문이 자신들의 이념 전파를 위해 만들었던 정파신문을 연상시킨다. 유튜버 대다수가 전문 언론인이 아니고 정치인 출신이거나 정치 평론이나 해설 전문가이다. 이들은 사건의 객관적 전달보다 정파적 관점에서 사건을 특정한 방향으로 바라보는 틀과 사건 이면에 깔린 의미를 제공한다. 동일한 사건(예, 조국 사태, 검찰 개혁)이라도 어느 틀을 갖고 보느냐에 따라 다른 해석과 다른 이미지를 형성하기 때문에 치열한 틀짓기 경쟁을 한다.

둘째, 구독자 수에 의존하는 수입 구조로 인해 유튜브 뉴스 채널은 갈등을 조장한다. 광고는 뉴스 채널의 젖줄이다. 광고 수입은 뉴스 채널이 전달하는 동영상 콘텐츠의 예술적 가치나 질에 의해 결정되는 것이 아니라 전적으로 구독자 수에 기초하여 나온다.

뉴스 채널의 입장에서 구독자는 수입을 뜻한다. 가능한 한 많은 구독자를 확보하기 위해 전력하기 마련이다. 그러나 지역적으로 떨어져 있고, 성별과 계층이 다르고, 사고방식이나 생활방식도 다양한 구독자를 많이 확보한다는 것은 말처럼 쉽지 않다. 또 제한된 시간과 예산, 인력으로 사건을 다뤄야 하기 때문에 특정 주제를 선택할 수밖에 없다. 뉴스 유튜버는 특정 이슈에 대한 문제 제기와 이슈의 정치적 의미를 제공하여 사회 여론을 조성하는 긍정적 역할도 할 수 있지만 한편으로 비슷한 이념의 구독자를 기반으로 운영하다 보니 객관적이고 공정한 보도보다는 이들의 관심을 끌기 위해 선정적이고 자극적인 내용에 치중하는 경향을 보인다. 이런 이유로 유튜브 뉴스 채널은 정치적 상업주의에 물들고,[7] 정치갈등을 확산한다는 비판을 받는다.

구독자 입장에서 보자. 우리에겐 확증편향(confirmation bias) 경향이 있다. 자기 성향과 일치하는 정보는 받아들이고 아니면 무시하는, '듣고 싶은 것만 선택적으로 듣고, 보고 싶은 것만 선택적으로 보는' 것을 말한다. 디지털 미디어 시대에 매일매일 생산되는 정보의 양은 엄청나고 질적으로 다양하기 때문에 이 모두를 받아 소비한다는 것은 불가능하다. 객관적 뉴스보다 자신의 정치 성향

---

7 『미디어오늘』 2019년 5월 12일자 「정치 상업주의 온상 유튜브, 숙의민주주의의 위기」.

에 맞는 정보를 선택해서 선별적으로 보려는 경향이 강해질 수밖에 없다. 구독자가 진보-좌파 성향이라면 진보-좌파 성향 뉴스를, 보수-우파 성향이라면 보수-우파 성향의 뉴스나 정보만을 찾기 쉬운 이유이다.

03 가짜 뉴스(fake news) 전성 시대

가짜 뉴스란 좁은 의미에서 정치적인 목적으로 사실이 아닌 내용을 뉴스의 형식으로 퍼뜨리는 정보 또는 그 매개체를 의미한다. 넓은 의미에서는 오보나 날조, 거짓정보, 루머·유언비어, 패러디·풍자 등을 포괄하는 용어로, 사실이 아닌 것을 사실이라 주장하는 뉴스 전부를 의미한다.[8] 엄밀한 의미의 가짜 뉴스는 잘못된 정보와 조작된 정보이지만, 악의적인 정보 역시 가짜 뉴스로 갈등과 문제를 발생시킨다. 다음 표는 가짜 뉴스의 유형을 정리한 것이다.

가짜 뉴스는 예전부터 허위 정보의 형태로 있었지만 최근에 와서 더욱 문제가 되는 이유는 쉽게 생산되고 빠르게 확산되는 디지털기술 때문이다.[9] 저마다 만든 다양한 콘텐츠가 여러 플랫폼을 통해 정보 재가공의 과정을 거쳐 유통되면서 콘텐츠의 원본 내용

---

8 나무위키, '가짜 뉴스'.

9 오세욱·정세훈·박아란(2017), 『가짜 뉴스의 현황과 문제점』, 한국언론진흥재단.

가짜 뉴스 유형	내용
잘못된 정보 (Misinformation)	• 내용은 허위지만 현실적 악의(actual malice)가 없는 정보 • 종종 기자들이 보도과정에서 잘못된 정보를 전달하여 타인의 명예를 실추시키거나 사생활을 침해할 때 발생 • 대부분은 현실적 악의가 없는 단순 실수로 오보정정을 통해 시정
조작된 정보 (Disinformation)	• 정보를 제공하는 자가 허위로 만들어낸 내용을 현실적 악의를 갖고 유포하는 경우 • 조작된 정보를 개인이나 집단, 조직, 특정 국가에 피해를 줄 목적으로 유포하기 때문에 범죄행위에 해당
악의적 정보 (Mal-information)	• 정보 내용은 사실이지만, 누군가의 명예를 더럽히거나 사생활을 침해하기 위해 악의를 갖고 유포하는 정보 • 현실적 악의를 갖고 정보를 제공하지만, 정보 자체는 역사적 사실이거나 진실

출처: 심영섭(2018). 「'가짜 뉴스'를 어떻게 걸러낼 것인가?」[10, 11] 재구성.

을 식별하기 어렵고 작성자도 불명확해지기 때문이다.

가짜 뉴스는 주로 인터넷을 통해 유통된다. 2017년 한국언론진흥재단 조사에 따르면, 가짜라고 판단되는 뉴스를 직접 받거나 본 경험이 있다고 응답한 사람은 전체 응답자의 32.3%이고, 이

---

10 심명섭(2018), 「'가짜 뉴스'를 어떻게 걸러낼 것인가?」, 『방송 트렌드 & 인사이트』, Vol. 17, 한국콘텐츠진흥원.

11 Wardle, C. & Derakhshan, H.(2017), *Information Disorder: Toward an interdisciplinary framework for research and policymaking*, Council of Europe.

| 시청자가 뽑은 2018년 최악의 가짜 뉴스

1	대북 쌀 지원으로 쌀값 폭등?	39%
2	태극기 사라진 정상회담?	30%
3	36억 원 쓴 박근혜 억울?… 특활비 가짜 뉴스	29%
4	평화협정 맺으면 주한미군 철수?	28%
5	토지 공개념, 사회주의 제도	27%
6	북한 헬기 용인에 기습 남하?	26%
7	노회찬 대표 부인 전용 운전기사?	26%
8	'임을 위한 행진곡'에 예산 12조 원?	25%
9	예멘 난민 신청자, 월 138만 원 지원?	22%
10	5·18 유공자, 현 정부서 급증?	21%

출처: 『JTBC뉴스』, 오대영 기자(2018.12.31).

중 76.3%가 인터넷을 통해 가짜 뉴스를 접했다고 응답했다.[12] 2018년 조사에서는 소셜미디어를 통해 가짜 뉴스를 봤다는 응답자가 69.2%에 달했다.[13]

가짜 뉴스의 문제점은 잘못된 정보의 전달에 그치지 않는다. 정보나 뉴스 자체의 신뢰성에 부정적인 영향을 미치기 때문에 심각성이 크다. 응답자의 76%가 '가짜 뉴스로 인해 진짜 뉴스를 볼 때에도 가짜인지를 의심한다'에 동의했다.[14]

---

12 오세욱·박아란(2017), 「일반 국민들의 '가짜 뉴스'에 대한 인식」, 『Media Issue』, 3권 3호, 한국언론진흥재단.

13 김위근(2018), 「언론 신뢰도에 대한 시민 인식 조사」, 『Media Issue』, 4권 3호, 한국언론진흥재단.

14 오세욱·박아란(2017), 앞의 글.

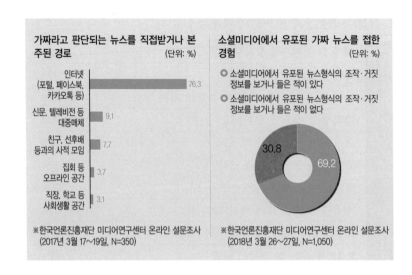

가짜라고 판단되는 뉴스를 직접받거나 본
주된 경로 (단위: %)

경로	%
인터넷(포털, 페이스북, 카카오톡 등)	76.3
신문, 텔레비전 등 대중매체	9.1
친구, 선후배 등과의 사적 모임	7.7
집회 등 오프라인 공간	3.7
직장, 학교 등 사회생활 공간	3.1

※한국언론진흥재단 미디어연구센터 온라인 설문조사
(2017년 3월 17~19일, N=350)

소셜미디어에서 유포된 가짜 뉴스를 접한
경험 (단위: %)

◎ 소셜미디어에서 유포된 뉴스형식의 조작·거짓 정보를 보거나 들은 적이 있다
◎ 소셜미디어에서 유포된 뉴스형식의 조작·거짓 정보를 보거나 들은 적이 없다

30.8 69.2

※한국언론진흥재단 미디어연구센터 온라인 설문조사
(2018년 3월 26~27일, N=1,050)

뉴스에 대한 불신은 사회적 갈등과 혼란을 증폭시킨다. 진짜 정보와 가짜 정보를 구분하기 위한 사회 비용을 발생시키고[15] 정치 과정과 결과에도 악영향을 미친다. 가짜 뉴스가 정치 분야에서 본격적 이슈가 된 것은 2016년 미국 대선 때이다. 2016년 힐러리 클린턴과 도널드 트럼프의 선거기간에 유통된 가짜 뉴스가 선거 결과에 영향을 미쳤을지도 모른다는 의심 때문이다. 버즈피드의 조사에 의하면, 2016년 50대 가짜 뉴스 중 상위 17건이 노골적으로 힐러리 클린턴에 부정적인 내용으로 나타났다.[16] '교황이 대통령 후보로 트럼프를 공식 지지한다고 성명을 발표했다', '힐러리

---

15 가짜 뉴스의 경제적 피해는 약 30조 원으로 추정됨. 현대경제연구원 경제주평 17-11 「가짜 뉴스(Fake News)의 경제적 비용 추정과 시사점」(2017.3.17).

16 Silverman, C.(2016.12.30), "Here are 50 of the biggest fake news hits on Facebook from 2016", *Buzfeed News*.

클린턴이 ISIS에 무기를 판 사실이 폭로되었다', '힐러리 클린턴의 이메일 유출 사건을 수사하던 FBI 요원이 숨진 채 발견되었고 자살로 위장한 살인으로 드러났다', '클린턴과 ISIS와의 무기거래 관련 이메일 정보가 유출됐는데 예상보다 심각한 상황이다', '클린턴이 연방공직을 맡을 수 없는 법적 결격사유가 나왔다' 등이다.

우리나라도 유튜브 뉴스 채널의 가짜 뉴스 생산이 도를 넘었다. 특정 사건과 이슈의 보도는 물론 해석을 놓고 정파 간 첨예하고 대립한다. 대표적 예가 유튜브 2019년 8월부터 10월까지 조국과 가족 관련 뉴스다. 진보-좌파 뉴스 채널(김어준의 '뉴스공장', 유시민의 '알릴레오' 등)이나 보수-우파 뉴스 채널('신의 한수', '진성호 방송' 등)은 자신의 뉴스는 진짜 뉴스이고 다른 진영 뉴스는 날조된

◤ 가짜 뉴스가 지속되는 이유

① 인터넷 글에 대해서 사실여부 확인 없이 즉자적으로 반응하는 디지털 문화와 정서
② 가짜 뉴스를 통해 취한 경제적·정치적 이득을 사후 처벌을 통해 완전히 회수하거나 되돌릴 수 없는 비가역적 특성
③ 인터넷 서비스 회사와 글 게시자의 책임의 분리에 따른 인터넷 서비스 회사들의 책임성 불분명, 즉, 뉴스는 해당 언론사가, 인터넷 게시물은 해당 글쓴이가 책임을 지는 데 반해 인터넷 서비스 회사 또는 커뮤니티는 책임성이 모호함

출처: 임문영(2018), 「가짜 뉴스 선제적 차단의 의미와 방안 모색」, 『KISA Report』, 08. 6–20.

가짜 뉴스라고 공방했다. 조국과 가족 관련 뉴스 중 일부분은 가짜 뉴스로 판명되었지만 가짜 뉴스로 인한 사회적 혼란의 여파는 상당하다.

유튜브 채널에서 가짜 뉴스가 많이 등장하는 가장 큰 이유는 게이트키핑(gatekeeping) 과정이 없기 때문이다. 게이트키핑은 사건 발생 후 자료 수집과 정리 단계, 내용 결정 단계, 형식 결정 단계, 전달방식 결정 단계, 수용자에게 전달되는 단계로 각 단계에서 게이트키퍼(gatekeeper)가 전문적 역할을 한다. 게이트키퍼는 객관성, 공정성, 정확성 등을 담보하는 보도원칙과 기자의 규범에 따라 오랜 기간 훈련을 받는 전문 언론인이다. 전통 미디어는 게이트키핑 과정을 거친다. 기계적인 공정성에 치우친다는 비판도 있지만 사건의 파장을 고려하여 신중하게 보도한다.

그러나 유튜브 뉴스는 게이트키핑할 시간, 예산, 인력이 충분하지 않다. 유튜버 자신이 기자이고 편집자인 경우가 일반적이기 때문에 게이트키핑 과정을 생략한다. 누구나 자유롭게 만드는 정보는 통제 불가능하다. 뉴스 생산 과정에서 객관적인 사실과 개인 의견이 뒤섞인 뉴스가 넘쳐나고 책임 의식 없이 뉴스를 양산하여 심각한 결과를 야기한다. 사실이 아닌 가짜 뉴스가 유튜브를 통해 퍼져 진실로 둔갑하여 혼란을 부른다. 유사한 생각이나 의견을 가진 사람들끼리는 뉴스 가치나 신뢰성이 높을 수 있지만 다른 시각이나 해석을 접할 기회가 줄면서 편향 가능성이 높아진다.

그런 까닭에, 유튜브라고 해서 게이트키핑 과정을 무시해서는 안 될 것이다. 의제가 지나치게 편향적이거나 (의도적이든 아니든)

가짜 뉴스로 인해 개인과 사회가 입는 피해가 지대하다. 공신력 있는 유튜브일 때 생명이 길고 구독자가 확대될 것이 자명하다.

가짜 뉴스는 전 세계적인 이슈로 각국이 대응에 민감하다. 유럽연합이 가장 적극적으로 2015년 가짜 뉴스 대응팀 'East Strat-Com Task Force'을 만들었고, 선거에 영향을 끼치려는 가짜 뉴스를 솎아내기 위해 웹사이트 'EU vs. Dis info(잘못된 정보)'를 운영하며 팩트체크를 한다.[17]

프랑스는 법률을 정비하여 선거기간 동안 선거 관련 허위 정보

| 유럽연합(EU)의 가짜 뉴스 대응 실행 계획

1. 가짜 뉴스 발견, 분석, 통보
• EU 기구와 회원국에 가짜 뉴스를 발견하는 디지털 기법, 데이터 분석, 전문 스태프 배치 등에 투자 • 가짜 뉴스의 위력과 영향 평가
2. 가짜 뉴스에 대한 협력과 대응 강화
• 조기 경보 시스템 도입해 가짜 뉴스 EU 회원국에 즉시 통보
3. 가짜 뉴스를 막기 위한 민간 영역 활동 유도
• 가짜 뉴스 관련 EU 규정 강화 • 구글, 페이스북, 트위터 등 주요 인터넷 회사와 협력
4. 사회 신뢰 증대
• 가짜 뉴스에 대한 경각심을 일깨우는 캠페인 진행 • 가짜 뉴스 인지와 노출에 시민사회 적극 참여 유도 • 독립적인 미디어와 팩트체크 지원

자료: EU 집행위원회(2019년 3월).

---

17 『동아일보』 2019년 4월 13일자, 「"디지털시대 저널리즘의 핵심은 팩트체크" 시민 교육 힘 쏟아」.

구분	가짜 뉴스 대응 정책
선관위	사이버공정선거지원단 200명으로 증원, 사이버선거범죄 모니터링 강화
언론사	SBS, JTBC, 조선일보, 국민일보, 중앙일보 등 '팩트체크' 코너 실설
네이버	대선 특집 페이지에 팩트체크 코너 신설, 서울대 언론정보연구소 미래뉴스센터와 함께 '서울대 팩트체킹 시스템' 구축 운영

구분	주요 내용
네이버 팩트체크 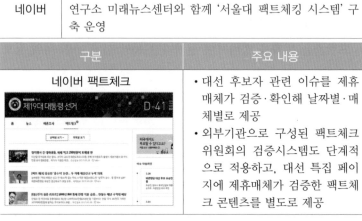	• 대선 후보자 관련 이슈를 제휴매체가 검증·확인해 날짜별·매체별로 제공 • 외부기관으로 구성된 팩트체크위원회의 검증시스템도 단계적으로 적용하고, 대선 특집 페이지에 제휴매체가 검증한 팩트체크 콘텐츠를 별도로 제공

출처: 임문영(2018), 「가짜 뉴스 선제적 차단의 의미와 방안 모색」, 『KISA Report』.

를 규제한다. 그러나 이것은 한정된 기간과 영역에만 해당되는 것으로, 가짜 뉴스를 법으로 규제하는 것이 얼마나 어려운지를 보여준다.[18] 한국도 국회에서 가짜 뉴스 법안의 입법 노력을 하고 있으나 법적 규제의 실효성이 있을지 의문이다.

미디어 업계도 자율적으로 가짜 뉴스 문제 해결을 위해 노력한다. 전 세계 공통적인 것이 소셜미디어와 온라인 플랫폼 규제 강

---

18 이향선(2018), 『가짜 뉴스 대응 개선을 위한 정책 방향 연구』, 방송통신심의위원회.

화이다. 한국도 각 언론사가 뉴스에 '팩트체크' 코너를 신설하여 가짜 뉴스 검증을 시도하고 있고, 포털사이트 네이버는 서울대와 공동으로 가짜 뉴스 검증 시스템을 운영하지만 수많은 뉴스를 일일이 팩트체킹하는 것은 현실적으로 어려운 일이다.

가짜 뉴스를 구분하기 위해서 지속적인 미디어 리터러시 교육을 통해 이용자가 가짜 뉴스를 구분하는 능력을 키워야 한다.[19] 미디어 리터러시의 주목적은 미디어 내용을 비판적으로 수용할 수 있는 능력을 키우는 것이다.

---

19 김창화(2018), 「미국의 가짜 뉴스 대응과 미디어 리터러시 교육」, 『교육법학연구』, 제30권 제3호, pp. 1~22.

소통은 너와 나의 마음챙김이다

시민사회가 성장하고 국가권력이 약화되는 변화를 직접 눈으로 보고 있다. 디지털화 덕에 낯 모르는 사람들끼리 삽시간에 연결망이 만들어졌다. 뿔뿔이 흩어져 있는 대중은 공론과정에서 소외된 설움에서 벗어나 자신의 목소리를 내기 시작했고, 마음만 먹으면 언제든지 문제를 제기할 수 있고 자기 의견을 세상에 공개하여 쟁점화시킬 수도 있게 되었다. 그 변화 과정에서 수면 아래 잠재해 있던 갖가지 갈등이 한꺼번에 솟아올라왔다. 한국사회의 갈등은 초기에 주로 정치와 국가 영역에서 발생했으나 경제성장과 민주화가 진행되면서 시장의 영역으로, 이제 시민사회를 포함한 전 사회 영역으로 확산되었다. 체제 위협적 갈등, 분배 중심의 노사갈등 비중은 줄어든 반면 시민의 일상생활 관련한 이해관계갈등은 급증하였다. 급속한 디지털화 과정에서 일어난 정보격차는 세대 간 갈등을 키웠다. 인류역사 이래 이 짧은 기간에 이렇게까지 세대차이가 벌어진 적은 아마 없었을 것이다.

인간은 각자의 생김새만큼이나 서로 많이 다르다. 다른 차이가 자연스레 너와 나의 선을 긋고 우리와 그들의 영역을 구분해 장벽을 치고 살아가게 만든다. 사회집단은 태생이 중립적이거나 공정하거나 하지 않다. 서열과 위계질서를 만들었고 오랜 기간 가부장제, 남녀차별제도를 존속시켰다. 대립과 이해충돌이 불가피한 구조를 하고 있다. 갈등은 삶의 본질이고 판도라 상자와 같다. 상자를 연 순간 수많은 해악이 쏟아져 나와 그 괴로움에서 영원히 벗어날 수 없게 되었다는 신화 속 이야기처럼 현대 도시인의 삶은 갖가지 셀 수 없는 갈등 때문에 편한 날이 없고 피할 방도도 없다. 그러나 판도라 상자에는 희망이 남아 있어 인간은 그걸 잡고 살 수 있었다. 갈등도 마찬가지가 아닐까. 관리를 잘하면 문제를 최소화할 수 있다는 희망이 있다. 해를 끼칠 위험요소에서는 가능한 멀리 떨어지고 이롭고 가치 있는 요소는 가까이에 두는 것이 좋다는 것쯤은 누구나 안다. 갈등관리는 희망적이다.

2016년 발생한 두 사건을 통해서 한국사회 갈등의 희망을 보았다. 구의역에서 스크린도어를 수리하다 숨진 10대 직원을 추모하기 위해 시민들이 붙여놓은 포스트잇과, "구의역에서 숨진 근로자를 추모하고 싶다는 문의가 빗발쳐 대합실에 추모공간을 마련하기로 했다"는 말은 감동적이다. 자본주의 윤리를 저버린 탐욕, 불평등한 분배, 인간에 대한 무관심이 빚어낸 참극에 시민들은 격노했고 이웃의 아픔을 함께하려 했다. 또 하나는 강남역 10번 출구 '묻지마 살인' 사건이다. 정신분열증 환자의 소행으로 뒤늦게 밝혀졌지만 젠더갈등으로 번져 사회문제화된 사건이다. 여러 날 동안 피해 여성을 추모하는 행렬이 한밤중까지 이어졌고, "고인의 명복을 빕니다. 바꿔 나가겠습니다" 등 거리에는 시민들의 추모메시지가 가득 찼다. 도심의 삶이 어둡고 차갑지만 함께 살고 있다는 시민의식과 인간애를 볼 수 있었던 기회였다.

시민사회는 협력하며 살자고 질서를 만들어놓았다. 협력하는 것이 효과적이고 상호 이익이기 때문에. 그러나 협력질서에도 불구하고 원하는 것을 누구나 가질 수 없다는 근본적 문제로 인해 갈등은 불가피하다. 갈등을 조정하고 최소화하는 방법밖에 없다. 2016년에는 "극단적 폭력·차별·난민문제를 세계시민교육으로 풀자"며 서울에서 첫 번째 세계시민교육(GCED) 국제회의가 열렸다. 유엔이 교육의제로 제시한 것으로 지속가능한 사회시민교육을 논의한 장이었다. 갈등관리의 과정은 첫걸음도 마무리도 마주하고 소통하기이다. 네트워크화, 세계화, 소통의 시대라고 하나 진짜 소통은 쉽지 않다.

커뮤니케이션은 일방적 전달이 아니다. 너와 나의 생각을 나누고 감정을 공유하는 것이다. 무심코 던진 한마디 말과 표정이 갈등을 만들었던 경험이 얼마나 많은가. 갈등커뮤니케이션을 하려면 무심해서도 안 되고 내 마음만 따라가서도 안 된다. 마음 챙김(mindfulness) 방식은 앞서 강조한 대로 나의 마음도 챙기고 상대방 마음도 챙겨보는 것, 선입견과 편견에 사로잡히지 않고 현재의 사안과 상호 요구사항에 집중하는 것이다. 그렇게 할 때 편협한 자신을 발견할 수도 있고 형편 나은 내가 조금 양보해야지 하는 마음의 여유도 생긴다. 사회는 형편 나은 사람을 인위적으로 제한하는 규정과 제도를 만들어 실천하고 있지만 결과가 항상 만족스러운 것은 아니다. 그 때문에 갈등상황이 지속된다. 정부 차원의 지원책이나 교육을 통해서 할 수 있는 것은 한계가 있다. 한계에 대한 인식 또한 갈등관리의 시작이다.

우리 사회 갈등의 원형을 손거울처럼 보여주다

연세대학교 언론홍보영상학부
교수 한정호

갈등이야말로 우리 인간 삶의 영원한 화두다. B.C. 3,000년에서 시작되는 그리스 신화는 처음부터 끝까지 갈등의 연속이다. 신과 신, 신과 인간, 인간과 인간들 간의 끔직한 갈등이 신화의 주류를 이룬다. 신화 속의 갈등은 지금 우리 인간과 사회에 존재하는 모든 갈등의 원형(archetype)들을 일찍부터 보여준다. 지배자와 피지배자, 남과 여, 권력자와 도전자, 상계와 하계. 무엇 하나 평화로운 과정과 결말이 없다. 그뿐만 아니라 세계사의 핵심 키워드도 갈등이다. 갈등 속에서, 갈등을 계기로 문명은 명멸한다. 그렇다면 갈등은 인간 삶에 필수불가결한 존재인가? 천형인가? 발전의 원동력인가?

그런 모든 것들을 인정한다 하더라도 현재 한국사회의 갈등은 너무나 고통스럽고 위협적이다. 촛불이 광화문광장을 뒤덮고 대통령의 탄핵을 이끌어낼 정도의 민주사회에 살면서도 우리 사회의 갈등은 왜 이렇게 확대되는가. 과거에는 들어보지도 못했던 갈등들(아파트 층간 소음 갈등, 다문화 사회의 갈등, 인터넷 온라인 공간에서의 갈등 등)이 생활의 일부가 되는 세상이다. 미디어는 그러한 갈등들을 끝없이 확대, 재생산한다. 우리 사회가 겪고 있는 갈등은 다른 선진국들의 그것과 비교해 확실히 더 고질적이다. 갈등의 폭과 골이 훨씬 더 넓고 깊다. 초고속 경제발전, 상하를 구분 짓는 유교교육, 천민자본주의, 남북분단과 대치, 지나친 언론경쟁과 SNS의 만행, 유튜브를 통한 보수와 혁신 진영의 극단적 말싸움…. 너무나 많은 갈등야기의 요소들이 혼재해 있는 것이 사실이다. 이 상황은 어디에서 시작된 것이며 어떻게 해서 이 지경까지 온 것일까?

《갈등과 소통》을 읽어보고 나서 많은 것들이 정리가 되었다. 갈등의 정체와 족보가 정리되었다. 갈등의 개인적 차원, 사회적 차원, 인터넷 차원이라는 분류는 매우 적절한 것 같다. 개인 차원에서 좀 더 많은 갈등현상과 이론들을 보여주었으면 하는 아쉬움도 있으나 사회적인 차원에서의 갈등유형이 워낙 많기 때문에 지면을 더 이상 할애하기 힘들었으리라는 생각이 든다. 4인의 유능한 미디어와 커뮤니케이션 학자들이 집필한 이 책의 핵심은 역시 소통이다. 갈등현상은 심리학, 사회학, 정치학, 경제학 등에서 모두 다루고 있으나 커뮤니케이션학에서 본 갈등의 요체는 역시 소통이다. 서로를 알지 못하고, 이해하지 못하고, 수용하지 못한다는 것이 바로 소통의 문제이기 때문이다. 따라서 사회학이나 정치학 등은 갈등을 사회구조적인 측면에서, 혹은 역학적인 면에서 다루나 커뮤니케이션학은 갈등의 문제를 개인과 그룹 간 소통을 기반으로 한 '현상분석과 해결 제시적 차원'에서 다루고 있어 우리에게 더욱 유용하다. 특히 이 책은 해결의 방법을 도덕적이거나 윤리적으로 제시하지 않고 '전략'이라는 이름으로 제시하여 흥미롭다. 정통 사회과학도들이 내려주는 '전문의의 처방' 같기도 하다.

1장 부부·연인의 갈등은 가장 원초적이면서도 지속적인 생애갈등(life time conflict)을 다룬다. 남녀의 분류는 인간의 제1분류이다. "남자는 평생 여자를 이해하지 못하고 죽고 여자는 평생 남자를 이해하지 못하고 죽는다"는 말처럼 양성은 서로를 필요로 하면서도 끝없는 대립과 원망 속에서 살아간다. 책은 양성 간, (특히 부부간) 갈등의 원인과 형태, 해결방법을 모두 제시하고 있다. 저자들은 인간성격유형의 제시와 함께 많은 솔루션과 지침을 제공하고 있다. 특히 부부간 갈등을 풀기 위해 미디어의 사용을 권장한다는 점은 매우 흥미롭다. 저자들은 기본적으로 남녀 간의 차이가 현저하기 때문에 무결점 관계와 소통을 목표로 하는 유토피아적인 시각은 위험하다고 경고한다. 특히 부부간 갈등이 자녀의 문제를 야기하는 만큼 선행적 해결 없이는 문제의 심각성이 더 커진다고 경고한다. 해묵은 주제이지만 이 책은 가장 핵심적인 문제들만을 골라 쉽게 설명해 준다.

2장에서 다루는 학교갈등은 우리 사회의 가장 시급한 현안 중 하나이다. 이 학교갈등은 갈등의 차원을 넘어선 사회병리적 현상이자 난제이다. 어떤 그룹이나 세대 간의 심리적 갈등이 아닌, 어린 학생들을 개인적으로 괴롭히고 자살로까지 이어지는 폭력을 동반함으로써 분명 위법의 형태를 띠는 만큼 행정적·법적 조치가 병행되어야 하는 문제이다. 그럼에도 불구하고 저자들은 여기에는 학생, 부모, 교사, 미디어, 교육 및 사법 당국 등 많은 부분들이 모두 관여되는 만큼 이를 집단갈등현상의 하나로 본 것이다. 청소년들의 결정장애의 차원에서 이 문제를 설명한 점이 매우 흥미롭다. 또한 미디어 중독을 학교갈등의 주범으로 보는 저자들의 견해가 특이하며 공감이 간다. 특히 SNS를 통해 나타나는 사이버 폭력은 전 세계적인 현상이기도 하지만 저자들은 한국적 특이성과 심각성을 애써 강조한다. 학교폭력에 대한 가해자와 피해자의 시각이 매우 다르다는 점을 부각함으로써 이 문제가 역시 커뮤니케이션적 소통문제의 일환이라는 점을 잘 설명한다. 또 한 가족의 해체와 입시 위주의 교육이 빚어내는 문제의 복합성을 잘 설명해 주고 있다. 여러 가지 사례와 자료의 동원이 돋보인다.

3장 도시이웃갈등은 최근 나타난 현상으로, 이 장에서 층간소음, 공동주택, 소셜믹스의 문제를 거쳐 갑질고객의 문제까지도 망라하고 있다. 현대 도시인들의 고독을 'The lonely crowd'라고 갈파한 데이비드 리스먼(David Riesman)의 말은 이제 옛이야기가 되어가고 있다. 이제는 도시인들은 고독을 넘어 폭력 충동적 갈등을 일으키고 이웃 간의 마찰은 사회불안의 심각한 원인이 되어가고 있다. 산업사회에서와 같이 연대감과 소속감 결여로 외로움을 느끼는 것은 여전하나 지금의 도시인들은 이 선을 넘어 심한 정신적·병리적 현상과 함께 인내심 결여로 폭력을 수반하고 자신들과 다르다고 생각하는 그룹과의 공동생활을 노골적으로 거부한다. 거기다 과거와 달리, 같은 처지나 생각을 가진 도시인들은 SNS로 연계되어 있기 때문에 이질집단 간의 차이와 대결은 더 극단화된다는 점을 강조한다. 저자들은 이러한 현상들을 갈등적 차원에서 해석하고 이웃 무관심에 대한 경계와 함께 소통의 중요성을 다시 한번 일깨운다.

4장 다문화사회의 갈등은 이 책에서 결코 빠져서는 안 될 '절대주제'라고 본다. 다른 핏줄과 피부색을 가진 이민족과의 갈등을 해결할 수 있다면 무슨 갈등인들 해결할 수 없을까? 또한 현실적으로 인구가 격감될 위기에 놓여 있는 우리의 긴급현안이 바로 다문화정책이 아니겠는가. 저자들은 먼저 우리나라에 살고 있는 다문화가족들의 입장에 서서 문제의 심각성을 인식시키고 그다음 우리 정부와 국민들이 해야 할 일들을 순차적으로 정리하고 있다. 저자들은 다문화사회가 가져올 문제들을 결혼, 일자리, 직장, 정책 등 다양한 차원에서 분석하고 현실적 해결책을 요구하고 있다. 외국의 사례들을 적절하게 보여주면서 단일문화의 위험성을 경고하고 있다. 특히 단일민족의 자부심을 초등학교 때부터 교육받아 온 우리나라의 기성세대들에게 자국문화중심주의와 인종차별의 폐해를 없애야 하며 이를 위해 이제는 계몽적인 차원을 넘어 법과 제도로 정착시켜야 한다는 점을 강조하고 있다. 다문화 통합정책이야말로 반드시 정부가 이루어야 할 과제로 강조하면서 해결책으로 여러 형태의 TV 프로그램의 제작과 사용방법을 제시함으로써 미디어 전공 학자로서의 전문성을 잘 보여주고 있다.

5장 직장갈등은 조직체 문화와 조직체 커뮤니케이션의 중요성을 피력한다. 저자들은 우선 최근 달라진 직장문화를 소개하면서 직장갈등을 워킹맘의 문제, 상사와 부하 간 갈등, 동료 간 갈등으로 세분해서 설명한다. 우리의 인생이 일(work)과 사랑(love)이라면 일은 인생의 반을 차지한다. 그 일의 핵심은 직장이다. 직장에는 경쟁, 협력, 동료애, 애사심, 대립 등 수많은 화두들이 혼재한다. 저자들은 가장 핫한 갈등이슈로 우선 워킹맘 문제를 내세운다. 양성평등시대를 맞아 워킹맘은 이제 자연스런 대세이며 사회의 중요한 구성원 그룹이기 때문이다. 이 문제를 제도적인 차원에서 논의하고 가족친화 프로그램의 도입을 강조한다. 저자들은 갑질 직장상사의 문제를 매우 심각하게 인식한다. 여러 나쁜 상사의 유형을 제시하고 대처법까지도 간략하게 소개하면서 상하 간 커뮤니케이션에서 해야 할 것과 하지 말아야 할 것(Dos and Don'ts)을 대조적으로 보여준다. 동료 간 갈등에서 커뮤니케이션의 중요성을 가장 강조하는데 성격유형별 갈등해결법, 짜증나는 동료유형과 대처법, 직장말투의 매뉴얼을 재미있게 보여준다. 상대적으로 기성세대에 속하는 직장상사에게 필독을 권하고 싶다.

6장 공공갈등은 이 책에서 보여주듯이 님비와 핌피, 환경갈등, 전기료 문제 등으로 대표된다. 끊임없이 발생하는 사회이슈와 함께 공공갈등은 항시적이며 정부의 당면한 고민거리다. 중앙정부 부처 간, 중앙부처와 지방자치정부 간, 정부와 기업 및 사회단체들과 이해관계가 첨예하게 대립한다. 이 공공갈등은 갈등 커뮤니케이션의 이론이 가장 많이 발달된 분야이다. 특히 PR 커뮤니케이션 분야에서 협상, 조정, 중재의 전략들이 많이 개발되었다. 이 책에서는 공공갈등의 원인을 미디어를 통한 갈등확산에도 두고 있는데 이는 누구도 부인할 수 없는 사실이다. 세종시 이전, 여수시 해상케이블카 설치, 전기료 누진제 소송 등 다양한 국내 사례들을 잘 정리해서 보여주고 있다. 2020년을 뜨겁게 달군 코로나바이러스 시대의 갈등까지 자세히 다루었다. 저자들은 선진국 사례를 통해 우리가 해결해야 할 사항들을 벤치마킹을 통해 쉽게 설명해준다. 저자들은 공공갈등관리의 소홀은 엄청난 국가적 낭비와 혈세의 지출로 이어진다고 경고하면서 이면에 존재하는 고질적 한국문화의 근절을 주장한다. 법적소송이나 단순보상으로는 풀 수 없는 이 난제들을 커뮤니케이션을 통한 소통 전략으로써 상당부분을 해결할 수 있음을 강조한다.

7, 8, 9장은 디지털사회의 새로운 갈등의 양상을 개관하면서 구체적으로 세대 및 젠더 갈등에 역점을 두고 있다. 인터넷과 SNS상에서 나타나는 갈등과 문제에 많은 장(사실상 10장까지 포함)을 할애한 이유는 이 책의 저자들이 모두 미디어와 커뮤니케이션 학자들인 만큼 결코 양보할 수 없는 중요한 주제이기 때문일 것이다. 온라인 공간은 모두가 참여하고 정보를 주고받고 행동을 촉발하는 '여론의 신생우주'가 되었다. "모두가 저널리스트"가 되는 이 사이버 공간은 스마트폰의 일상화와 함께 상상할 수 없는 폭발력과 잠재력을 가지게 되었다. 익명성으로 엄청난 갈등이 야기되고 확산하고 결정된다. 거의 매일 누군가는 마녀가 되어 사냥당한다. 저자들은 특히 '세대갈등'과 '젠더갈등'을 집중해서 조명한다. 또

한 매스커뮤니케이션 연구의 정통 과제인 표현의 자유, 명예훼손, 프라이버시 문제를 법적인 차원에서 다룬다. 인터넷 실명제, 저작권, 정보격차 문제 등도 함께 다룬다.

나아가 보수언론과 인터넷 온라인 매체들과의 갈등까지 다룬다. 저자들의 핵심관점은 디지털 미디어의 확산으로 세대 간, 젠더 간 갈등이 어떤 식으로 생겨나고 확산되는가를 독자들에게 상세히 보여주는 것이다. 젊은 세대들이 어떻게 이 공간에서 힘을 얻고 정치와 사회를 결정하는 세력이 되는가를 잘 설명한다. '꼰대', '라떼'로 대표되는 세대 간 갈등을 적시한다. '된장녀', '개똥녀', '김치녀'와 같은 여성혐오현상과 반대의 남성혐오(미러링)를 예로 들어 남녀갈등의 극단화를 설명하면서 강남역 살인사건과 메갈리아 운동의 확산현상을 리얼하게 보여준다. 또한 젠더이슈의 결정판인 성인지 감수성의 문제를 심각하게 제기한다. 저자들은 사이버 공간이 유유상종, 동종교배와 대결의 무대가 아닌 소통과 숙의의 공간이 되어야 한다고 경고하는데 현존하는, 그리고 미래에 닥칠 사이버 공간에서의 많은 갈등 문제들을 우선 세대갈등과 젠더 간 갈등을 통해 시범적으로 가르쳐주고 있는 것 같다.

10장은 유튜브에 의한 갈등의 문제를 따로 다룸으로써 가장 최신 갈등현장으로 안내한다. 주로 정치적인 면을 다룬다. "모두가 유튜브 영상을 쏘면서, 보면서 모두가 돌아 앉았네." 이 말이 시사하듯 이제 모든 사람들은 유튜브의 최신무기로 무장하고 싸움에 임함으로써 갈등의 골은 더욱 깊어진다. 아예 칸막이를 만들어 소통 자체가 불가능하게 만든다. 과거의 갈등과는 차원이 다른 무시무시한 4차 산업혁명시대의 갈등을 보여주고 예견하고 있다. 이 책은 그중에서도 뉴스포털을 중심으로 한 가짜 뉴스, 좌우파의 대립, 정파채널, 수용자의 확증편향 등 정치적인 현상과 문제들을 중심으로 해설하고 있다. 유튜브와 관련한 최신의 중요 이슈들을 다 망라한 셈이다. 그중에서도 가짜 뉴스의 유형이나 데이터 제시, 전파과정과 요인에 대한 설명이 돋보인다. 현재로서는 답이 없는 이 문제에 대해 비록 속 시원하진 않지만 가짜 뉴스의 법적 규제 필요성, 팩트체크 코너 설치, 미디어 리터러시를 통한 교육의 필요성 등 나름의 해결책까지 제시하고 있다. 독자들로 하여금 유튜브 문제들에 대해 공감하고 해결을 위한 사회적 동참을 호소한다는 인상을 준다.

이 책은 10장에 걸친 내용들을 프롤로그와 에필로그를 통해 또다시 친절하게 요약, 정리해준다. 독자들은 저자들이 제시한 차례에 따라 책장을 넘기다 보면 자연스럽게, 부담 없이 그들의 생각을 같이 알고 공감하게 된다. 갈등에 대한 이론서라기보다는 해설서고 지침서다. 친절한 안내서다. 이 책에서 제시한 모든 유형의 갈등들에 대해 오소독스한 소통이론이나 모델의 실로 10개 장의 주제들을 한꺼번에 묶는 글이 아쉽기도 하지만 다양한 수준의 독자들에게 쉽게 다가가기 위해 주제별로 접근방법과 해결책을 달리 제시한 저자들의 방식을 존중한다.

이 책을 계기로 우리 사회의 도탄지고(塗炭之苦)인 '갈등'의 문제에 대해 사회과학도들은 물론 정책입안자들과 일반국민들의 한 차원 높은 관심을 기대한다. 이 책은 4년여 전에 나와 서점에서 상당한 인기를 누리고 이번에 다시 내용을 보완하고 새로운 장을 추가한 '증보판'이다. 그림과 자료도 많이 추가했다. 갈등은 한국인 속에 내재된 발전과 고통의 야누스적 유전자라 새로운 모습으로 우리 사회에 계속 나타날 것인 만큼 저자들이 지속적으로 개정판을 내기를 고대한다.

함께 읽으면 좋은 책

갈등관리허브(cprhub.go.kr/index.do)

강보라(2019), 『나만 잘되게 해주세요』, 인물과사상.

계명대학교 여성학연구소 편(2007), 『여성들의 삶의 관점에서 본 한중 지역 여성정책』.

고재권(2014), 『다문화 수용성에 대한 국민의 인식조사』, 서울: 한국행정연구원 사회조사센터.

교육부(2014), 『학교폭력 사안처리 가이드북』.

교육부(2015), 『2015 자살예방백서』.

구교태·최현주(2008), 「미디어과잉과 사회의 불확실성의 증가」, 『한국사회의 방송통신 패러다임 변화연구』, 정보통신정책연구원, pp. 8~26.

국가인권위원회의(2016), 『2015년 건설업 종사 외국인 근로자 인권 상황 실태조사』, 한국행정연구원.

국토교통부(2015), 『2015년도 도시계획 현황 통계』.

권김현영(2000), 「군가산점 소동과 사이버테러」, 『여성과 사회』, 11(1), pp. 133~145.

김대수·윤정현(2015), 「조직지원인식과 상사부하관계가 조직응집력에 미치는 영향에 있어 역할 갈등의 조절효과」, 『인적자원관리연구』, 22(1), pp. 271~296.

김도희(2014), 「제3자 조정을 통한 갈등해결의 정책적 함의: 환경갈등 사례를 중심으로」, 『지방정부연구』, 17(2), pp.1~23.

김민정·유명기·이혜경·정기선(2006), 「국제결혼 이주여성의 딜레마와 선택: 베트남과 필리핀 아내의 사례를 중심으로」, 『한국문화인류학』, 39(1), pp. 159~193.

김선기(2019), 『청년팔이사회』, 오월의봄.

김수아(2015), 「온라인상의 여성혐오 표현」, 『페미니즘 연구』, 15(2), pp. 279~317.

김영임(2011), 『스피치커뮤니케이션』, 한국방송통신대학교출판문화원.

김영임 · 최현철(2016), 『커뮤니케이션과 인간』, 한국방송통신대학교출판문화원.

김종길(2005), 「접속시대의 사회갈등과 사회통합」, 『21세기 한국메가트랜드시리즈 II』, 정보통신정책연구원.

김종호 · 이창훈 · 신창현(2004), 『환경분야 갈등 유형 및해결방안 연구』, 한국환경정책평가연구원.

김찬석(2011), 「공공갈등 관리의 성공 요인과 커뮤니케이션 메시지 특성」, 『홍보학연구』, 15(4), pp. 5~35.

김판준(2013), 「다문화사회의 갈등과 기여에 관한 고찰」, 『현대사회와 다문화』, 3(2), pp. 207~237.

김하영 · 박성언 · 김남수(2016), 「학교폭력 예방을 위한 초등학교 스포츠활동의 실천 방향성 탐색」, 『한국체육과학지』, 25(2).

대통령자문 지속가능발전위원회 편(2005), 『공공갈등관리의 이론과 기법』, 논형.

돈 탭스콧(2009), 『디지털 네이티브』(*Grown Up Digital: How The Net Generation Is Changing Your World*), 비즈니스북스.

라휘문(2011), 「이민자 사회통합을 위한 다문화가족지원센터의 역할 제고방안」, 『한국정책연구』, 11(1), pp. 43~63.

레이 커즈와일(2016), 『특이점이 온다』(*The Singularity Is Near: When Humans Transcend Biology*), 김영사

마틴 베레가드 · 조던 밀른/김인수 역(2014), 『죽어라 일만 하는 사람은 절대 모르는 스마트한 성공들』, 걷는나무.

문병기 외(2015), 『이민자 사회통합정책 종합 진단 및 개선방안』, 행정

학회.

박재근·은재호(2016), 「공공갈등 해결과정에서 조정의 성립과 합의 형성에 영향을 미치는 요인 연구: 경북 울진군 신화1리 집단이주 갈등조정 사례를 중심으로」, 『한국정책학회보』, 25(2), pp. 529~558.

박정호(2015), 『갈등과정에서의 의사소통의 유형화에 관한 연구』, 한국행정연구원.

서울시교육청, 2016년 1차 『학교폭력실태조사』.

서종수·이미영(2016), 「비영리기관 종사자의 일-생활균형이 이직의도에 미치는 영향」, 『한국가족자원경영학회지』, 20(2), pp. 57~74.

심리학용어사전(2014), '한국의 부모-자녀관계.'

심준섭(2004), 「불확실성과 정책오차의 이중성(duality of policy errors): 신용카드 규제정책을 중심으로」, 『한국행정학보』, 38(6), pp. 131~153.

안상욱(2011), 「한국사회에서 루저문화의 등장과 남성성의 재구성」, 서울대학교대학원 여성학협동과정 석사학위논문.

여성가족부(2015), 『2015 가족친화인증기업·기관 우수사례집 가족이 행복한 즐거운 일터』.

여성가족부(2016), 『2015년 전국다문화가족실태조사』.

예지은 외(2010), 『워킹맘의 실태와 기업의 대응방안』, 삼성경제연구소.

오미영(2011), 「인터넷 여론과 소통의 집단 극화」, 『현상과 인식』, 35(3), pp. 39~58.

오현규·김화연·박성민(2015), 「공공 및 민간 조직의 가족친화제도가 여성 근로자들의 일-가정 갈등에 미치는 영향: 남편의 도구적 지지와 가족의 정서적 지지의 조절효과를 중심으로」, 『한국행정논집』, 27(2), pp. 483~511.

올리버 예게스/강희진 역(2014), 『결정장애 세대』, 미래의창.

유희정 외(2014), 『취업여성의 직종 및 고용형태에 따른 자녀양육 지원 정책 연구』, 한국여성정책연구원.

윤보라(2013), 「일베와 여성 혐오」, 『진보평론』, 57, pp. 33~56.

윤보라 외(2015), 「여성혐오가 어쨌다구?」, 『현실문화』, pp. 11~45.

은재호·채종현·임동진(2011), 『공공갈등에 있어서 원원협상 방안에 관한 연구』, 한국행정연구원.

이명진·박현주(2011), 「미디어 발전과 사회갈등구조의 변화」, 『정보사회와 미디어』, 21, pp. 1~34.

이새롬 외(2015), 『감정노동 근로자의 감정노동 실태, 위험요인』, 정보산업안전보건연구원.

이원태·민희(2015), 「소셜미디어시대 사회갈등의 재탐색」, 『21세기정치학회보』, 25(1), pp. 265~281.

이원태 외(2012), 「디지털 사회갈등의 새로운 양상과 사회통합의 정책 방향」, 『방송통신정책연구』, 정보통신정책연구원, pp. 12~14.

이현승(2016), 「한중일 3국의 학교폭력에 대한 비교」, 『법학연구』, 16(1).

임소영(2013), 「주택용 전기요금의 현황과 개편 방향」, 『재정포럼』, pp. 8~26.

임재형(2016), 「한국사회 환경갈등의 발생원인과 특징에 관한 연구」, 『분쟁해결연구』, 14(2), pp. 109~136.

전은주 외(2016), 『분야별 화법 분석 및 향상 방안 연구: 직장 내 대화법』, 국립국어원.

정성호(2006), 『20대의 정체성』, 살림출판사.

정정화(2011), 「한국사회의 갈등구조와 공공갈등: 국책사업 갈등사례를 중심으로」, 『한국사회와 행정연구』, 22(3), pp. 1~27.

제프리 제임스/문수민 역(2014), 『왜 회사는 이상한 사람이 승진할까? 험난한 비즈니스 세계에서 걸림돌을 비켜가는 48가지 비법』, 비즈니스북스.

조범상(2011.7.20.), 「동료의 성격을 알면 갈등도 준다」, 『LG Business Insight』.

조은겸·선혜연(2016), 「초등학생 자녀의 학교폭력 경험유형에 따른 학부모의 인식 차이」, 『아시아교육연구』, 17(2).

존 그레이/김경숙 역(2010), 『화성에서 온 남자, 금성에서 온 여자』, 동녘라이프.

차상곤(2014), 『공동주택 층간소음 해결을 위한 현장관리시스템과 그 효과』, 한국소음진동공학회 학술대회논문집, pp. 693~697.

통계청(2015), 『2015년 외국인 고용조사 결과』.

통계청(2015), 『2015 사회조사』.

통계청(2016), 『2015 경제활동인구연보』.

통계청(2016), 『2015년 고용동향』.

통계청(2016), 『2015 혼인·이혼 통계』.

한국언론학회(2011), 『다문화가정의 커뮤니케이션 행위 및 미디어 이용행태 연구』.

행정자치부(2015), 『외국인 주민통계』.

허준영·권향원(2016), 「'일과 삶의 균형' 저해요인에 관한 탐색적 이론화 연구: 세종시 중앙부처 공무원에 대한 근거이론의 적용」, 『행정논총』, 54(2), pp. 1~30.

환경부(2013), 『층간소음 분쟁을 줄이는 해결 방법: 배려와 이해로 층간소음 없는 행복한 공동주택 만들기』.

환경부(2014), 환경정책 브리프(2014.5.9), 『공동주택 층간소음 갈등해결 지원제도』.

황갑진(2015), 「한국 다문화사회의 특성과 사회적 갈등: 인터넷 신문에 나타난 차별 내용을 중심으로」, 『사회과교육연구』. 22(3), pp. 13~29.

황용석·오경수(2007), 「포털뉴스와 사회갈등 담론」, 한국방송학회 세미나 발제문.

Bemmels, B., & Foley, J. R.(1996), "Grievance Procedure Research: A Review and Theoretical Recommendations", *Journal of Management*, 22(3), pp. 359~384.

Gladwin, T. N.(1987), "Patterns of environment conflict over industrial facilities in the United States, 1979~1988", In Lake, Robert W.(Eds.), *Resolving locational conflict*, Brunswick, NJ: Rutgers University, Center for Urban Policy Research.

Goffman, E.(1963), *Behavior in public places: Notes on the social organization of gatherings*, New York: The Free Press.

Hamelink, C. J.(2016), *Media and Conflict*, Routledge.

Heyman, R. E.(2001), "Observation of Couple Conflict", *Psychological Assessment*, 13.

Moore, C.(2003), *The Mediation Process: Practical Strategies for Resolving Conflict*, 3rd edition, Jossey-Bass.

Oetzel, J. G., & Ting-Toomey, S. Eds.(2013), *The Sage Handbook of Conflict Communication*.

Olweus, D.(1994), "Bullying at school: Basic facts and effects of a school based intervention program", *Journal of Child Psychology and Psychiatry*, 35.

Ting-Toomey, S., & Chung, L. C.(2012), *Understanding intercultural communication*, 2nd ed., New York: Oxford University Press.